高职高专“十二五”规划教材

21 世纪高职高专能力本位型系列规划教材·工商管理系列

职场沟通实务

(第 2 版)

主　编　吕宏程

参　编　程淑华　陈杏头

林　吉　徐　侃

王　兰　谢彩香

北京大学出版社
PEKING UNIVERSITY PRESS

内 容 简 介

本书共分 14 个项目。项目 1 至项目 7 为职场沟通基础，主要介绍和训练学生沟通的基本技能，包括职场沟通概述，沟通筹划，职场交往礼仪，观察和倾听，语言沟通与非语言沟通，赞美、妥协和道歉，说服、求助和拒绝；项目 8 至项目 14 为职场沟通技能，包括求职和初入职沟通，平行沟通，上行沟通，下行沟通，客户沟通，会议沟通，电话沟通和网络沟通。

与同类教材相比，本书既重视原理的讲解，也重视技能的训练，具有适用对象明确、内容新颖全面、实践操作性强等特点。为了突出实用性和实践性，本书加入了大量的案例，并在每个项目后安排了实训项目，便于启发学生的思维，培养其分析、解决实际问题的能力。

本书既可作为高等职业教育技能型人才培养的教材，也可作为相关从业人员的培训教材。

图书在版编目（CIP）数据

职场沟通实务/吕宏程主编．—2 版．—北京：北京大学出版社，2016.7
（21 世纪高职高专能力本位型系列规划教材·工商管理系列）
ISBN 978-7-301-27307-4

Ⅰ．①职… Ⅱ．①吕… Ⅲ．①人际关系学—高等职业教育—教材 Ⅳ．①C912.1

中国版本图书馆 CIP 数据核字（2016）第 181175 号

书　　名　职场沟通实务（第 2 版）
ZHICHANG GOUTONG SHIWU
著作责任者　吕宏程　主编
策划编辑　吴　迪
责任编辑　刘　翯
标准书号　ISBN 978-7-301-27307-4
出版发行　北京大学出版社
地　　址　北京市海淀区成府路 205 号　100871
网　　址　http://www.pup.cn　新浪微博：@北京大学出版社
电子信箱　pup_6@163.com
电　　话　邮购部 62752015　发行部 62750672　编辑部 62750667
印 刷 者　北京虎彩文化传播有限公司
经 销 者　新华书店
787 毫米×1092 毫米　16 开本　14 印张　342 千字
2012 年 8 月第 1 版
2016 年 7 月第 2 版　　2020 年 1 月第 5 次印刷
定　　价　32.00 元

第 2 版前言

高职高专能力本位型教材《职场沟通实务》于 2012 年出版之后，深受各大高校和各专业师生的欢迎。时间飞逝，本课程建设取得了卓越的成就。2014 年年初，该课程参与中国高等教育学会大学素质教育研究分会（CALE）主办的“大学素质教育精品通选课”评选，被评为 A 级。同年被列入中国高等教育学会的《大学素质教育通选课手册》。

与此同时，由于网络技术和智能技术的飞速发展，职场上的沟通出现了很多新的渠道，这次再版，也在一定程度上反映了这种变化。但是，沟通的一般规律和沟通的艺术，并没有因此而发生根本改变，相反，由于“低头族”的增加，更需要加强沟通教育，才能使大学生在未来的职业生涯中立于不败之地。

为了适应高职高专教育以职业能力为本位的教学思想，本书明确了每个项目的知识目标和能力目标。本书采用案例教学和项目教学的模式，配备了实训项目，充分体现了高职高专教育理论够用、重视技能提高的特点。

本书的主要特色是力求符合高职高专教育人才培养的要求，以经管类专业必须掌握的管理沟通知识为依据，把职场沟通所需的技巧等有关内容重新进行整合，重视实训。本书适合高职高专经管类专业的教学，适合企业对于新员工的培训，也适合其他对职场沟通有兴趣的各类读者阅读和学习。

本书建议学时为 54 学时，各项目参考学时如下。

项　目	内　容	参考学时
项目 1	职场沟通概述	3
项目 2	沟通筹划	4
项目 3	职场交往礼仪	3
项目 4	观察和倾听	4
项目 5	语言沟通与非语言沟通	4
项目 6	赞美、妥协和道歉	3
项目 7	说服、求助和拒绝	4
项目 8	求职和初入职沟通	4
项目 9	平行沟通	4
项目 10	上行沟通	4
项目 11	下行沟通	4
项目 12	客户沟通	4
项目 13	会议沟通	3
项目 14	电话沟通和网络沟通	3
	机动	3

本书由吕宏程任主编，程淑华、陈杏头、林吉、徐侃、王兰和谢彩香参编，并邀请相应行业专家做指导。由于编写时间仓促，加之编者水平有限，书中不足之处在所难免，敬请广大读者批评指正。

编　者

2016年4月于杭州

目　　录

项目1　职场沟通概述

知识目标

1. 掌握沟通、职场沟通的含义及重要性；
2. 掌握沟通的类型和要素；
3. 掌握沟通的过程和原则；
4. 了解影响沟通的主要障碍。

能力目标

1. 能在不同场合高效地进行自我介绍；
2. 能准确运用开放式提问和封闭式提问了解对方的需要。

案例1-1

小王为何怀才不遇？

小张与小王同时担任公司的项目协调员，两人的项目设计均思维缜密、考虑周到，按理说在水平上应该旗鼓相当，但偏偏只有小张被提拔为项目经理。

小王想不通，每次讨论他设计的项目，大伙都提不出什么意见。偶尔有人想说点什么，小王都据理力争，说得对方无言以对。虽然大家都认为他说得有道理，但总觉得有点"得理不饶人"的清高自傲。特别是当领导极有风度地点拨其项目中的某些缺陷时，小王显得欠沉稳，急乎乎地抢白领导的话，辩解又有点过多，使领导脸面上有点看不出来但能感觉到的难堪。

小张则相反，讨论他的项目时，尽可以畅所欲言，每个到会的人，不管水平高低，都愿意献出自己的一家之言。小张谦虚豁达，从善如流，对每个人的话都做认真的记录，即使有个别完全相左的意见，他也做出一副洗耳恭听、兼听则明的姿态。特别是领导的指示，他十分认真地聆听与重视，并一个劲地点头。最后修改过的项目书，必定是容纳百川，又能以领导指示精神为纲。参加小张的项目讨论会，大家都有畅所欲言的机会，也都有显示自己真知灼见的成就感。当然，太出格的建议，小张是弃之不取的，但他记着下一次有机会，一定吸收该建议者的一些合理意见，以求平衡。

所以在讨论提拔谁担任项目经理这个职务时，几乎所有的人都一致推荐小张。

怀才不遇的小王愤然跳槽。过了两年，听说小王又跳槽了，而小张则"春风得意马蹄疾"，听说即将走马上任主管工程项目的副总经理了。

（资料来源：范文琼，丰晓流. 人际沟通技巧[M]. 武汉：华中科技大学出版社，2009）

【思考与讨论】 1. 富有才干的小王，为何在职场上总是无法顺利晋升？

2. 这个案例给你什么样的启发？

这是一个职场上典型的案例。在对大学毕业生的跟踪调查中，类似小王的“怀才不遇”的事例屡见不鲜，很多人常常为此感到困惑和无奈。可以说，职场沟通能力水平的高低，直接影响到一个人事业的发展和生活的幸福。

职场沟通，本质上就是为了达到某种目的，通过一定的方式，使彼此了解、相互信任并适应对方的一种互动过程。

1.1 沟通的概念及重要性

1.1.1 沟通的概念

沟通(communication)，是为了一个设定的目标，把信息、思想和情感在特定个人或群体间传递，并且达成共同协议的过程。

汉语中“沟通”一词最早出现在《左传·哀公九年》：“秋，吴城邗，沟通江淮。”杜预注：“于邗江筑城穿沟，东北通射阳湖，西北至末口入淮，通粮道也。”这里“沟通”的意思是开挖水道，让水从一个地方流到另外一个地方。引申为能够对话、交流，形成一致。从现代汉语的一般意义上讲，沟通就是信息的发送者通过一定的渠道(媒介、通道)，将信息发送给既定对象(接收者)，并寻求反馈以达到相互理解的过程。

在职场上和在生活中，沟通都是人与人之间交往不可或缺的重要组成部分。人们既是信息的发送者，也是信息的接收者，沟通则是信息交换的桥梁。

要达到有效沟通，必须具备 3 个条件：一是沟通中所使用的符号双方都能理解；二是传递的信息尽量不受外界的干扰；三是沟通双方都要有心理准备。

职场沟通是一个人职业发展的需要，是一项最基本而又最重要的技能。在职场上，仅仅踏实肯干是不够的，还需要掌握必要的沟通技能。只有这样，才能妥善处理职业发展过程中的种种问题，让自己的事业蒸蒸日上。

1.1.2 有效沟通的重要性

1. 有效沟通是身心健康的需要

人类很多疾病是由于人际关系失调所致。人是社会性动物，人的自我意识和各种智能都是社会性的产物。如果被剥夺与他人沟通的机会，这个人的身心就会受到极大的伤害，这主要休现在以下 3 点。

(1) 与人沟通不畅，出现冲突会造成精神紧张、抑郁，不仅会导致心理障碍，而且会刺激下丘脑，使内分泌功能紊乱，进而引起一系列复杂的生理变化。很多疾病如冠心病、胃溃疡、偏头痛、月经失调等，都是长期情绪不良引起的。

(2) 每个人都有快乐和忧愁，与朋友分享快乐会更快乐，向他人倾诉忧愁会减轻忧愁；沟通的过程就是减轻心理压力、缓解心理紧张的过程。缺少沟通，就是缺少宣泄不良情绪的通道。

(3) 愉快、广泛的沟通有助于个性发展与健康。案例 1-2 表明，如果一个人长期缺乏与别人的积极交往与沟通，这个人往往会有明显的性格缺陷。

案例1—2

“交往剥夺”的实验

美国心理学家S.沙赫特(S. Schachter)曾经做过一个实验：他以每小时15美元的酬金先后聘请了5位志愿者进入一个与外界完全隔绝的小屋，屋里除提供必要的物质生活条件外，没有任何社会信息进入，以观察人在与世隔绝时的反应。结果，其中1个人在屋里只待了2小时就出来了，3个人待了2天，时间最长的一个人待了8天。这位待了8天的志愿者出来后说：“如果让我再在里面待1分钟，我就要疯了。”也有心理学家曾做过一个“交往剥夺”的实验，结果发现受试者在百米深的洞穴中，单独生活了156天以后，精神面临崩溃状态，神情呆滞、冷漠无情、举止失常。实验证明，没有一个人愿意与其他人隔绝，人们都害怕孤独。可见交往对人是十分重要的。

2. 良好的沟通是事业成功的需要

有效的沟通是人们在工作和事业上取得成功的关键。在当代，重大创造活动依赖于跨国、跨地区、跨学科的人才群体的合作。在个人层面上，发展趋势也同样如此：人们事业上的成功将越来越依赖于广泛的交流与合作，而合作的成效又取决于当事人的合作能力。21世纪的交往，从手段、方式到目标、结果，都有别于以往的任何时代。人际交往圈突破了空间的限制，随着国际互联网的建立而得到了飞跃式的发展。

案例1—3

沟通能力与事业成败的关系

在对1000位人事经理的调查中发现，被调查的经理们均把口头沟通和倾听能力列为工作所需要的最重要的技能。在另一项调查中，某大学的校友们回答，他们工作中最重要的技能是陈述、提问和回答问题及小组讨论。美国哈佛大学就业指导小组对几千名被解雇的男女雇员进行了综合调查，发现其中人际关系不好者的人数比业务不称职者高出两倍多；每年调动人员中因人际关系不好而无法施展其所长的占90%以上。

(资料来源：沈杰. 沟通无处不在[M]. 北京：新世界出版社，2009)

一个企业、一个组织、一个团队的运作过程，实质上是沟通过程。沟通的重要性对于职场人士而言，体现在3个70%上：①第一个70%指的是沟通对于个体尤其是管理者个人的成功来说，其重要作用超过70%。②第二个70%指的是管理者70%以上的时间所做的工作都与沟通相关。开会、谈判、谈话、作报告是最常见的沟通形式，撰写报告实际上是一种书面沟通的方式，对外的各种拜访、约见也都是沟通的表现形式。③第三个70%指的是企业中70%的障碍来自于沟通不畅。

给企业造成最大比例损失的原因，不是技术不精良，不是人员不充足，不是资金不到位，而是企业方方面面的沟通不顺畅。平均来看，沟通不畅给企业造成的损失超过企业总损失的70%。

对于个人而言，善于与人合作至关重要，这首先缘于你的个人能力有限；同时，也因为你的能力倾向与其他人不同。在商业中，专业从事销售的人多乐观、热情，专业从事财务的人则多理智、有条理、慎重。人的能力倾向总会有所侧重。有些人像猎人，敢于冒险，追逐确定的目标，誓死完成自己既定的任务。有些人像保管员，善于保存，把已经到手的成果收藏好、保管好。性格类型的差别是长期养成的。不能说哪一种类型就一定好，哪一种就一定坏。但是性格类型不同，所能从事的工作性质就不一样。要想有所作为，首先得明白自己的性格类型，然后选定一个适合于你自己类型的工作目标。在与人合作时，也应注意分析别人的性格特点，尽可能使彼此的合作更加密切和愉快。

古今中外，精于沟通的人很多：晏子使楚，名扬千秋；苏秦善辩，穿梭六国；孔明机智，舌战群儒；解缙巧对，传为美谈；鲁迅诤言，以笔为刀。周恩来、陈毅等政治家也以善于沟通著称；外国众多成功的政治家和企业家都是沟通高手。有效沟通，成为人们事业成功的奠基石。

3. 健康的沟通是人生幸福的需要

在日常生活中，人们通常认为，人的幸福是建立在金钱、成功、名誉和地位的基础之上的，实际上健康的沟通所带来的幸福是金钱、成功等所不能取代的。

心理学家通过研究发现了一个奇特的现象：自 20 世纪 30 年代以来，人们的金钱收入一直是呈上升趋势的，但是对生活感到幸福的人的比例并没有增加，而是稳定在原来的水平。这说明金钱并不能简单地决定人的幸福。

西方心理学家克林格(Kringe)做了一个广泛的调查，结果发现，良好的人际关系对于生活的幸福具有首要意义。当人们被问到“什么使你的生活富有意义”的时候，几乎所有的人都回答，亲密的人际关系是首要的；自己的生活是否幸福取决于自己同生活中其他人的关系是否良好；如果同配偶、恋人、孩子、父母、朋友及同事关系良好，有深刻的情感联系，就会感到生活幸福且富有意义。反之，则会因感到生活缺乏目标、没有动力而不幸。在这些被调查者的回答中，人际关系的重要性远远超过成功、名誉和地位，甚至超过了西方人最为尊重的宗教信仰。另一项调查表明，在我国，压抑、人际关系和谐度不高及人际关系压力是导致自杀的三大因素。法国社会学家指出，社会关系的丧失是自杀的主要原因之一。

1.2 沟通的类型和要素

1.2.1 沟通的类型

1. 语言沟通和非语言沟通

根据沟通所借用的媒介的不同，可划分为语言沟通与非语言沟通。

(1) 语言沟通。语言沟通是指以语词符号为载体实现的沟通，主要包括口头沟通、书面沟通和电子沟通等。

口头沟通：借助语言进行的信息传递与交流。口头沟通的形式很多，如会谈、电话、会议、广播、对话等。

书面沟通：借助文字进行的信息传递与交流。书面沟通的形式也很多，如通知、文件、通信、布告、报纸、期刊、备忘录、书面总结、汇报等。

电子沟通：又称 E-沟通，是以计算机技术与电子通信技术组合而产生的信息交流技术为基础的沟通。它是随着电子信息技术的兴起而新发展起来的一种沟通形式，包括即时通信工具(如QQ、微信、阿里旺旺等)，社交媒体，电子邮件等。

(2) 非语言沟通。非语言沟通主要包括标记语言、动作语言、物体语言等形式。非语言沟通是指通过身体动作、体态、语气语调、空间距离等方式交流信息、进行沟通的过程。在沟通中，信息的内容部分往往通过语言来表达，而非语言则作为提供解释内容的框架，来表达信息的相关部分。有人以为非语言沟通是辅助性或支持性角色，这是一种误解。

2. 直接沟通和间接沟通

按信息沟通的过程是否需要第三者加入，可分为直接沟通和间接沟通。

(1) 直接沟通。直接沟通是指信息的发送者与接收者直接进行信息交流，无须第三者传递的沟通方式。例如，面对面的交谈、电话交谈等。直接沟通的优点是沟通迅速，双方可以充分交换意见，交流信息，迅速取得相互了解。其缺点是信息的有效传递需要时间和空间的一致性，有时直接沟通存在一定的困难。

(2) 间接沟通。间接沟通是指信息的发送者必须经过第三者的中转才能把信息传递给接收者。间接沟通的优点是不受时间和空间条件的限制。其缺点是较耗费人力和时间，且可能使信息失真。

3. 正式沟通和非正式沟通

按沟通的组织结构特征，可分为正式沟通和非正式沟通。

(1) 正式沟通。正式沟通是指按照组织明文规定的渠道进行信息的传递和交流。例如，组织内部的文件传达，上下级之间例行的汇报、总结，工作任务分配，以及组织之间的信函往来等都属于正式沟通。正式沟通具有组织的严肃性、程序性、稳定性、可靠性及信息不易失真的特点。它是职场沟通的基本方式。

(2) 非正式沟通。非正式沟通是指正式沟通渠道以外自由进行的信息传递和交流，它是正式沟通的补充。例如，员工之间私下交换意见、交流思想感情或传播“小道消息”等。其特点是自发性、灵活性、不可靠性。非正式沟通作为正式沟通的补充有其积极的作用，通过它可以掌握组织成员的心理状况，并在一定程度上为自身的职场行为提供依据。但由于在非正式沟通中信息失真比较大，所以作为职场人员既不能完全依赖它获得必要的信息，又不能完全忽视它。

4. 上行沟通、下行沟通和平行沟通

按沟通的方向，可分为上行沟通、下行沟通和平行沟通。

(1) 上行沟通。上行沟通是指在组织或群体中从较低层次向较高层次的沟通。它是群体成员向上级提供信息、发表意见和反映情况的沟通方式。如果上行沟通渠道畅通，可使下级员工积极主动地向上级反映自己的意见和愿望，获得某种心理上的满足，同时也可使领导者及时、准确地掌握下级情况，为做出符合实际的决策和改进管理创造条件。上行沟通是一个组织领导者了解和掌握组织全面情况，以做出正确决策的重要环节。因此，组织领导者应大力鼓励下级向上级反映情况，从而确保上行沟通渠道的畅通无阻。同时下级员工也要鼓足勇气进行上行沟通。

(2) 下行沟通。下行沟通是指组织或群体中从较高层次向较低层次传递信息的过程。它是组织领导者把组织的目标、规章制度、工作程序向下传达的沟通方式。下行沟通可以使下级员工明确工作任务、目标，增强责任感和组织归属感，而且可以协调组织各层次的活动，加强各级间的有效协作。

(3) 平行沟通。平行沟通是指组织或群体中各平行机构之间的交流及员工在工作中交互作用和工作交谈等。平行沟通能够保证部门间的相互通气、相互配合和支持，从而减少矛盾和冲突，有利于组织各种关系的平衡和稳定。

5. 口头沟通和书面沟通

按信息沟通时所凭借的媒介，可分为口头沟通和书面沟通。

(1) 口头沟通。口头沟通是指以口头语言为媒介的沟通，如演讲、口头汇报等。口头沟通是人际关系中最常用的一种形式。人们借助口头语言的表达方式彼此传递着不同的信息、情感和思想。口头沟通的优点是信息发送和反馈快捷和及时。其缺点是信息传递经过的中间环节越多，信息被曲解的可能性就越大。

(2) 书面沟通。书面沟通与口头沟通都属于语言沟通的过程，但书面沟通更加规范、正式和完整。书面沟通是以书面文字为媒介的沟通，如通知、文件、备忘录等。在组织和群体正式的、比较规范的沟通中通常用书面沟通。书面沟通的优点是沟通的内容具体化、直观化；沟通信息能够被永远保存，便于查询。其缺点是要花费大量的时间，缺乏及时的反馈，而且不能保证接收者完全正确地理解信息。

6. 单向沟通和双向沟通

按信息的发送者与接受者的位置是否变换，可分为单向沟通和双向沟通。

(1) 单向沟通。单向沟通是指信息的发送者与接受者之间相对位置不发生变化的沟通，即信息的交流是单向的流动，如演讲、作报告、广播消息等都属于单向沟通。单向沟通的优点是信息传递快，其缺点是缺少信息反馈，沟通的信息准确性差，当接受者不愿接受意见或任务时，容易引起不满与抗拒。

(2) 双向沟通。双向沟通是指信息的发送者与接收者的位置不断变化的沟通，即信息交流是双向的活动。例如，组织间的协商、讨论或两个人之间的谈心等都属于双向沟通。双向沟通的优点是能及时获得反馈的信息；沟通信息准确性较高，通过沟通有助于联络和巩固双方感情。其缺点是信息完整传递的速度较慢；接受者可以反对信息发送者的意见，在一定条件下可能给发送者造成心理上的压力。

7. 工具式沟通和情感式沟通

按照沟通功能，可分为工具式沟通和情感式沟通。

(1) 工具式沟通。指发送者将信息、知识、想法、要求传达给接受者，目的是影响和改变接受者的行为。

(2) 情感式沟通。指沟通双方表达情感、获得对方精神上的同情和谅解，最终改善相互之间的人际关系。

8. 有意沟通和无意沟通

根据沟通者是否意识到沟通的发生，可以分为有意沟通和无意沟通。

(1) 有意沟通是有目的的沟通，如谈话、聊天、上课等。

(2) 无意沟通是当事人没有意识到沟通的发生，普遍存在但常被人所忽视，如护士看到病人睡觉会放轻脚步。

1.2.2 沟通过程的组成要素

一个完整的沟通过程一般由 6 个基本要素构成。

1. 发信者

发信者是指发出信息的人，也称作信息的来源。发信者的主要任务是对信息的收集、加工、传递和对信息反馈的反应。

2. 接收者

接收者是指信息传递的对象，即接收信息的人。接收者在接收传递信息的同时，也将新的信息注入其中，并且反馈给发信者。所以在沟通互动中，发信者和接收者在同一时间既发送又接收。接收者的主要任务是接收发信者的思想和情感，并及时把自己的思想和情感反馈给对方。

3. 信息

信息是指发信者希望传达的思想、感情、意见和观点等。信息包括语言和非语言的行为，以及这些行为所传递的所有影响语言使用的音调、身体语言，如面部表情、姿势、手势、触碰、眼神等，都是发出信息的组成部分。

4. 渠道

渠道是指信息由一个人传递到另一个人所通过的路线，是指信息传递的手段，如视觉、听觉和触觉等。这些途径可同时使用，亦可以单独使用，但同时使用效果好些。例如，一部录音电话与幼儿园老师集动作、声音、表情、手势一起配合使用相比，显然后者效果比前者好。

5. 反馈

反馈是指信息由接收者返回到信息发出者的过程，即信息接收者对信息发出者的反应。有效、及时的反馈是极为重要的。因此，在交流时，要及时反馈，并把沟通对象的反馈加以归纳、整理，再及时地反馈回去。

6. 环境

环境是指沟通互动发生的场所以及其他条件，是每个互动过程中的重要因素，包括物理的场所、环境，如公共汽车上、开会的时候等。环境还包括沟通的时间和每个互动参与者的个人特征，如情绪、经历、知识水平等。

1.3 沟通的障碍

沟通障碍(Communication Barrier)，是指信息在传递和交换过程中，由于信息意图受到干扰或误解，而导致沟通失真的现象。在人们沟通信息的过程中，常常会受到各种因素的影响和干扰，使沟通受到阻碍。

1.3.1 自身障碍

1. 生理因素

(1) 暂时性的生理不适，如疼痛、饥饿、疲劳等，会使沟通者难以集中精力而影响沟通。但当这些生理不适消失后，沟通就能正常进行。

(2) 永久性的生理缺陷，如感官功能不健全(听力不足或视力障碍等)、智力发育不健全，则会长期影响沟通。与这些特殊对象进行沟通便要采取特殊方式，如提高音量和光线强度，借助手语、盲文等。

2. 情绪状态

沟通者处于特定情绪状态时，常常会对信息的理解“失真”。例如，当沟通者处于愤怒、激动状态时，对某些信息的反应常会过度(超过应有程度)。

3. 个人特征

现实中每个人都会因其生活环境和社会经历的不同而形成各不相同的心理、社会特征。许多特征都会不同程度地对人际沟通产生影响。人格对人际沟通的影响包括如下一些方面。

(1) 性格特征的影响。例如，两位性格都很独立、主观性又很强的人相互沟通，往往不容易建立和谐的沟通关系，甚至会发生矛盾冲突。而独立型性格的人与顺从型性格的人相互沟通，则常常因为“性格互补”而建立起良好的沟通关系，有利于沟通的顺利展开。一般来说，与性格开朗、大方、爽快的人沟通比较容易，而与性格内向、孤僻、拘谨、狭隘的人沟通往往会遇到许多困难。

(2) 认识差异的影响。由于个人经历、教育程度和生活环境等的不同，每个人的认识范围，以及认知涉及的领域、专业等都有差异。一般来说，知识水平越接近，知识面重叠程度越大(如专业相同或相近等)，沟通时越容易相互理解。知识面广、认知水平高的人，比较能适合与不同认知范围和水平的人进行沟通。

(3) 文化传统影响。文化发展具有历史的延续性。不同地域、不同民族的文化在长期的发展过程中会形成许多具有鲜明地域性和民族性的特征，从而形成特定的文化传统。这种文化传统的影响定势，总是在左右着每个人的行为，形成它们既有共性又有个性的“文化”特征。一般来说，文化传统相同或相近的人在一起会感到亲切、自然，容易建立相互信任的沟通关系。当沟通双方文化传统有差异时，理解并尊重对方文化传统将有利于沟通；反之，将对沟通产生不利影响。

4. 沟通技能

有的人口才很好而写作能力差，口头交流时讲得头头是道，但书面交流则困难重重；有的人则正好相反。另外，口齿不清、地方口音重、不会说普通话、书面记录速度慢等，也属于沟通技能方面的问题，也会影响沟通。人际沟通的情境千差万别、千变万化，其影响因素也颇为复杂多样。了解一些常见的影响因素，有利于沟通者在实际沟通时“兴利除弊”，在沟通中随机应变。

案例1-4

史宾塞打赢官司的秘诀

美国著名律师盖瑞·史宾塞(Gerry Spence)，不但因为打赢了“凯伦·丝伍德(Karen Silkwood)核电厂案”，并担任NBC电视台“O.J.辛普森(O.J.Simpson)案”的法律特派员而有名；更令人难以相信的是，他做律师几十年来，居然没有输过一场刑事官司。

为什么他场场都能赢？难道就没有陪审团存心跟他过不去？

在其著作《怎样辩论每次都赢》里，史宾塞说出了他的秘诀。

有一次，他遇到了一个比较有个性的陪审团，就在陪审团做最后决定前，盖瑞·史宾塞给他们讲了个故事。

从前，有一老一少，老人很聪明，年轻人总想胜过他。有一天，年轻人想出个点子，他抓了一只小鸟，藏在两只手之间，走到老人面前说：“你猜，我手中的小鸟是活的，还是死的？”如果老人猜是死的，年轻人会让小鸟飞走，表明老人猜错了；如果老人猜是活的，年轻人就会把小鸟捏死，那老人也猜错了。

老人是怎么说的呢？他笑了笑，说：“朋友！现在可怜的小鸟在你手里，它是活是死，全由你决定了！”

故事说完，陪审团进去开会。结果出来时，盖瑞·史宾塞又赢了。

盖瑞·史宾塞用了什么技巧？整个辩护过程中，他没有表现出滔滔不绝的雄辩之才，而是在最后放低姿势，将陪审团高高举起，仿佛告诉大家：“不错！”

(资料来源：李宁，郑海燕. 如何管好电话销售团队[M]. 北京：中国社会科学出版社，2007)

1.3.2 环境干扰

(1) 嘈杂声干扰。例如，门窗开关的碰击声、临街的汽车声和叫卖声、邻居的音响声、各种机械噪声，以及与沟通无关的谈笑声。

(2) 环境氛围影响。例如，房间光线昏暗，沟通者看不清对方的表情；室温过高或过低，会使沟通者精神涣散；色彩鲜艳的环境布置和氛围，可使沟通者放松、愉快，有利于促膝长谈。

(3) 隐私条件影响。凡沟通涉及隐私时，若有其他无关人员在场，缺乏隐私条件，便会干扰沟通。回避无关人员的安静场所，则有利于消除当事者的顾虑，使其畅所欲言。

1.3.3 文化背景

在跨文化的沟通中，很多职场人士又面临着很多新问题，常由于种种原因而产生误解。

例如，保加利亚人和印度的某些民族对于点头和摇头的理解与我们的习惯相反。又如，在英国，如果晚宴的时间是20时入席，那么大部分客人会在20时15分到场；在德国则看重准时；在希腊，即使到了21时或21时30分到达也属正常；如果换成印度，那可能就更晚了。若是不了解这种差异，就会造成很多误会，造成人际交往中的障碍。

中国是一个幅员辽阔的多民族国家，来自不同地域的人们进行沟通时，可能会出现种种沟通障碍。而在不同行业、不同职业以及不同专业之间的人士进行交往时，也容易出现沟通障碍。

1.3.4 语言障碍

由于人们语言习惯和修养上的差异，即使使用同一种语言，也会对其表达的内容产生不同的理解。因方言误解而出现沟通障碍就更多了，媒体上就常报道因此而出现的纠纷。

案例 1-5

"You don't say"引起的误会

小邓是一个英语爱好者，经常找外国人练习口语，每次在练习之前，都做精心的准备。一次，他又找到一名外国人练习英语口语，说到有趣之处，外国人说："You don't say!"小邓误以为是"你不要(乱)说"的意思，于是赶紧转换话题，用幽默的口吻说了另一个故事，外国人又说："You don't say!"小邓觉得很奇怪，难道他对于自己精心准备的话题都不感兴趣吗？后来才知道，那位外国人说的"You don't say"不是"你不要(乱)说"的意思，而是表示感兴趣或者惊讶，意为"真的吗""不会吧""什么"等。

【思考与讨论】如何避免因语言的差异而导致误解？

1.3.5 心理障碍

心理障碍的范围很广，如人们在需求、动机、爱好、兴趣、态度、能力和人格等方面的差异，都可能会造成人际交往中的障碍。

1.3.6 地位障碍

社会地位不同的人通常具有不同的意识、价值观念和道德标准，从而造成沟通的困难。不同阶级的成员，对同一信息会有不同的甚至截然相反的认识，政治差别、宗教差别、职业差别等也都可能成为沟通障碍。不同党派的成员对同一政治事件往往持有不同的看法；不同宗教或教派的信徒，其观点和信仰迥异；职业的不同常常造成沟通的鸿沟，即所谓的"隔行如隔山"；甚至年龄也会造成沟通障碍，所谓"代沟"即为一例。

1.3.7 组织结构障碍

如果组织结构过于庞大、臃肿，层次重叠，人浮于事，就会使信息经过层层传递而出现失真、损耗和歪曲，从而造成人际交往中的障碍。

1.4 高效沟通的基本步骤

高效沟通一般要经过 6 个步骤：事前准备、确认需求、阐述观点、处理异议、达成协议和共同实施。如按此步骤进行沟通，可以使工作效率大幅度提高。

1.4.1 事前准备

发送信息的时候要准备好发送的方法、发送的内容和发送地点。在工作中，为了提高沟通的效率，事前要做好以下准备。

1. 设立沟通目标

在与别人沟通之前，心里一定要有一个目标，明确自己想通过这次沟通达成何种效果。

2. 制订计划

有了目标就要有计划，怎样与别人沟通，先说什么，后说什么，最好把有关事项列一个表格。

3. 预测可能遇到的异议和争执

沟通难免遇到不同的观点，对于异议和争执要有充分的思想准备，还要根据具体情况尽可能详细地预测。这样有利于提升沟通的效果。

4. 对情况进行 SWOT 分析

就是明确双方的优劣势，设定一个更合理的目标，大家都能够接受的目标。SWOT 的 4 个字母分别代表：strengths(优势)、weaknesses(劣势)、opportunities(机遇)、threats(挑战)。

1.4.2　确认需求

确认双方的需求，明确双方的目的是否一致，主要分为 3 个步骤。

1. 用心倾听

要设身处地地去听，要用心用脑去听，准确理解对方的意思和意图。倾听的最高境界是感同身受。听众与说话者站在一个角度上考虑问题，与说话者形成感情上的联盟。不管说话者说什么，听众都能完全理解，完全接收。积极聆听的过程中，还要注意分辨对方的言外之意，找到问题的本质所在。

例如，一个营销人员曾遇到很多新客户说："我没有钱。"这是不是意味着被拒绝了呢？可以分几个层次听出含义来：①他真得很穷；②他并不拒绝被推销的产品；③他需要一个事业上的机会帮他赚到钱。

2. 巧妙发问

在沟通过程中，很多时候，自己的解释说明对方不一定会记在心里。但若以发问的形式提出，对方会去思考。我们可以通过提问，来明确对方的目的和需求。提问一般分为 4 种类型：封闭式提问、半开放式提问、开放式提问和具有感染力的提问方式。

1) 封闭式提问

如果你希望从别人那里得到一个简短明确的回答，就应该使用所谓的"封闭式提问"。封闭式提问常常使用"是不是""对不对""要不要""有没有"等词汇，以获得简单的是否式答案，用于资料收集的条理化，澄清事实，缩小讨论范围和在偏离话题时中止对方的叙述。例如，对于"你现在想要冰淇淋吗？"这样的问题，任何方式任何人给出的答案最有可能为"是"或者"不是"。

2) 半开放式提问

如果你希望从交谈的对象那里得到更加确切的回答，但同时又不想给对方造成太大的压力，可以选择"半开放式提问"，或者称为"关联提问"。通过这种提问方式，你事先并不会给出或者暗示任何供选择的答案。在这样的情况下，对方的回答是比较自由的，他可以讲得多一些，也可以答得少一点；可以相对详细，也可以简单介绍。例如，"你为什么不喜欢这部电影？""你为什么非得现在开始休假？"

3) 开放式提问

如果你并不希望给予交谈对方任何的思路或者暗示，也不想太多地表露出自己的意图，只希望给对方尽可能大的选择空间，那么可以使用“开放式提问”。开放式提问常常使用“什么”“为什么”“如何”“能不能”等词汇，让对方就相关的问题、思想、情感给予详细的说明。例如，“你最近过得怎么样？”

4) 具有感染力的提问方式

如果你希望通过自己的提问方式，让对方觉得你是在为他考虑，是在设身处地地为他着想，那么可以使用“具有感染力的提问方式”。例如，“这两天我觉得你有一点无精打采，我想，可能是你的工作压力太大了，你觉得如果把我们的约会稍稍推迟一下，对你来说会不会好一些呢？”

通过这种提问方式，不仅给自己留下了回旋的余地，以便应对各种可能发生的变化，同时也给对方留下了一种印象：你能够体察到他身上的问题，你对他的状况很关心。

3. 及时确认

当你没有听清楚、没有理解对方的信息时，要及时提出，一定要充分理解对方所要表达的意思，做到有效沟通。

1.4.3 阐述观点

阐述观点就是怎样把自己的观点更好地表达给对方，这是非常重要的。在表达观点的时候，有一个非常重要的原则，即FAB原则。FAB是英语feature(属性)、advantage(作用)和benefit(利益)三者的缩写。在阐述观点的时候，按这样的顺序来说，对方就能够听懂、能够接受。

例如，卖沙发，按FAB原则来阐述：“你看我这沙发，是皮的(F)，非常柔软(A)，坐上去非常舒服(B)。”

采用FAB原则表达时，对方更容易听得懂，而且印象会非常深刻。

【课堂练习】用FAB原则向客户介绍某一产品。

1.4.4 处理异议

在沟通中，有可能会遇到对方的异议，即对方不同意你的观点。在工作中想说服别人非常困难，同样别人说服你也非常困难。因为成年人不容易被别人说服，只可能被自己说服。所以在沟通中一旦遇到异议，就会产生沟通的破裂。

当在沟通中遇到异议时，可以采用类似于借力打力的一种方法，叫做“柔道法”。不是强行说服对方，而是用对方的观点来说服对方。在沟通中遇到异议之后，首先应了解对方的某些观点，然后当对方说出一个对你有利的观点的时候，再用这个观点去说服对方。

处理异议时，要表现出具有“同理心”。解决人际关系问题中最具威力的3个字是“我理解”。在沟通过程中，应塑造一个让对方可以畅所欲言、自由表达意见的环境，展现支持、理解、肯定的态度，尊重对方的情绪及意见，让他觉得与你交谈是件轻松愉快、获益良多的事。

1.4.5 达成协议

沟通的理想结果就是最后达成协议。一定要注意：是否完成了沟通，取决于最后是否达成了协议。

在达成协议的时候，要做到以下几方面。

(1) 感谢。善于发现别人的支持并表示感谢，对别人的结果表示感谢，愿与合作伙伴、同事分享工作成果，积极转达内外部的反馈意见，对合作者的杰出工作给予回应。

(2) 赞美。称赞对方所表现出的理解和支持。

(3) 庆祝。为能够达成协议感到高兴。

1.4.6　共同实施

在达成协议之后，要共同实施。达成协议是沟通的一个结果。但是在工作中，任何沟通的结果都意味着一项工作的开始，要共同按照协议去实施。如果达成了协议，却没有按照协议去实施，那么对方会觉得你不守信用，就失去了对你的信任。一定要注意，信任是沟通的基础，如果失去了对方的信任，那么下一次沟通就会变得非常困难，因此职业人士在沟通的过程中，对所有达成的协议一定要努力实施。

1.5　沟通的诀窍和原则

1.5.1　沟通的诀窍

1. 尊重别人

俗话说："种瓜得瓜，种豆得豆。"把这条朴素哲理运用到社会交往中，即你处处尊重别人，得到的回报就是别人处处尊重你，尊重别人其实就是尊重你自己。

2. 乐于助人

人是需要关怀和帮助的，尤其要十分珍惜自己在困境中得到的关怀和帮助，并把它看成是"雪中送炭"，视帮助者为真正的朋友、最好的朋友。

3. 心存感激

生活中，人与人的关系最是微妙不过，对于别人的好意或帮助，如果你感受不到，或者冷漠处之，可能生出种种怨恨。

4. 产生共鸣

俗语说："两人一般心，有钱堪买金；一人一般心，无钱堪买针。"人与人之间，如果能主动寻找共鸣点，使自己的"固有频率"与别人的"固有频率"相一致，就能够使人们之间增进友谊，结成朋友，发生"共振"。

5. 真诚赞美

林肯说过："每个人都喜欢赞美。"赞美之所以得其殊遇，一在于其"美"字，表明被赞美者有卓然不凡的地方；二在于其"赞"字，表明赞美者友好、热情的待人态度。人类行为学家约翰·杜威(John Dewey)也说："人类本质里最深远的驱策力就是希望具有重要性，希望被赞美。"因此，对于他人的成绩与进步，要肯定，要赞扬，要鼓励。当别人有值得褒奖之处，应毫不吝啬地给予诚挚的赞许，以使人们的交往变得和谐而温馨。

6. 诙谐幽默

人人都喜欢和机智风趣、谈吐幽默的人交往，而不愿同动辄与人争吵，或者郁郁寡欢、言语乏味的人来往。幽默，可以说是一块磁铁，吸引着大家；也可以说是一种润滑剂，令烦恼转化为欢畅，使痛苦变成愉快，将尴尬转为融洽。

7. 大度宽容

人与人频繁接触，难免会出现“磕磕碰碰”的现象。在这种情况下，学会大度和宽容，就会使你赢得一个绿色的人际环境。要知道，“人非圣贤，孰能无过”。因此，不要对别人的过错耿耿于怀、念念不忘。生活的路，因为有了大度和宽容，才会越走越宽，而如果思想狭隘，则会把自己逼进“死胡同”。

8. 诚恳道歉

有时候，一不小心，可能会碰碎别人心爱的花瓶；自己欠考虑，可能会误解别人的好意；自己一句无意的话，可能会伤害别人……如果无意伤害了别人，就应真诚地道歉。这样不仅可以弥补过失、化解矛盾，而且还能促进双方心理上的沟通，缓解彼此的关系。切不可把道歉当成耻辱，那样将有可能失去一位朋友。

1.5.2 沟通的原则

1. 平等原则

在职场沟通中，人们需要彼此尊重。在比自己强的人面前，不要畏缩；在比自己弱的人面前，不要骄纵，学问有深浅，地位有高低，但是所有人的人格都是平等的。对于领导者来说，要“礼贤下士”“将心比心”；对于一般职员来说，要充满自信，不要有“恐高症”。

2. 尊重原则

在相互尊重的氛围下，沟通才能顺利进行，相互尊重是交往中的一种润滑剂，对于创造一个融洽的沟通气氛，具有非常重要的作用，并能最终达到双赢的结果。

3. 规范性原则

任何沟通都必须遵循规范性的原则，有的规范是成文的，如办公纪律，有的是不成文的，如道德规范和行为准则。尤其是对不同文化背景的人来说，了解不同民族不同地区的基本交往规范，显得越来越重要。

4. 双向沟通原则

双向沟通是指在交往中，交往双方应积极地进行沟通，分别对对方有一定的和必要的了解。应该以相互理解作为交往双方交往的前提，离开了相互理解，交往将困难重重。

5. 适度性原则

适度性原则主要指根据不同对象把握言谈的深浅度，根据不同场合把握言谈的得体度，根据自己的身份把握言谈的分寸，包括体态语言等都要恰到好处。说在该说时，止在该止处。

思 考 题

1. 职场沟通的重要性体现在什么地方？
2. 什么是沟通，沟通可以分为哪几种类型？
3. 沟通的主要障碍是什么？
4. 高效沟通的基本步骤是什么？
5. 沟通的原则包括哪些？

实 训 项 目

一、有效地介绍自己

自我介绍是一项实用的技能，在不同场合，自我介绍的方法和内容既有共同之处，也存在明显的差异。为了给对方留下良好的第一印象，树立自己的个人品牌，对于自我介绍要精心地准备和设计，决不可掉以轻心。

1. 自我介绍注意事项

(1) 选择对方注意力集中的时候，确保介绍有效，以合适的称呼或招呼开始。

(2) 精心设计介绍的内容，确保给对方留下深刻印象。

(3) 大方、自信、口齿流利，但不要背诵，语速适中，简洁明了，注意不同场合的时间控制。

(4) 不要畏畏缩缩，也不要轻浮夸张，注意站姿、坐姿、眼神、情绪、表情。

(5) 最好事先能了解一下对方，必要时可以赞美对方或找到共同话题。

2. 不同场合的自我介绍

(1) 应聘面试。

(2) 到新单位在正式场合面对众多同事。

(3) 在非正式场合与不认识的同事见面。

(4) 面对新客户。

【讨论】在上述不同的场合，介绍的内容有哪些相同之处？有哪些不同之处？

3. 设计的不同场合的自我介绍，试着运用于实践，并根据效果进行修正。

【讨论】如何迅速让对方记住自己的名字？

二、案例分析

案例 1-6

开放式提问和封闭式提问的交替运用

在某个真实的培训中，上海竞存灯饰的胡敏霞抽到的题目是：顾客想给儿子买一台护眼灯，要求保护眼睛的健康，并且价格便宜。当然，胡敏霞自己并不知道顾客有什么样的购买要求。

以下就是两人的精彩演练过程。

胡敏霞：你好，欢迎光临××专卖店，请问您想选一款什么样的灯？

顾客：我想买一款护眼灯。

胡敏霞：是您自己用，还是给小孩用？

顾客：给小孩用。

胡敏霞：好的，您看我们这款魔鬼鱼护眼灯怎么样？

顾客：哇，你们这款魔鬼鱼价格也太贵了吧。

胡敏霞：我们的产品价格是比较实惠的，再说，买护眼灯也不能光看价格，最重要的是要看质量，是不是真的对眼睛有保护作用。您说对吗？

顾客：那倒是，可是你推荐的这款灯我不喜欢。

胡敏霞：为什么？是不喜欢它的造型，还是不喜欢颜色？

顾客：我不喜欢这个颜色。

胡敏霞：那您看看这款蓝色的怎么样，蓝色的不论男孩、女孩都比较合适。

顾客：我还是觉得价格有点贵。

胡敏霞：如果您对其他方面都满意的话，我们可以谈一下价格的问题。

最后，顾客接受了胡敏霞的报价，购买了这款魔鬼鱼护眼灯产品。

(资料来源：http://www.chinaadren.com)

【思考与讨论】

1. 开放式提问和封闭式提问各有什么作用？胡敏霞是如何巧妙运用的？
2. 在向客户推荐商品之前，如何通过提问准确了解对方的需求？
3. 为何要把价格谈判(讨价还价)放到最后阶段？

三、沟通能力测试

具有良好的沟通能力可以使你很好地表达自己的思想和情感，获得别人的理解和支持，保持良好的人际关系。沟通技巧较差的人常常会被别人误解，给别人留下不好的印象，甚至无意中对别人造成伤害。

以下这些问题看似小事，却有可能决定别人对你的看法和态度。想测一下你的沟通能力吗？那就开始吧！

(1) 你跟新同学“打成一片”一般需要多少天？(　　)

A. 一天。

B. 一个星期。

C. 十天甚至更久。

(2) 当你发言时有些人起哄或者干扰，你会：(　　)

A. 礼貌地要求他们不要这样做。

B. 置之不理。

C. 气愤地走下台。

(3) 上课时家里有人来找你，恰好你坐后排，你会：(　　)

A. 悄悄地暗示老师，得到允许后从后门出去。

B. 假装不知道；但心里很焦急，老走神。

C. 偷偷从后门溜出去。

(4) 放学了，你有急事要快点走，而值日的同学想让你帮忙打扫教室，你会：(　　)

A. 很抱歉地说：“对不起，我有急事，下次一定帮你。”

B．看也不看地说："不行，我有急事呢！"

C．装作听不见，跑出教室。

(5) 开学不久你就被同学选为班长，你会：(　　)

A．感谢同学们的信任和支持，并表示一定把工作做好。

B．觉得没什么大不了的，只是要求自己默默地把工作做好。

C．觉得别人选自己是别有用心，一个劲地推托。

(6) 有同学跟你说："我告诉你件事儿，你可不要跟别人说哦……"这时你会说：(　　)

A．"哦！谢谢你对我的信任。我不是知道这件事的第二个人吧？"

B．"你都能告诉我了，我怎能不告诉别人呢？"

C．"那你就别说好了。"

(7) 老师布置你和另一位同学一起完成一项任务，而这位同学恰恰和你不怎么友好，你会：(　　)

A．大方地跟他(她)握手："今后我们可是同一条船上的人哦！"

B．勉强接受，但工作中决不配合。

C．坚决向老师抗议，宁可不做。

(8) 你和别人为一个问题争论，眼看就要闹僵了，这时你：(　　)

A．立即说："好了好了，我们大家都静一静，也许是你错了，当然，也有可能是我的错。"

B．坚持下去，不赢不休。

C．愤然退场，不欢而散。

计分方法：选A计3分，选B计2分，选C计1分。

解析：

8～12分：你的沟通能力较低。由于你对沟通能力的重视不够，而且也没有足够的自信心，导致你在成长的道路上，一些机遇常常与你擦肩而过。你应该以轻松、热情的面貌与同学进行交流，把自己看作集体中的一员。同时，对别的同学也不可存在任何偏见。经常与人交流，取长补短，改变自己拘谨封闭的状态。记住：沟通能力是成功的保证和进步的阶梯。

13～19分：你的沟通能力较强，在大多数集体活动中表现出色，只是有时尚缺乏自信心。你还需加强学习与锻炼。

20～24分：你的沟通技能很好。无论你是学生干部还是普通学生，你都表现得非常好，在各种社交场合都表现得大方得体。你待人真诚友善，不狂妄虚伪。在原则问题上，你既能善于坚持并推销自己的主张，同时还能争取和团结各种力量。你自信心强，同学们都信任你，你可以使你领导的班级充满团结和谐的气氛。

项目2 沟通筹划

知识目标

1. 了解人的不同气质与性格；
2. 了解情绪的识别与控制方法；
3. 掌握沟通心理障碍的克服方式。

能力目标

1. 掌握自我认识、自我管理、自我激励的能力；
2. 掌握认知沟通对象的能力。

2.1 因人而异的沟通策略

案例2-1

《论语》：闻斯行诸？

子路问："闻斯行诸？"子曰："有父兄在，如之何其闻斯行之！"冉有问："闻斯行诸？"子曰："闻斯行之！"公西华曰："由也问'闻斯行诸？'，子曰：'有父兄在'；求也问'闻斯行诸？'子曰：'闻斯行之'。赤也惑，敢问？"子曰："求也退，故进之；由也兼人，故退之。"

这段话的含义是：子路匆匆走进来，大声向老师孔子求教："先生，如果我听到一种正确的主张，可以立刻去行动吗？"孔子看了子路一眼，慢条斯理地说："总要问一下父亲和兄长吧，怎么能听到就行动呢？"子路出去之后，另一位学生冉有悄悄走到孔子身边，恭敬地问："先生，我要是听到正确的主张，就应该立即去行动吗？"孔子马上回答："对的，听到了就应该立刻行动。"冉有走后，公西华奇怪地问："先生，仲由(子路)和冉求(冉有)问同样的问题，您的回答完全相反。我被弄糊涂了，想问问为什么？"孔子笑了笑说："冉求性格谦恭，办事犹豫不决，所以我鼓励他临事果断；但是仲由逞强好胜，办事不周全，所以我就劝他遇事多听取别人意见，三思而行。"

【思考与讨论】这个故事对你有哪些启示？

2.1.1 不同的气质

1. 气质的类型

每个人的气质和性格各具特点，由此造成思考方式、行为方式和沟通习惯的差异，在沟通中体现出来的优点和缺点也不尽相同。案例 2-1 中，冉有做事退缩，所以孔子鼓励他放开手脚；子路做事大胆，所以孔子对他多加约束。为了做好沟通的准备，每位沟通者均需要了解自己和沟通对象的气质和性格，并在沟通中采取不同的对策。

气质(temperament)，是指那些主要是与生俱来的心理和行为特征，也就是那些由遗传和生理决定的心理和行为特征。它是人格中最稳定的、在早年就表现出来的、受遗传和生理影响较大而受文化和教养影响较小的层面。人的基本气质特点是不能改变的。

气质通常被分为 4 种类型：多血质、黏液质、胆汁质、抑郁质。面对同样的事情，不同的人反应各不相同。例如，看到有栋楼房失火了，不同类型的人会做出不同的反应。

多血质的人会对着楼上楼下大叫：不得了了，失火啦！

黏液质的人会思考：是什么原因导致起火了？是电线短路还是厨房着火？

胆汁质的人会行动：关掉电源开关，找灭火器，马上去救火！

抑郁质的人会旁观：反正会有人报警，消防队马上就到，不用太着急。

还有一个故事也说明不同类型气质的差异。从前有 4 个死刑犯，分别属于这 4 种类型。在临刑的当天，断头台突然坏了。第一个人说：“太好喽，不用死了，大家明天开个 Party 庆祝一下吧！”这个人是多血质。第二个人说：“我要研究一下这个断头台哪里坏了……”这个人是黏液质。第三个人说：“我早就跟你说过我没罪！”这个是胆汁质。第四个人说：“大家都没事了……”这个人是抑郁质。

4 种个性特征分析见表 2-1。

表 2-1 4 种个性特征分析

分 类	优 点	缺 点
多血质 活泼型	活泼好动，反应迅速，动作敏捷、灵活，善于交际，工作学习上富有精力而效率高，精神愉快，朝气蓬勃；容易适应新环境，有高度的可塑性，能较好地与人相处	情绪不够稳定，易于浮躁；对平淡和琐碎的事物缺乏耐心，考虑问题也显得不够细致
黏液质 完美型	性情沉静，动作缓慢，有良好的自制力，遇事能沉住气，能克制自己的情绪，不易激动，不易发脾气，也不易流露感情	过于拘谨，不善于随机应变，常常墨守成规，故步自封
胆汁质 力量型	精力充沛、反应迅速、态度直率，能以极大的热情投入工作；有较高的主动性	往往比较粗心，自制力较差，容易感情用事，一旦失去信心，情绪就会低落
抑郁质 和平型	敏感、体验深刻、富有想象力，具有高度的情绪易感性，体验有力而持久	易受到伤害，性情孤僻，动作呆板，多愁善感；挫折承受力、主动性和耐受性差；情感体验方式较少，在行动上迟疑、忸怩、羞涩、怯懦

【练习】1. 对照此表，看看自己可能属于哪一种气质？

2. 找一些气质的测试题，看看自己属于哪一种气质。

2. 沟通策略

人们通过测试或者咨询专家，了解自己属于哪一种气质，然后可以采取不同的沟通策略，见表 2-2。

表 2-2 不同气质的沟通策略

分 类	行为特点分析	生气表现	沟通主体策略
多血质	擅长：“说”； 优点：善于劝导，重视人际关系； 缺点：缺乏条理，粗心大意； 反感：循规蹈矩； 追求：广受欢迎与喝彩； 担心：失去声望； 动机：得到别人的认同	几天就好	统筹兼顾，关注他人的兴趣，记住别人的名字；学会聆听，少说多做；做好计划，并切实执行
黏液质	擅长：“想”； 优点：做事讲求条理、善于分析； 缺点：完美主义、过于苛刻； 反感：盲目行事； 追求：精细准确、一丝不苟； 担心：批评与非议； 动机：进步	一个人伤心	寻找快乐，不要自找麻烦；关注积极面；不要花太多时间做计划；放宽对别人的要求
胆汁质	擅长：“做”； 优点：善于管理、主动积极； 缺点：缺乏耐心、感觉迟钝； 反感：优柔寡断； 追求：工作效率及支配地位； 担心：被驱动、强迫； 动机：获胜、成功	会毁灭一切	要缓和情绪，学会放松自己的情绪；耐心低调，降低对别人的压力；请别人协助，而不是生硬地支配别人；停止争论，学会道歉
抑郁质	擅长：“听”； 优点：恪尽职守、善于倾听； 缺点：过于敏感，缺乏主见； 反感：感觉迟钝； 追求：被人接受，生活稳定； 担心：突然的变革； 动机：寻找团结、归属感	别人不知道	果断振奋，尝试新鲜事物；尽量获得热情；学会说出自己的感受；要有主见，学会拒绝；开始行动

2.1.2 不同的性格

性格(character)，是一个人对现实的稳定的态度和习惯化的行为。性格是个人在社会活动中与环境相互作用的产物。

1. 性格的类型

一个人的性格按照不同的标准可以分为不同的类型。

1) 外倾型和内倾型

外倾型性格的人活泼开朗善于交际，对新事物比较敏感；内倾型性格的人冷静沉着，对新事物反应迟缓。这两种性格表现了两个截然不同的方面，但有时在一个人身上可以表现出两种性格，即在某些场合中表现外倾性格，而在另一些场合中表现出内倾性格。

2) 理智型、意志型和情绪型

理智型的人总是用理智来衡量事物和支配行为；意志型的人有着明确的目的性，在感情和行为上不易受人支配；情绪型的人总爱用感情来处理事物和支配行为，情绪不稳定时容易冲动。

3) 顺从型和独立型性格

顺从型性格的人独立能力差，多无主见，容易接受暗示和受人指使，在紧急和困难的情况下，常表现得张皇失措，生活上多无头绪。独立型性格的人，主见性强，善于发现问题和解决问题，不易受环境和其他因素影响，不轻易听取别人意见，善于处理困难和意外情况，生活也能自理。

2. 塑造受人欢迎的性格

性格和气质不同，性格是可以后天演化和塑造的。职场人士应该学习主动适应工作，塑造受人欢迎、有利于事业发展的性格。

一个人能够受人欢迎，关键要在做人上下功夫。一般来说，受人们喜爱的性格包括：处事大方，不斤斤计较，付出而不求回报；性格开朗、直爽，富于幽默感，情绪稳定；能够协调各种关系，有独立性、主动性；富于想象力和创造力；说玩就玩得痛快，而工作、学习时兢兢业业；遇到困难就努力去正视去克服；出了问题自己主动承担责任，决不推给别人；做出再大的成绩及获得的再高的荣誉，也不沾沾自喜、趾高气扬、目中无人；遇到再大的挫折，也不垂头丧气，依然精神不倒。只有这样，才能被周围的人亲近和信赖。

2.1.3 不同的性别

一般来说，男性大多是视觉型的，女性大多是听觉型的，所以在面对不同性别的沟通对象时，我们也应采取不同的沟通策略。例如，做产品展示时，男性大多喜欢看产品的直接演示效果，而女性则更多是想透过你的详细解释弄清楚产品的原理、性能、特点和用途，然后再结合演示。再比如说，男性大多喜欢直接知道从事某项工作能带来什么好处，而女性则更多关注怎样带来好处，也就是说男性更多关注结果，而女性则更多关注过程。因此，我们在面对男性时大多数时候应重点告诉对方做什么，而面对女性时大多数时候重点告诉对方如何做。

2.1.4 不同的年龄

老年人大多数儿孙满堂，要么有退休金的保障，要么有子女的孝养，相对于对财富的渴望，也许他们更关注自身的身体健康。因此，面对这个年龄层次的沟通对象，我们更多时候应以健康作为话题导入沟通，而不是从事业角度导入。

中年人大多性格沉稳，阅历丰富。同时希望改变和提升生活质量，并热切期望在中年时期来一次人生最后的辉煌创业，所以针对这个年龄层次的沟通对象，我们一般应以事业为主话题切入。

年轻人大多充满激情，行动力强，对未来和事业充满无穷的憧憬，热切期望有好的平台展示自己，实现心中愿望，由于事业、婚姻、前途等原因他们充满了强烈的创业欲望，所以，在与年轻人沟通时，应以事业、梦想、未来为主要话题进行沟通。

2.2 自我认知和认知他人

2.2.1 自我认知

1. 自我认知的意义

自我认知就是人们对自身的辨认、了解、综合评价的过程。它主要包括3个方面。

(1) 物质自我。包括身体素质、仪态仪表、家庭结构和实物占有等。

(2) 精神自我。即自己的价值观、兴趣、性格、气质、智慧、才识、能力和道德等。

(3) 社会自我。即自己的生活角色，在生活中的责任、义务、名誉，以及他人对自己的态度等。

自我认知非常重要，它是交际认知的基础。如果自视太高，就会骄傲自大，一意孤行，其结果既挫伤别人的自尊心，又给自己带来不良后果；如果自视过低，就会自暴自弃，畏惧不前，也会销蚀自己的才能，满足不了别人的期待，对团队的事业带来不良影响。只有正确评估自己，恰如其分地看待自己的地位和作用，才能从容地和别人交往，在各种活动中竭心尽力，作出应有的贡献。

2. 自我认知的方法：SWOT分析

1) 简介

SWOT 分析法是一种能够比较客观而准确地分析和研究一个组织或个人现实情况的方法。从整体上看，SWOT可以分为两部分：第一部分为S和W，主要用来分析内部条件；第二部分为O和T，主要用来分析外部条件。利用这种方法可以从中找出对自己有利的、值得发扬的因素，以及对自己不利的、要回避的因素；发现存在的问题，找出解决办法，并明确以后的发展方向。通过这种方法，个体能够客观地进行自我认知，明确自己的发展方向，从而为自己的学习、工作和生活作出最佳的决策。

2) SWOT分析法的步骤

(1) 找出自身的优点和短处。请做一个提纲，列出自己的性格特点、长短处所在。然后通过分析自己的长处和短处，扬长避短，继续发扬自身的优势，并努力改正自己常犯的错误，提高自身的素质和能力。

(2) 找出面临的机会和威胁。对机会和威胁进行比较客观的分析将有助于认清形势并果断地进行抉择，要对学习环境、专业前景和就业形势等外部因素进行正确的分析，评估其机会和威胁。

(3) 未来发展规划。计划是行动的向导，完成第(1)步、第(2)步的分析后，就可以有针对性地简单制定自己的发展规划。具体做法可以参考案例2-2。

案例 2-2

某大学硕士自我认知的 SWOT 分析

内部环境分析	优势(strength)	劣势(weakness)
	(1) 开朗乐观、志向高远、生活态度积极、长于发现事物的积极面； (2) 诚实稳重、为人正直、待人诚恳、喜欢与人交往； (3) 强烈的责任心、较强的社会适应能力、一定的组织能力； (4) 心思细腻，思考问题细致、缜密； (5) 学习认真踏实，具备一定的文学素养； (6) 喜欢思考问题，有一定的分析能力，并有寻根究底的兴趣； 7. 富有逻辑性和条理性，有一定的书面表达能力； (8) 勇于创新、敢于尝试，喜欢接触新鲜事物	(1) 社会经验不足、知识范围过窄，缺少理性思维能力； (2) 语言表达能力不强，不善于在公众场合演讲，有时候口语表达过于烦琐； (3) 思维比较程式化，不够灵活和变通； (4) 自视过高，我行我素，有时候比较固执，不喜欢采纳别人的意见； (5) 性情柔弱，有时候想问题、做事情过于瞻前顾后、优柔寡断，以致坐失良机
外部环境分析	机遇(opportunity)	威胁(threat)
	(1) 当今社会对我所学专业人才需求量大，专业发展前景光明； (2) 学校给我们提供了良好的学习环境和很好的软硬件条件，我们可以在导师的指导下有机会参与一些科研项目，学以致用，也可以积累更多的实践经验，同时有很多的机会与行业高层人士接触、交流、学习，提高自身素质，可以有考博或就业的双重选择； (3) 周围有很多优秀的同学，为自己的学习和课题研究提供了丰富的可利用资源，并且有构建良好的人际关系的条件； (4) 硕士研究生在中国是更高学历、更高层次的专业人才，专业知识更为扎实和深厚，其每年毕业的研究生数量远远少于本科生，比本科生具有更多的机会和更大的竞争优势	(1) 目前我国就业形势严峻，各用人单位对人才素质提出了更高的要求，越来越多的用人单位更加看重工作经验而非学历； (2) 研究生数量剧增，优秀的人很多，机会却不均等，这时就不单单是知识的比拼，更是对个人发现机会、展示自己并把握机会能力的考验
未来选择	运用 SWOT 法进行个人分析以后，本人对自身有了比较清醒的认识，进一步明确了未来发展的方向。计划在三年研究生期间，利用较强的学习能力，认真学习传播学专业知识和广告学知识，不断提高英语水平和计算机能力，拓展知识面以培养宽阔的视野和创新能力，同时利用课余时间参加社会实践锻炼，以积累工作经验。毕业后将从事与专业相关的职业，如传媒业、广告业等	

(资料来源：http://blog.stnn.cc)

2.2.2 自我激励

自我激励是指个体具有不需要外界奖励和惩罚作为激励手段，能为设定的目标自我努力工作的一种心理特征。心理学家证实：自我激励在人际沟通中起着引擎的作用。

一个能够做到自我激励的人，应具备以下三类品质：第一，不会随便选择放弃，这源于个体强大的自信；第二，有乐观的思想；第三，学会保持自己旺盛的精力。

1. 自信是沟通者必备的心理素质

自信心表现为自我肯定、自我鼓励、自我强化，坚信自己一定能成功的情绪素养。自己要有信心，别人才能相信你，才有利于沟通的进行。

案例 2-3

自信助推销员成功

一个纽约的商人看到一个衣衫褴褛的尺子推销员，顿生一股怜悯之情。他把 1 美元丢进卖尺子人的盒子里，准备走开，但他想了一下，又停下来，从盒子里取了一把尺子，并对卖尺子的人说："你跟我都是商人，只不过经营的商品不同，你卖的是尺子。"几个月后，在一个社交场合，一位穿着整齐的推销员迎上这位纽约商人，并自我介绍："你可能已经记不得我了，但我永远忘不了你，是你重新给了我自尊和自信。我一直觉得自己和乞丐没什么两样，直到那天你买了我的尺子，并告诉我我是一个商人为止。"推销员一直把自己当做乞丐，不就是因为缺乏自信吗？就是从纽约商人的一句话中，推销员找到了自信，并开始了全新的生活。

(资料来源：王林. 成功心理学：成功探索十二讲[M].北京：机械工业出版社，2008)

案例 2-4

画家的试验

一位画家把自己的一幅佳作送到画廊里展出，他别出心裁地放了一支笔，并附言："观赏者如果认为这画有欠佳之处，请在画上做上记号。"结果画面上标满了记号，几乎没有一处不被指责。过了几日，这位画家又画了一张同样的画拿去展出，不过这次附言与上次不同，他请观赏者将他们最为欣赏的妙笔都标上记号。当他再取回画时，看到画面又被涂满了记号，原先被指责的地方，却都换上了赞美的标记。"有自信心的人，可以化渺小为伟大，化平庸为神奇。"

(资料来源：王林. 成功心理学：成功探索十二讲[M]. 北京：机械工业出版社，2008)

2. 乐观成功理论

很多人都在期望得到别人的鼓励，却不晓得自我鼓励的重要性。经常自我激励实际也很简单，那就是要有乐观的心态，要自信，要自立。著名的教育学教授克莱里·萨弗让指出：如果你能改变你的思想，从悲观走向乐观，你便可以使你的一生发生改变。很多研究表明，乐观能助人幸福，更健康，并且能取得成功；相反悲观的人容易放弃希望，导致绝望，患上疾病，结局就是失败。因为他们经常会把失败归结于自己的能力差，而不去找出错的原因。

案例 2-5

乐观测试

20世纪80年代中期，美国某保险公司雇佣了5000名推销员并对他们进行了培训，每名推销员的培训费高达30 000美元。雇佣后第一年有一半人辞职，4年后这批人只剩下1/5。原因是：在推销人寿保险的过程中，推销员需要一次又一次面对被人拒之门外的窘境。

为了确定那些能够面对困难，将每一次拒绝都当成是挑战而不是挫折的人是否就可能成为成功的推销员，该公司向宾夕法尼亚大学的心理学家马丁·塞利格曼(Martin Selegman)讨教，并请他来检验“乐观成功理论”。这一理论认为，当乐观主义者失败时，他们会将失败归结于某些他们可改变的事情，而不是某些固定的、他们无法克服的弱点；因此，他们会努力去克服困难，改变现状，争取成功。

塞利格曼对15 000名参加过两次测试的新员工进行了跟踪研究，这两次测试一次是该公司常规的甄别测试，另一次是塞里格曼自己设计的用于测试被测者乐观程度的测试。这些人中有一组人没有通过甄别测试但却在乐观测试中取得“超级乐观主义者”成绩。跟踪研究表明，这一组人在所有人中工作任务完成得最好。第一年，他们的推销额比“一般悲观主义者”高出21%，第二年高出57%。从此以后，通过塞利格曼的“乐观测试”便成为被录用为该公司推销员的一个条件。

(资料来源：[美]马丁·塞利格曼. 活出最乐观的自己[M]. 洪兰，译. 北京：万卷出版公司，2010)

乐观者和悲观者对困难的态度是截然不同的。同样是半杯水，乐观者会说“我还有半杯水呢！”而悲观者则会说，“我只剩下半杯水了！”因此乐观者更多地看到世界的光明面，会不懈地追求生活和奋斗，会坦诚地和他人沟通交流；而悲观者更多地看到阴暗面，似乎周围的人也跟自己过不去，因此就会闷闷不乐、与世隔绝开来，逃避正常的沟通。

2.2.3 认知他人

1. 认知他人的内容

读懂一个人非常不容易，读懂一个人的心理状态就更加困难了。在认知他人的过程中，要学会从感情、情绪、能力、倾向及个性特征等方面着手。

(1) 感情。对他人感情的认知大多是通过表情实现的，这需要在日常生活中积累经验。比如，一个人笑代表他开心，垂头丧气代表他遇到了不顺心的事情。但是中国人的表情有时候并不能准确代表心中的真实感情，这就需要在生活中积累经验。

(2) 情绪。情绪的认知包括对心境、激情和应激三种心理行为的认知。心境和激情比较容易理解，而应激则是指人们遇到外界刺激时生理系统的反应，这种反应有时也体现在情绪中。人类的情绪有很多种表现方式，要学会通过反应看到对方背后的真正情绪。

(3) 能力。每个人的能力都是不一样的。要学会对每个人的能力状态都有基本的判定。

(4) 倾向。对他人倾向的认知主要是指对价值取向的认知，这与一个人的需要、动机、兴趣、理想和信念紧密相关。行为倾向可能是高尚的，也可能是大众化的，可能是理想的，也可能是现实的。要分析对方是乐观主义者还是悲观主义者，这样才能有效地了解心态。

(5) 个性特征。个性特征是指每个人表现出来的性格特征，性格没有好坏之分，但是每一种性格都有正负两个方面，既有长处也有短处。

2. 认知他人的方法

传统上中国人认知他人的方法包括："远使之而观其忠，近用之而观其敬，繁使之而观其能，猝问之而观其智。"

认知他人的"八观"是指："通则观其所礼，贵则观其所进，富则观其所养，听则观其所行，止则观其所好，习则观其所言，穷则观其所不受，贱则观其所不为。"管理者需要把一件事情放到特定的情境中去，不要只关注表面现象，这是最有效的认知他人的方法。

2.2.4 理解他人的情绪和情感

1. 理解他人的情绪

在心理学上，要排除障碍，走入对方内心深处，理解其情绪，需要经历 4 个步骤，即接纳、分享、区分和回应。

1) 接纳

接纳是指愿意和对方共同处理事情，表达的是一种开放的状态。接纳最重要的是让对方感觉有人愿意帮助他，而不是被拒绝，因为被拒绝是人们最害怕的状态。

2) 分享

第一步是"共情"。就是和对方产生同样的情绪，这是走入对方情绪很重要的一步。有些人急于表达这种分享，往往会毫无底线地给对方回馈，这种做法并不能有效帮助对方。比如，一个人突然问领导自己是不是很丑，你如果举出这个人外貌的优点、告诉她很漂亮，虽然安抚了对方的情绪，却阻碍了她的进一步表达。正确的方法是反问她为什么会这么想，这样一是否定了她认为自己很丑的想法，二是成功地打开了她进一步阐述的途径。

第二步是"接纳并分享"。接纳对方的情绪，然后分享对方的内心感受。分享是指能够对情绪进行共同探讨和分析，而不是某个人的主观判定。在分享的过程中，人们经常犯的错误是当对方真的把情绪说出来时，就主观臆断地将其打断。

第三步是"重复和总结"。重复和总结是分享中的一个很实用的技巧。重复就是指重复对方的感受，可以使用"看得出来"这句口头语；总结则是当一个人倾诉的烦恼非常复杂时，要提炼出核心情绪。通过重复和总结，得到对方的确认，这时对方就已经开始分享情绪了。当总结做得不到位时，对方可能会追加一部分表述，此时需要做的就是静静聆听，表现出足够的耐心，尽量不要打断对方。

3) 区分

区分是指帮助对方区分哪些责任是他应该负责的、哪些责任不属于他负责的范围，让员工把精力放到他需要注意的事情上，不要把情绪和情感浪费在无所谓的事情上。例如，一个同事因为工作失误被上司处罚，心情沮丧。这时领导可以帮助进行区分："首先，我知道你心里不好受，家里小孩正在生病，又有同事请假，部门人手紧张，工作任务还特别紧张，"这些理由都属于客观属性，"不过，这一次的疏忽对于一个有着多年经验的老员工而言，确实是个可以避免的错误。"这是在说明个人责任，将他的主要精力引导到这一方面。

4) 回应

回应是指最后回归现实事件中，让对方制订出有效的行动计划，以达成预定的目标。回应是心理疏导中最简单的工作，因为此时对方已经敞开了心扉，并且进行了有效的分享和区分，回应是水到渠成的事情。

2. 理解他人的情感

人类有5个情感需求：尊重、关怀、理解、帮助和同情。

(1) 他人需要尊重。例如，某企业的一些老员工情绪不好，因为他们待遇却比不上刚来的大学生，于是这些老员工开始散布消极言论，甚至鼓动新员工做违章违纪的事情，让管理者十分头疼。当企业出现这种情况时，领导者应该从情感需求方面解决。老员工之所以产生这种行为，一是要宣泄自己的不满，二是表达自己的真实情感需求。此时，领导者需要注意的是，老员工害怕被孤立、边缘化，希望身边有一批和自己相似的人，从此可以分析，老员工们需要的是尊重，领导者就要提醒新员工在工作中时刻表现出对老员工的尊重。例如在聚餐时，把一些重要的位置留给老员工，或者在会议上征求老员工的意见，在讲话中专门表扬老员工对企业的贡献等。虽然只是小小的行为，但是满足了老员工对尊重的需求。

(2) 他人需要关怀。需要关怀主要体现在新进的、能力相对薄弱的员工身上，他们更希望得到关心和理解。新人进入一个陌生的环境中，会表现出自我保护的情绪，管理者此时应该给予更多的理解和关怀，而不是批评和指责。

(3) 他人需要同情。不过只有当他人传达出明确的情感所求和暗示时，才能给予同情，否则会让人产生误解。

3. 看到对方的积极面

每种性格都有好坏两方面，就是同一种性格也会因为程度不同而有优劣之分。人们在沟通中常会产生“晕轮效应”(halo effect)，也就是凭第一印象判断对方的人品好坏。如果对方一开始就被认为是“好”的，他就会被“好”的光圈笼罩着，并被赋予一切好的品质；反之，如果对方一开始就被认为是“坏”的，他就会被“坏”的光圈笼罩着，他所有的品质都会被认为是坏的。

在初次交往时，如果只盯着对方的缺点，则不同性格的人彼此间可能会产生一些误解。例如，完美型的人认为活泼型的人说话不算话；活泼型的人认为完美型的人过于较真；力量型的人认为和平型的人做事拖沓；和平型的人认为力量型的人过于暴躁。

但是，经过一段时间的沟通交流，不同性格的人也会发现对方的一些优点。例如，活泼型的人欣赏和平型的人做人厚道；和平型的人欣赏活泼型的人天生浪漫；力量型的人欣赏完美型的人做事认真；完美型的人欣赏力量型的人敢作敢当。

案例2–6

孙权错失庞统

庞统，字士元，襄阳人，与诸葛亮齐名，号称“凤雏”，为人恃才傲物，狂放不羁。他曾被推荐给孙权。孙权刚一见到庞统时，就因为他“浓眉掀鼻，黑面短髯，形容古怪”，而产生了不好的印象。加上庞统性格豪放，出言不慎，说自己的才学“不必拘执，随机应变”。于是，孙权觉得庞统太过轻狂，“与公瑾(周瑜)大不相同”，于是弃之不用。后来，庞统投靠刘备，为其出谋划策夺取荆州和西蜀，成为东吴的强大对手，孙权也为自己的误判人才付出了沉重代价。

孙权是完美型人格，比较重视礼仪和规矩，对人求全责备，不喜欢轻浮狂放的人；而庞统是力量型人格，注重实效，有强烈的成就欲望，言行锋芒毕露，不拘泥于形式。这两种性格类型的人相遇，刚开始彼此难免会产生摩擦，但是相处时间长了，他们的性格可能会优势互补，成为良好的工作团队。因此，在初次见面时，应尽量发现对方性格的积极面，宽容对待其性格方面的缺点，这样才能真正达到双方沟通的目的。

(资料来源：崔佳颖. 360度高效沟通技巧[M]. 北京：机械工业出版社，2010)

2.3 情绪的识别与克制

2.3.1 人的4种情绪

人类具有4种基本的情绪：快乐、愤怒、恐惧和悲哀。

(1) 快乐是一种追求并达到目的时所产生的满足体验。它是具有正性享乐色调的情绪，具有较高的享乐维和确信维，使人产生超越感、自由感和接纳感。

(2) 愤怒是由于受到干扰而使人不能达到目标时所产生的体验。当人们意识到某些不合理的或充满恶意的因素存在时，愤怒会骤然发生。

(3) 恐惧是企图摆脱、逃避某种危险情景时所产生的体验。引起恐惧的重要原因是缺乏处理可怕情景的能力与手段。

(4) 悲哀是在失去心爱的对象或愿望破灭、理想不能实现时所产生的体验。悲哀情绪体验的程度取决于对象、愿望、理想的重要性与价值。

在以上4种基本情绪之上，可以派生出众多的复杂情绪，如厌恶、羞耻、悔恨、嫉妒、喜欢、同情等。

2.3.2 不良情绪的恶果

案例 2-7

踢猫效应

某公司的老总为规范本公司的管理，制定了极为严格的考勤制度。全公司上下员工，包括老总自己，1个月之内如果迟到一次，便扣掉当月奖金。令出即行，就在新制度实施的第一天，由于路上堵车，老总自己就迟到了。这位老总着实有些不痛快。恰好有位业务主管要汇报工作，老总极不耐烦地说："这点事自己都解决不了，我要你们干吗？"这位主管碰了一鼻子灰悻悻地回到了办公室。这时主管手下的一位办公室主任有事要请示他，主管极不耐烦地说："没看见我正烦着吗？待会再说！"这位办公室主任碰了钉子感觉很沮丧。下班回到家刚坐下，儿子想问他数学题，他气呼呼地说："一边去，让我清静会儿！"儿子灰溜溜地走开了。这时儿子看到了宠爱的小猫，小猫一直在"喵喵"叫。儿子冲着小猫一瞪眼："你这小猫咪，没见我心烦吗？叫什么叫，一边去！"儿子一脚把小猫踢到了一边。

生活中类似"踢猫效应"的事很多。当今社会，生活节奏加快，人们所面临的各种压力越来越大，竞争也越来越激烈。很多时候，工作中会有许多外在因素影响到人们的情绪，很多人不能及时调整这种消极因素带给自己的负面影响，自然会产生诸如"踢猫效应"之类的反应。

生活中有许多事情我们是无力改变的，唯一能改变的是我们自己的心情。当遇到不如意的事情时，积极调整自己的心态，不要让自己的不良情绪影响到身边的人。对待自己冷静一点，对待自己周围的人宽容一点、和气一点。放自己的心情一条平和的路，烦恼就不再整天跟着自己，你会发现生活中到处充满阳光。

案例 2–8

生气的试验

美国学者爱尔马(Elmer)曾在研究心理状态对健康的影响过程中做过一个实验。他在一个杯子中放入冰和水，形成了0℃的“冰水”。当人们心态平和之际，将呼出的气体融入杯中，“冰水”则清澈透明没有沉淀；当人们处于悲痛之中，将呼出的气体融入“冰水”，“冰水”浑浊且有白色沉淀；当人们生气之时，将呼出的气体融入“冰水”，水中则有紫色沉淀。将这种“气水”注入小白鼠肌体，只需几分钟，它就毙命身亡了。可见，人们在生气之时，体内产生的毒素量特别大。

(资料来源：范文琼，丰晓流. 人际沟通技巧[M]. 武汉：华中科技大学出版社，2009)

人们如果长期处于生气状态，就很有可能导致生理疾患。例如，胃肠系统溃疡、心脑血管系统的血压高、心动过速、偏头疼等，呼吸系统的哮喘病、慢性咽炎、皮肤系统的荨疹、斑秃等也都与生气有着十分密切的关系。人们生气时，有的表现为愤怒和攻击；有的表现为抑郁、冷漠，硬是把“气”吞进自己的肚子里——憋气。结果产生的毒素郁结在某个心理部位，则会使某个部位罹患上某种疾病。

人们常说：播下一个行为，收获一种习惯；播下一个习惯，收获一种性格；播下一种性格，收获一种命运。

2.3.3 控制自己的情绪

1. 学会宣泄

遇到委屈或不愉快的事情，不要埋在心里，要倾诉、大哭、发泄。

与朋友倾诉、交心对一个人的身心健康是非常重要的。当遇到不顺心的事情时，不要独自承受，应当多和信得过的知心朋友(父母、兄弟姐妹、老师、亲朋好友)交流谈心。我们可以在朋友面前倾诉病痛和委屈，也可以表达愤恨之情，以宣泄心中积压的不良情绪。

哭是人类宣泄不良情绪的一种本能行为。有研究表明，女性之所以比男性长寿，除了女性身材矮小，代谢消耗低和生活、工作环境相对安全以外，主要的原因是女性喜欢倾诉和哭泣。还有研究表明，哭得多的人要比哭得少的人健康。因此，当我们心中积存了不愉快的情绪时，不要强忍着故作“坚强”，该哭时不妨尽情地哭出来。

心理的压力大都伴有未表现出来的“攻击性能量”。未表现出来的“攻击性能量”对人的身心健康影响最大。如何安全地释放“攻击性能量”呢？我们可以在宣泄室内猛烈地打骂、涂污橡皮人，也可以在森林里、空旷的无人之处、海边等场所尽情地喊叫和谩骂。在这样的场所中宣泄，既能起到宣泄情绪的作用，同时又比较安全，不会引起不必要的麻烦。

2. 学会放松

当感到紧张、烦恼、恐惧的时候，可以找一个安静的场所，坐下或躺下，全身放松、面带微笑、轻轻地闭上眼睛，然后自上而下一个部位一个部位地放松身体。或者自我暗示，如反复默念“我现在放松了”。待全身放松后，再轻松自然地回想一下自己心中烦闷的原因，以及问题出现后的思想变化、态度和周围的人际关系等；还可以想象一下事情如果向好的方向发展会是什么样子；也可以回忆自己的成功经历。通过变换想象和放松，也许你会在瞬间豁然开朗，使积存已久的不良情绪倏然而逝。

3. 学会转移

火气上涌的时候，可以有意识地转移话题或做其他事情。

参加娱乐活动就是转移不良情绪的好办法。外出旅游、看电影、下棋、参加文艺活动、运动等，都可以使我们的不良情绪得到宣泄。尤其是运动，对排除心理紧张和消极情绪十分有效。

阅读文艺书籍、挥毫泼墨、去河边垂钓、观赏花鸟鱼虫等怡情养性的活动，可以间接地舒缓人们压抑的情绪，疏解人们心中的郁闷之气，从而减轻人们心灵深处的负担。

4. 学会幽默和自嘲

幽默可以淡化人的消极情绪，消除沮丧与痛苦。具有幽默感的人，生活充满情趣，许多看来令人痛苦烦恼之事，他们都能应付得轻松自如。用幽默来处理烦恼与矛盾，会使人感到和谐愉快，相融友好。遇到不愉快事情的时候，“阿 Q”一点，可以作为一种有效的缓解情绪的方法。

5. 找心理辅导老师

要想彻底解决问题，有时候还要找心理辅导老师，请他帮忙疏解。心理辅导老师的分析，往往能帮助我们找到不良情绪的根源，从而化解心理矛盾。

2.3.4 识别和安抚他人情绪

1. 识别

善于了解他人，知道他人的所思、所想、所感是一个人拥有高情商的表现。高情商者在社交生活中不盲目、不糊涂，他们能够根据对方的行为举止、语言谈吐、心理活动等，识别他们的情绪，并采取相应的对策，因而能获得良好的人际关系，取得较大的成功。

案例 2–9

病人的情绪

一个事业有成的男人到他的医生那里进行治疗，医生说：“你能告诉我你有什么问题吗？”

该男子提到了他在生活和工作中负担过重的问题。他向医生详细地解释：他要做的事是如何多，每天他要完成多少工作，他每天要处理多少大大小小的问题。因此，他根本没有留给自己的时间。

医生耐心地倾听着，当这个男人终于说完之后，他问这个男人：“你对我说，每天你都要忍受很重的负担。可是为什么你还这么自豪地对我讲述这一切？为什么你在讲述这一切的时候，脸上始终洋溢着高兴的表情？”

通过提问和观察，医生很快就意识到，在生活中追赶该男子的并不是这些工作，虽然他的工作的确很多；而真正的问题在于，根据他的自我价值观念，他需要这么多的工作来维持这种大人物的感觉：他很自豪，他是如此重要，有那么多的事情要他去做，有那么多的人需要他的帮助。

(资料来源：[英]韦尔丁. 情商[M]. 尧俊芳，译. 天津：天津教育出版社，2009)

不只是医生，对每一个人希望了解别人的人来说，有一个根本原则，那就是：你只要提出你看到的和感觉到的，而不要根据你自己的所见所闻，总结出解决别人的问题的办法。

2. 安抚

当人们的情绪处于不正常的情况下，是无法进行有效沟通的，所以安抚对方的情绪是成功进行沟通的关键性一步。

安抚他人情绪的方法很多，心理学研究表明，人的情绪高低与身体重心高度成正比，身体重心越高，越容易情绪高涨。因此站着沟通往往比坐着沟通更容易产生冲突，而座位越低则发脾气的可能性越小，所以人们常说“拍案而起”。例如，在夫妻争吵中，夫妻站着沟通就不如坐在沙发上沟通，坐在沙发上沟通就不如坐在地板上沟通，而坐在地板上沟通就不如躺着沟通。对方身体重心越低，情绪就越不容易高涨。

例如：在处理客户投诉时，若对方带有较高情绪，则摆事实、讲道理都是没用的，对方实际上听不进去。第一件事应该让对方坐下，等对方情绪平静后再进行沟通。甚至可以在接待客户投诉的地方专门安放几组特别矮的沙发，而且这种沙发只要一坐就会陷下去，起来时觉得费力，客户身体一收缩自然就不太容易发火了。

【思考与讨论】安抚客户的情绪，除了采用降低重心的方法外，还有哪些有效的方法呢？

2.4 克服沟通心理障碍

很多人常常困惑：“我怎样才能使别人喜欢我？”“怎样才能消除自卑感？”“怎样才能正确认识自己和他人？”还有人会问“我为什么体会不到人际交往的快乐？”

那些在人际交往中颇受好评，很得“人缘”的人一般具以下特点：乐观、聪明、有个性、独立性强、坦诚、有幽默感、能为他人着想、充满活力等。当然，不是说这些特点都具备才能有好的人际关系。

而那些在人际交往中不太受人欢迎的人具有以下几个特点：自私、心眼小、斤斤计较、孤傲、依赖性、自我中心、虚伪自卑、没有个性等。有了以上的参照标准，大家就可对照自己，扬长避短。当然，在人际交往中，最主要的是坦诚。每个人都是独立的个人，不能丧失自我；阿谀奉承、随声附和并不能换来良好的人际交往。

2.4.1 人际交往的心理障碍

1. 自负

只关心个人的需要，强调自己的感受，在人际交往中表现为目中无人。与同伴相聚，不高兴时会不分场合地乱发脾气，高兴时则海阔天空、手舞足蹈地讲个痛快，全然不考虑别人的情绪和别人的态度。另外，在对自己与别人的关系上，过高地估计了彼此的亲密度，讲一些不该讲的话。这种过于亲昵的行为，反而会使人出于心理防范而与之疏远。

2. 嫉妒

嫉妒者总是用望远镜观察一切，在望远镜中，小物体变大，矮个子变成巨人，疑点变成事实。嫉妒是对与自己有联系的、而强过自己的人的一种不服、不悦、失落、仇视，甚至带有某种破坏性的危险情感，是通过把自己与他人进行对比，而产生的一种消极心态。当看到与自己有某种联系的人取得了比自己优越的地位或成绩，便产生一种嫉恨心理；当对方面临或陷入灾难时，就隔岸观火，幸灾乐祸；甚至借助造谣、中伤、刁难、穿小鞋等手段贬低他人，安慰自己。

3. 多疑

这是人际交往中的一种不好的心理品质，可以说是友谊之树的蚀虫。这种心情是迷陷人的，又是乱人心智的。它能使你陷入迷惘，混淆敌友，从而破坏人的事业。具有多疑心理的人，往往先在主观上设定他人对自己不满，然后在生活中寻找证据。带着以邻为壑的心理，必然把无中生有的事实强加于人，甚至把别人的善意曲解为恶意。这是一种狭隘的、片面的、缺乏根据的盲目想象。

4. 自卑

美国心理学家的研究表明，儿童时期如果各项活动取得成绩而得到老师、家长及同伴的认可、支持和赞许，便会增强他们的自信心、求知欲，内心获得一种快乐和满足，从而养成一种勤奋好学的良好习惯。如若相反，他们则会产生一种受挫感和自卑感。个体自卑感的形成主要是社会环境长期影响的结果。

自卑的浅层感受是别人看不起自己，而深层的理解是自己看不起自己，即缺乏自信。

5. 干涉

心理学研究发现，人人需要一个不受侵犯的生活空间；同样，人人也需要有一个自我的心理空间。再亲密的朋友，也有个人的内心隐秘，有一个不愿向他人袒露的内心世界。有的人在相处中，偏偏喜欢询问、打听、传播他人的私事，这种人热衷于探听别人的情况，并不一定有什么实际目的，仅仅是以刺探别人隐私而沾沾自喜的低层次的心理满足而已。

6. 羞怯

羞怯心理是绝大多数人都会有的一种心理。具有这种心理的人，往往在交际场所或大庭广众之下，羞于启齿或害怕见人。由于过分的焦虑和不必要的担心，使得他们在言语上支支吾吾，行动上手足失措。长此下来，会不利于同他人正常交往。

7. 敌视

这是交际中比较严重的一种心理障碍。这种人总是以仇视的目光对待别人，这种心理或许来自童年时期从家庭环境受到的虐待，从而使他产生“别人仇视我，我仇视一切人”的心理。对不如自己的人以不宽容表示敌视；对比自己厉害的人用敢怒不敢言的方式表示敌视；对处境与己类似的人则用攻击、中伤的方式表示敌视。使周围的人随时有遭受其伤害的危险，而不愿与之往来。

2.4.2 克服人际交往的心理障碍——扬长避短

克服人际交往的心理障碍的最有效方法是“扬长避短”。“扬长避短”是自然法则，是顺应自然。某些生物仅依靠某一种“长处”能在亿万年的自然残酷竞争中得以生存，就在于它不断进化和完善自己的“长处”。例如，蚯蚓割断身体、海参抛弃内脏，都能够再生，这就是它们赖以生存的“长处”。如果它们在进化中不充分利用自己的“长处”，自然的力量早就将它们淘汰了。人类的“长处”是大脑和思维，靠发达的大脑成为万物之王。如果我们的祖先天天只为了打不过狮子、跑不过猎豹、游不过鱼类等“缺陷”而苦恼，现在还会有我们人类吗？

急切想克服人际交往恐惧的人，往往只看到别人的长处和自己的短处。他们羡慕那些口齿伶俐、在社交场合口若悬河、风度翩翩的人，并把注意力集中在自己“笨手、笨脚、笨嘴”的毛病上，而往往忽视了自己的笔头表达能力和逻辑思维能力。如果一位人际交往恐怖症患者，经常逼着自己去“谈笑风生”，结果可能是越来越结结巴巴、面红耳赤。

每个人都有自己的优点，只有发现和利用这些优点去与别人竞争，才能取得事半功倍的实效。如果只是致力于克服短处而不注意发挥优势，不仅毫无胜算，最后连长处也可能因得不到充分的发挥而变成短处。缺陷的形成非一日之寒，融化它也非一日之功，一定要有打“持久战”的心理准备。以人际交往恐怖症为例，它往往有性格内向和自卑的内在心理基础，或有容貌和语言表达能力方面的外在缺陷。要想克服由此而形成的心理障碍切莫忘记“扬长避短”的方法，在战略上要打持久战。

思考题

1．人类有哪些个性，不同的个性应分别采取哪些策略？

2．如何识别不同的情绪，应如何克服不良情绪？

3．沟通的心理障碍主要有哪些，应采取什么方法予以克服？

实训项目

一、对自己进行SWOT分析

根据自己的实际情况，对自己进行SWOT分析，客观地进行自我认知，明确自己的发展方向，为自己的学习、工作和生活作出相应的决策，并将结果制成SWOT分析表。

二、掌握健康的沟通心理素质

1．肯定自我

尽可能多地找出自己的优点、缺点，并努力把消极面转换为积极面。

2．关爱他人

找出善待、支持或关心自己的人，主动接近别人，发现别人的优点，向对方表示善意，并常常发出善意的信号：使用微笑示意、真诚招呼、赞美、感谢的语言等。

3．相信未来

对未来要充满期待，不要拘泥于过去的失败或成功；不要用“但是”“可是”“反正”来为自己开脱。

三、情绪测试

测试说明：这一测验包括15道选择题，每题有A、B、C 3个备选项目。请理解题意后，尽可能快地选择最符合或接近自己实际情况的项目，填在问题的括号内。请注意，这里要求填写自己的真实想法和做法，而不是问哪个答案最正确，备选项目也没有好坏之分。不要猜测哪个答案是“正确”的或是哪个答案是“错误”的，以免测验结果失真。

(1) 你烦躁不安时，知道是什么事情引起的吗？(　　)

A．很少知道　　B．基本知道　　C．有时知道

(2) 当有人突然出现在你的身后时，你的反应是：(　　)

A．感受到强烈的惊吓　　B．很少感受到惊吓

C．有时感受到惊吓

(3) 当你完成一项工作或学习任务时，你感觉到轻松吗？(　　)

A．没有什么特别的感觉　　B．经常有这种体验

C．有时有这种体验

(4) 当与他人发生口角或关系紧张时，你是否感到自己的不快呢？(　　)

A．能够　　B．不能够　　C．说不清楚

(5) 当你专心致志地从事某项活动时，你知道这是你的兴趣所致吗？(　　)

A．知道　　B．不知道　　C．很少知道

(6) 在你的生活中你遇到过令你非常讨厌的人吗？(　　)

A．遇到过　　B．没遇到过　　C．说不清楚

(7) 当你与家人或亲朋好友在一起的时候，你感到幸福和快乐吗？(　　)

A．感觉不到　　B．说不清楚　　C．是的

(8) 如果别人有意为难你，你感觉如何？(　　)

A．没有什么感觉　B．觉得不舒服　　C．感到气愤

(9) 假如你排队买东西等了很长时间，有人插队到你前面，你感觉如何？(　　)

A．没有什么感觉　B．觉得不舒服　　C．感到气愤

(10) 假如有人用刀威胁你把所有的钱都交出来，你会感到害怕吗？(　　)

A．不害怕　　B．害怕　　C．也许害怕

(11) 当别人赞扬你的时候，你会感到愉快吗？(　　)

A．说不清楚　　B．愉快　　C．不愉快

(12) 你遇到令你特别佩服和尊敬的人了吗？(　　)

A．遇到过　　B．说不清楚　　C．没有遇到过

(13) 假如你错怪了他人，事后会感到内疚吗？(　　)

A．不知道　　B．后悔　　C．不后悔

(14) 假如你认识的一个人低级庸俗，但却好为人师，你是否会瞧不起他？(　　)

A．不知道　　B．是的　　C．不会

(15) 假如你不得不与深爱的朋友分手，你会感到痛苦吗？(　　)

A．说不清楚　　B．肯定会　　C．不会

评分标准：请根据自己的选择，填写下面的计分表，算出自己的得分。

题号	(1)	(2)	(3)	(4)	(5)	(6)	(7)	(8)	(9)	(10)	(11)	(12)	(13)	(14)	(15)
A	1	3	1	3	3	3	3	3	3	1	2	3	2	2	2
B	3	1	3	1	1	2	2	1	1	3	3	2	3	3	3
C	2	2	2	2	2	1	1	2	2	2	1	1	1	1	1

诊断结果分析：你可以根据自己的分数高低，识别自己属于哪种类型。

(1) 敏感型(36～45 分)：这一水平的特征是能够准确、细致地识别自己的情绪，并能认识到情绪发生的原因，但可能会出现下面几种情况。

①悲观绝望型：虽然清晰地认识到自我情绪状态，但采取“不抵抗主义”，被动地接受各种消极情绪，典型的将发展为抑郁症。

②乐天知命型：整天总是乐呵呵地对各种情绪采取轻描淡写的态度。

③沉溺型：被卷入自己情绪的狂潮中，无力自拔。

(2) 适中型(26～35 分)：这一水平的特征是能够识别自己情绪的冲动，能够区分各种基本情绪，但不能区分一些性质相似的情绪。例如，不能区分愤怒、悲哀、嫉妒等不同的情绪。只是体验为“难受”。导致情绪区分模糊的原因有以下几种。

① 体验情绪强度不够。

② 不能准确地识别引发情绪产生的原因。

③ 掌握情绪词汇的数量太少。(测验结果表明大约有 60%的人处于这一水平。)

(3) 麻木型(15～25 分)：这一水平的特征是很少受到情绪冲动，对喜、怒、哀、乐等基本的情绪缺乏明确的区分。这种类型的人通常表现为冷漠无情，不能与他人进行正常的情感交流，是一种病态症状。

如果你在这一测验中得分低于 25 分，建议去咨询心理医生。

项目 3 职场交往礼仪

知识目标

1. 掌握职场常见的礼仪种类；
2. 掌握职场常见礼仪的运用。

能力目标

1. 能够认识到自身在礼仪方面的优缺点；
2. 能正确运用职场上的各种礼仪；
3. 能够改正自身在礼仪方面的缺点。

案例 3-1

小团废纸让数百万元订单“泡汤”

小张是某公司的员工，某天正好去财务部窗口领工资。在等候的时候，他随手把手中捏着的一张无法报销的票据揉成团扔在了地上。

其他部门的同事看见了，心里说：“那个部门的人素质真差！”

恰巧此时有位顾客来财务部交定金，他看到小张把纸团扔在地上，心里想：“这个公司的员工如此行事，他们做的东西质量会好吗？售后服务会有保障吗？还是先别交定金了吧，回去再斟酌斟酌！”

生产部经理陪着几位外商参观公司，正好路过这里，地上的纸团没有逃过大家的眼睛，结果外商指着那个纸团问老板：“这样的员工，能做出符合质量要求的产品吗？”

本来不费吹灰之力便能扔到垃圾桶里的一小团废纸，导致公司失去了数百万元的订单。

(资料来源：金正昆. 金正昆教你学礼仪[M]. 西安：陕西师范大学出版社，2006)

职场礼仪，是指人们在职业场所中应当遵循的一系列礼仪规范。了解、掌握并恰当地应用职场礼仪会使你在工作中左右逢源，使你的事业蒸蒸日上。

人的形象主要由外表、内涵、礼仪、人格魅力等方面构成。外表是天生的，我们无法改变，但可以通过服装、化妆进行修饰。外表美是不能长久的，长时间的人际交往中，外表美总会被淡化；而内涵美将更加长久。礼仪可以帮助我们提升自身的形象，更好地进行人际交往，使人格魅力散发出更耀目的光芒。

3.1 基本要求

礼仪、礼节、礼貌内容丰富多样，但不外乎遵循以下原则：一是敬人的原则；二是自律的原则，即在交往过程中要克己、慎重、积极主动、自觉自愿、礼貌待人、表里如一、自我对照、自我反省、自我要求、自我检点、自我约束，不能妄自尊大、口是心非；三是适度的原则，即适度得体，掌握分寸；四是真诚的原则，即诚心诚意、以诚待人，不逢场作戏、言行不一。

3.1.1 仪表

仪表是指人的容貌，是一个人精神面貌的外观体现。一个人的卫生习惯、服饰与形成和保持端庄、大方的仪表有着密切的关系。仪表的基本要求是精神饱满、和谐自然和讲究个人卫生。

1. 卫生

清洁卫生是仪容美的关键，是礼仪的基本要求。每个人都应该养成良好的卫生习惯，做到入睡和起床洗脸、脚，早晚、饭后勤刷牙，经常洗头、洗澡，讲究梳理勤更衣。但不要在人前“打扫个人卫生”，否则既不雅观，也不尊重他人。与人谈话时应保持一定距离，声音不要太大，不要口沫四溅。

1) 头发

头发要保持干净、整齐，要勤洗头，对自己的头发要精心修剪。对头发进行梳理，保持一定的发型，不使头发蓬松凌乱，可使用少量的定型、美发、护发用品。

男士的头发最长不应后及领口，不应两侧掩耳，不应前过额头。男性的头发宜短不宜长。相对来说，短发给人的感觉是朝气蓬勃、精明强干。当然，也不是说越短越好，不必走极端剃光头。

女士发型总体上可分为直发、卷发、束发 3 种。女士的头发最好不要长过肩部，或挡住眼睛。女士留有长发，但在正式场合，应将长发梳成发髻，否则长发遮住脸部是有损形象的。有的女性喜欢梳马尾辫，但应注意长度，以不超过肩部为宜。

2) 面部

男性要勤刮胡须，勤剪鼻毛，要注意面部卫生，及时擦去眼屎和嘴角的唾液。女性可适当化淡妆，也可以不化妆。

3) 手部

一双保养好的干净的手，肯定会给人以美感；而一双肮脏不堪的手会使人顿生厌恶之情。因此，我们的双手应保持干净、卫生，要勤洗手、勤剪指甲、勤护理。

2．服饰

服饰反映了一个人文化素质之高低，审美情趣之雅俗。具体来说，它既要自然得体，协调大方，又要遵守某种约定俗成的规范或原则。服装不但要与自己的具体条件相适应，还必须时刻注意客观环境、场合对人的着装要求。服饰的基本要求是呈现个性、扬长避短、简洁为美。

1) TOP 原则和 PAS 原则

着装打扮首先必须符合公司文化的内在要求。同时遵循 TOP 原则和 PAS 原则。TOP 代表时间(time)、场合(occasion)和地点(place)，即着装应该与当时的时间、所处的场合和地点相协调。PAS 代表职业(profession)、年龄(age)和地位(status)，指一个人的穿着打扮、言行举止要与他所从事的职业、年龄、地位相吻合。

2) 男装

西装是世界公认的男士正规服装。西装有单件上装和套装之分，西装套装又有两件套和三件套之分。在比较正式的场合，男子应穿正式套装。西装颜色越深越正式，黑色最正式，其次为深蓝、深灰。

套装有单排扣和双排扣之分。单排扣一般以两粒扣、三粒扣较为常见。在正式场合，应把双粒扣的第 1 粒、三粒扣的第 1、2 粒扣上，表示郑重，这是最正式、最常用的，如果只扣中间一粒，也常用，较正式。四粒扣的西装应当扣第 1、2、3 粒扣。也就是说最下面的那粒扣是样扣，可以不扣。双排扣有四粒扣和六粒扣之分，上面的两粒都是样扣，不必扣上。双排扣有几个扣眼就要系几个扣子，否则会使人觉得轻浮。

穿西装应注意以下问题。

(1) 三色原则。全身穿着颜色不要超过 3 种，包括衬衫、领带、皮鞋、袜子在内。

(2) 三一定律。重要场合穿西装套装，皮鞋、腰带、公文包最好是同一种颜色，首选黑色。

(3) 西装的长度。西装讲究合身，衣长应超过臀部，标准尺寸是从脖子到地面的 1/2；袖子长度以袖子下端距拇指下端 11 厘米最合适。裤长不露袜子，以到鞋跟处为准，裤边不能卷边。

(4) 西装的衬衫。衬衫领应高于西装领 1～2 厘米，衬衫袖口要长出西装袖口 1～2 厘米。衬衫袖口的纽扣一定要扣上，更不能将衬衫袖口卷起；衬衫下摆一定要放在西装下衣里。

(5) 不能犯的 3 个错误。一是保留袖子上的商标；二是在正式场合没穿西装套装却打了领带；三是穿西装时穿了白色的袜子。

3) 女装

职业女性在衣着打扮上既不能过于时髦，也不能过于简单，因为个人的形象和单位的形象有着紧密的关系。

职业女装包括西服套裙、夹克衫或不成型的上衣，以及连衣裙或两件套裙。每一类型职业女装都要考虑其颜色和面料。而西服套裙是女性的标准职业着装，可塑造出强有力的形象。单排扣上衣可以不系扣，双排扣的则应一直系着(包括内侧的纽扣)。穿单色的套裙能使身材显得瘦高一些。套裙分两种：配套的，其上衣和裙子同色同料；不配套的，其上衣与裙子存在差异。

职业套裙的最佳颜色是黑色、藏青色、灰褐色、灰色和暗红色。精致的方格、印花和条纹也可以接受。红色、黄色或淡紫色的两件套裙要慎重考虑，因为它们的颜色过于抢眼。

套裙有两件套和三件套之分。套裙的上装以西服式样居多，也有圆领、V 领等式样。上衣长度既可以短到腰际，也可长至臀部以下，下装是长短不同的各式裙子。夏季，女性在正式场合，不宜穿露、透、短、紧的服装。穿长裙最长不超过小腿的中部，穿短裙最短不要超过膝盖以上 15 厘米，一般到膝盖的长度比较合适。

3.1.2 仪态举止

1. 谈话姿势

谈话的姿势往往反映出一个人的性格、修养和文明素质。因此，交谈时，双方要互相正视、互相倾听，不能东张西望、看书看报、面带倦容、哈欠连天；否则，会给人心不在焉、傲慢无理等不礼貌的印象。

2. 站姿

站立是人最基本的姿势，是一种静态的美。站立时，身体应与地面垂直，重心放在前脚掌，挺胸、收腹、收颏、抬头、双肩放松。双臂自然下垂或在体前交叉，眼睛平视，面带笑容。站立时不要歪脖、斜腰、屈腿等，在一些正式场合不宜将手插在裤袋里或交叉在胸前，更不要下意识地做些小动作，那样不但显得拘谨，给人缺乏自信之感，而且也有失仪态的庄重。

3. 坐姿

坐，也是一种静态。端庄优美的坐，会给人以文雅、稳重、自然大方的美感。正确的坐姿：腰背挺直，肩放松。女性应两膝并拢；男性膝部可分开一些，但不要过大，一般不超过肩宽。双手自然放在膝盖上或椅子扶手上。在正式场合，入座要轻柔和缓，起座要端庄稳重，不可猛起猛坐，弄得桌椅乱响，造成尴尬气氛。不论何种坐姿，上身都要保持端正，如古人所言的“坐如钟”。若坚持这一点，那么不管怎样变换身体的姿态，都会优美、自然。

4. 走姿

行走是人生活中的主要动作，走姿是一种动态的美。“行如风”就是用风行水上来形容轻快自然的步态。正确的走姿：轻而稳，胸要挺，头要抬，肩放松，两眼平视，面带微笑，自然摆臂。

3.2 致意礼仪

3.2.1 握手礼

握手是一种很常用的礼节，一般用于见面、离别、祝贺、慰问等情况。纯礼节意义上的握手姿势：伸出右手，以手指稍用力握住对方的手掌持续1～3秒，双目注视对方，面带笑容，上身略微前倾，头微低。

与他人握手时，目光注视对方，微笑致意，不可心不在焉、左顾右盼，不可戴帽子和手套与人握手。在正常情况下，握手的时间不宜超过3秒，必须站立握手，以示对他人的尊重、礼貌。

握手也讲究一定的顺序：一般讲究“尊者决定”，即待女士、长辈、已婚者、职位高者伸出手来之后，男士、晚辈、未婚者、职位低者方可伸出手去呼应。若一个人要与许多人握手，那么有礼貌的顺序是：先长辈后晚辈，先主人后客人，先上级后下级，先女士后男士。

3.2.2 拱手礼

拱手礼(作揖)是我国的常见的传统礼节之一，相见或感谢时常用的一种礼节。行礼时，双手互握合于胸前。当代一般右手握拳在内，左手在外；若为丧事行拱手礼，则正好相反。一说古人以左为敬，且人在攻击别人时，通常用右手，所以拱手时，左手在外，以左示人，表示真诚与尊敬。女子行拱手礼时则正好反过来，这是因为男子以左为尊，女子以右为尊。

拱手礼在行礼时，不分尊卑，拱手齐眉，上下加重摇动几下，重礼可作揖后鞠躬。目前，该礼节主要用于佳节团拜活动、元旦春节等节日的相互祝贺。有时也用在开订货会、产品鉴定会等业务会议时，厂长、经理拱手致意。

3.2.3 鞠躬礼

鞠躬，即弯身行礼，是一些东方国家表示对他人敬重的一种郑重礼节。在我国，鞠躬常用于下级对上级、学生对老师、晚辈对长辈，亦常用于服务人员向宾客致意，演员向观众的掌声致谢。鞠躬礼的要领如下。

(1) 脖子不可伸得太长，不可挺出下颌。

(2) 耳和肩在同一高度。

(3) 保持正确的站立姿势，两腿并拢，双目注视对方的胸部，随着身体向下弯曲，双手逐渐向下，朝膝盖方向下垂。

3.2.4 拥抱礼

拥抱礼是流行于欧美的一种礼节，通常与接吻礼同时进行。行礼方法：两人相对而立，右臂向上，左臂向下；右手挟对方左后肩，左手挟对方右后腰。握各自方位，双方头部及上身均向左相互拥抱，然后再向右拥抱，最后再次向左拥抱，礼毕。

3.2.5 合十礼

合十礼又称合掌礼，流行于南亚和东南亚部分国家。其行礼方法：双手手掌在胸前对合，掌尖和鼻尖基本相对，手掌向外倾斜，头略低，面带微笑。

3.2.6 名片礼

案例 3-2

交换名片

某天我跟一个女同志换名片，我说：“认识你很高兴，我们换一下名片吧？”包拿过来了，挺高档一个包，包一打开首先拿出一包瓜子，我装没看见，其实早看见了。然后翻出包话梅，接着冒出一只袜子，最后告诉我名片忘带了。该带的没带，不该带的带了。

(资料来源：金正昆. 金正昆教你学礼仪[M]. 西安：陕西师范大学出版社，2006)

名片是一个人身份的象征，当前已成为人们社交活动的重要工具。因此，名片的递送、接受、存放也要讲究社交礼仪。

1. 名片的递送

名片是自我介绍的简便方式。交换名片的顺序一般是：先客后主，先低后高。当与多人交换名片时，应依照职位高低的顺序，或是由近及远依次进行，切勿跳跃式地进行，以免对方误认为有厚此薄彼之感。递送时应将名片正面面向对方，双手奉上。眼睛应注视对方，面带微笑，并大方地说："这是我的名片，请多多关照。"名片的递送应在介绍之后，在尚未弄清对方身份时不应急于递送名片，更不要把名片视同传单随便散发。

2. 名片的接受

接受名片时应起身，面带微笑注视对方。接过名片时应说："谢谢。"随后有一个微笑阅读名片的过程，阅读时可将对方的姓名职衔念出声来，并抬头看看对方的脸，使对方产生一种受重视的满足感。然后，回敬一张本人的名片，如身上未带名片，应向对方表示歉意。在对方离去之前，或话题尚未结束，不必急于将对方的名片收藏起来。

3. 名片的存放

接过别人的名片切不可随意摆弄或扔在桌子上，也不要随便地塞在口袋里或丢在包里。应放在西服左胸的内袋或名片夹里，以示尊重。

3.3 称呼、问候、微笑和寒暄

3.3.1 称呼的礼仪

1. 职场上的称呼

在工作中，彼此之间的称呼有其特殊性。总的要求是：庄重、正式、规范，或者从众(大家习惯如何称呼，就跟着称呼，但是对于新人或陌生人，应尽量选择尊敬的称呼)。

1) 职务性/职称性/学衔性称呼

(1) 仅称职务、职称或学衔，如"部长""经理""主任""教授""律师""工程师""博士"等。

(2) 职务、职称或学衔之前加上姓氏，如"周总理""隋处长""马委员""钱编审""孙研究员""杨博士"等。

(3) 职务、职称或学衔之前加上姓名，仅适用极其正式的场合，如"赵大伟董事长""杜锦华主任医师""劳静博士"等。也有将学衔具体化的情况，说明其所属学科，并在其后加上姓名，如"史学博士周燕"等。此种称呼最为正式。

2) 行业性称呼

(1) 称呼职业。例如，将教员称为"老师"，将教练员称为"教练"，将专业辩护人员称为"律师"，将警察称为"警官"，将会计师称为"会计"，将医生称为"医生"或"大夫"等。在一般情况下，在此类称呼前，均可加上姓氏或姓名。

(2) 称呼"小姐""女士""先生"。对商界、服务业从业人员，一般约定俗成地按性别的不同分别称呼为"小姐""女士"或"先生"。其中，未婚者称"小姐"，已婚者或不明确其婚否者则称"女士"。在公司、外企、宾馆、商店、餐馆、歌厅、酒吧、交通行业，此种称呼极其通行。在此种称呼前，可加姓氏或姓名。

3) 姓名性称呼

在工作岗位上称呼姓名，一般限于同事、熟人之间。其具体方法有 3 种：①直呼姓名；

②只呼其姓，不称其名，但要在它前面加上“老”“大”“小”；③只称其名，不呼其姓，通常限于同性之间，尤其是上司称呼下级、长辈称呼晚辈之时。在亲友、同学、邻里之间，也可使用这种称呼。

2. 称呼的禁忌

(1) 不要使用错误的称呼。例如不要念错被称呼者的姓名。“郇”“查”“盖”这些姓氏就极易弄错。要避免犯此错误，要做好先期准备，必要时，虚心请教。

要避免对被称呼的年纪、辈分、婚否，以及与其他人的关系作出了错误判断。例如，将未婚妇女称为“夫人”，就属于误会。

(2) 不要使用不恰当的称呼。例如，把“范局长”称为“范局”，把“沙司长”称为“沙司”。

(3) 不要使用不通行的称呼。有些称呼，具有一定的地域性，如山东人习惯称他人为“伙计”，中国人把配偶、孩子经常称为“爱人”“小鬼”。但是，在南方人听来，“伙计”肯定是“打工仔”。而外国人则将“爱人”理解为“情人”；将“小鬼”理解为“鬼怪”“精灵”，误会太大了。学生喜欢互称为“同学”，军人经常互称“战友”，工人可以称为“师傅”，这无可厚非。但以此去称呼“界外”人士，并不能表示亲近，可能还会不为对方领情，反而产生被贬低的感觉。

不要使用庸俗低级的称呼，也不要使用绰号。在人际交往中，有些称呼在正式场合切勿使用。例如，“兄弟”“朋友”“哥们儿”“姐们儿”“磁器”“死党”“铁哥们儿”等一类的称呼，就显得庸俗低级，档次不高。它们听起来令人肉麻不堪，而且带有明显的黑社会人员的风格。逢人便称“老板”，也显得不伦不类。

3.3.2 微笑

中国有句老话叫做“朱唇未启笑先闻”。微笑是一种令人感觉愉快的面部表情，它可以缩短人与人之间的心理距离，为深入沟通与交往创造温馨和谐的氛围。在职场上，大家虽然职务不同、年龄有别、性格各异，但是大家都可以拥有一项共有的“职场技能”——微笑。

微笑的力量是惊人的，笑容是一个人善意的信使。在工作和生活中，要学会常把微笑挂在脸上。微笑是一种简单、高效、极具感染力的交际语言，能很快缩短你和他人的距离，而且还能传情达意。当然，微笑看似简单，但也需要讲究一定的技巧。

1. 要笑得自然

微笑是美好心灵的外观。微笑需要发自内心才能笑得自然，笑得亲切，笑得美好、得体。切记不能为笑而笑，没笑装笑。

2. 要笑得真诚

人对笑容的辨别力非常强，一个笑容代表什么意思，是否真诚，人的直觉都能敏锐判断出来。所以，当你微笑时，一定要真诚。真诚的微笑让对方内心产生温暖，引起对方的共鸣，使之陶醉在欢乐之中，加深双方的友情。

3. 微笑要有不同的含义

对不同的交往沟通对象，应使用不同含义的微笑，传达不同的感情。尊重、真诚的微笑应该是给长者的，关切的微笑应该是给孩子的，暧昧的微笑应该是给自己心爱的人等。

4. 微笑的程度要合适

微笑是向对方表示一种礼节和尊重，我们倡导多微笑，但不建议时刻微笑。微笑要恰到好处，如当对方看向你的时候，你可以直视他微笑点头。对方发表意见时，一边听一边不时微笑。如果不注意微笑程度，笑得放肆、过分、没有节制，就会有失身份，引起对方的反感。

5. 微笑要看不同的人际关系与沟通场合

微笑会使人觉得自己受到欢迎、心情舒畅，但对人微笑也要看场合，否则就会适得其反。当你出席一个庄严的集会，或去参加一个追悼会，或是讨论重大的政治问题时，微笑是很不合时宜，甚至招人厌恶的。因此，微笑时，一定要分清场合。

3.3.3 问候和寒暄的礼仪

问候是人们相逢之际打招呼，寒暄是应酬之语。两者都是作为交谈的“开场白”被使用的。

1. 问候

问候，多见于熟人之间打招呼。西方人爱说：“嗨!”中国人则爱问“去哪儿”“忙什么”“身体怎么样”“家人都好吧”。在商务活动中，也有人为了节省时间，而将寒暄与问候合二为一，以一句“您好”一了百了。

问候语具有非常鲜明的民俗性、地域性的特征。例如，老北京爱问别人：“吃过饭了吗？”其实质就是“您好!”您要是答以“还没吃”，意思就不大对劲了。若以之问候南方人或外国人，常会被理解为“要请我吃饭”“讽刺我不具有自食其力的能力”“多管闲事”“没话找话”，从而引起误会。

为了避免误解，统一而规范，商界人士应以“您好”“忙吗”为问候语，最好不要乱说。

牵涉到个人私生活、个人禁忌等方面的话语，最好别拿出来“献丑”。例如，一见面就问候人家“跟朋友吹了没有”，或是“现在还吃不吃中药”，都会令对方反感至极。

2. 寒暄

寒暄的主要用途，是在人际交往中打破僵局，拉近人际距离，向交谈对象表示自己的敬意，或是借以向对方表示乐于与其多结交之意。因此，若能选用适当的寒暄语，往往会为双方进一步的交谈做出良好的铺垫。反之，在本该与对方寒暄的时刻，反而一言不发，则是极其无礼的。

在被介绍给他人之后，应当跟对方寒暄。若只向他点点头，或是只握一下手，通常会被理解为不想与之深谈，不愿与之结交。碰上熟人，也应当跟他寒暄一两句。若视若不见，难免显得自己妄自尊大。

在不同时候，适用的寒暄语各有特点。

跟初次见面的人寒暄，最标准的说法是：“你好!”“很高兴能认识您。”“见到您非常荣幸。”

比较文雅一些的话，可以说“久仰”，或者“幸会”。

要想随便一些，也可以说“早听说过您的大名”“某某某人经常跟我谈起您”，或是“我早就拜读过您的大作”“我听过您作的报告”等。

跟熟人寒暄，用语则不妨显得亲切具体一些，可以说“好久没见了”“又见面了”，也可以讲“你气色不错”“您的发型真棒”“您的小孙女好可爱呀”“今天的风真大”“上班去吗”。

寒暄语不一定具有实质性内容，可长可短，需要因人、因时、因地而异，而它却不能不具备简洁、友好与尊重的特征。寒暄语应当删繁就简，不要过于程式化，像写八股文。例如，两人初次见面，一个说：“久闻大名，如雷贯耳，今日得见，三生有幸。”另一个则道：“岂敢，岂敢！”搞得像演出古装戏一样，就大可不必了。

寒暄语应带有友好之意，敬重之心。既不容许敷衍了事般地“打哈哈”，也不可戏弄对方。“来了”“瞧您那德性”“喂，您又长膘了”等语句，自然均应禁用。

3.4 引导、接待、迎送和介绍的礼仪

3.4.1 引导礼仪

客人来到公司，已确认由内部接见，相关人员应如何引导客人到会客室或办公室呢？正确的做法是跟客人说“让我带您到会客室(××办公室)好吗？”然后在前面领路。此外，在公司内不同场所领路时，应该留意以下重点。

(1) 走廊：应走在客人前面两三步的地方。让客人走在走廊中间，转弯时先提醒客人“请往这边走”。

(2) 楼梯：先说要去哪一层楼，上楼时让客人走在前面，一方面是确认客人的安全，另一方面也表示谦卑，不要站得比客人高。

(3) 电梯：必须主导客人上、下电梯。首先必须先按电梯按钮，如果只有一个客人，可以手压住打开的门，让客人先进，如果人数很多，则应该先进电梯，按住“开门”，先招呼客人，再让公司的人上电梯。出电梯时刚好相反，按住“开门”让客人先出电梯，自己才走出电梯。如果上司在电梯内，则应让上司先出，自己最后再出电梯。

(4) 办公室。到办公室来的客人与领导见面，通常由办公室的工作人员引见、介绍。在引导客人去领导办公室的路途中，工作人员要走在客人左前方数步远的位置，忌把背影留给客人。在陪同客人去见领导的这段时间内，不要只顾闷头走路，可以随机讲一些得体的话或介绍一下本单位的大概情况。

在进领导办公室之前，要先轻轻叩门，得到允许后方可进入，切不可贸然闯入，叩门时应用手指关节轻叩，不可用力拍打。进入房间后，应先向领导点头致意，再把客人介绍给领导，介绍时要注意措辞，并用手示意，但不可用手指指着对方。介绍的顺序一般是把身份低、年纪轻的人介绍给身份高、年纪大的；把男同志介绍给女同志；如果有几位客人同时来访，就要按照职务高低的顺序介绍。介绍完毕走出房间时应自然、大方，保持较好的行姿，出门后应回身轻轻把门带上。

3.4.2 接待礼仪

1. 上级来访

上级来访，接待要周到。对领导交代的工作要认真听、记；领导了解情况，要如实回答；如领导是来慰问，要表示诚挚的谢意。领导告辞时，要起身相送，互道“再见”。

2. 下级来访

下级来访，接待要亲切热情。除遵照一般来客礼节接待外，对反映的问题要认真听取，一时解答不了的要客气地回复。来访结束时，要起身相送。

3. 客户或客人来访

接待客人的原则是“别让客人久等”，且要做正确且有效率的传达。如果前来的客人人数很多，首先应保持冷静，其次应该留意现场轮流次序的维持，也就是秉持“先到先受理”的原则。对已经轮到的客人应有礼貌地招呼。如果你能有秩序地应对，客人也就不会做无理的举动。让客人久候时，在轮到他时应很谦卑地对他说“让您久等了！”

当以内线电话做联络时，可以先请客人坐在沙发上等候；如果他想见的人不在，要先向客人致歉，即使他没有事先约好，也不可以怠慢，并问他是否可以由代理人出来见面，或者请他留下联络电话。

如果被指定的人不方便见客，可以用参加会议或正在会客为由，询问对方是否可以由他人代理。如果顾客并未指定要见人选，须先倾听来意，然后联络相关部门处理。要做到这样的服务，有赖于平常多了解公司各部门的业务。

3.4.3 迎送的礼仪

1. 迎客礼仪

1) 态度端正，热情待客

无论是远道而来还是经常交往的客人，都要热情接待，尤其是初次见面的客人，更要倍加关怀。

2) 提前沟通，事先准备

事先应与来客联系，询问来访的时间、地点。若是远道而来的客人，还应问清火车、轮船或飞机到达的具体时间、班次，主动到车站、码头或机场接站。同时应事先准备接站牌，写明被接人的姓名和接站单位的名称。

3) 尽早赴站，主动接客

迎客前应事先安排好交通工具，提前到达约定的地点，待客人露面，便主动上前打招呼问候，同时向客人作自我介绍。如果客人携带有行李，应主动帮助客人提携。在回程途中，可向客人介绍此次活动的安排情况，了解客人的活动意向，以便做好后面的接待工作。

4) 安顿客人，礼貌告别

应事先安排好客人的食宿，以便接站后将客人送往住宿处，让客人休息以解除旅途的疲劳。由于客人一路风尘，初次待客不宜滞留过久，应让客人尽早歇息。离开前，应告诉客人自己联系的方式，并约定好下次见面的时间和地点。

2. 陪车礼仪

1) 陪车的礼仪原则

陪车时应遵循“客人为尊、长者为尊”的原则。

2) 上车的礼仪

公关人员应让车子开到客人面前，帮助客人打开车门，然后站在客人身后，请客人上车。若客人中有长辈，还应扶持其先上，自己再行入车内。

3) 入座的礼仪

车内的座位，后排的座位应让尊长坐(后排若为二人座，右边为尊；三人座，则中间为尊，右边次之，左边再次)，晚辈或地位较低者，坐在副驾驶的座位；如果乘的是私家车，又是主人亲自开车，则应把副驾驶的座位让给尊长，其余的人坐在后排。

4) 下车的礼仪

公关人员应先下车，然后帮助客人打开车门，等候客人或长者下车。

3. 送客礼仪

1) 送近客的礼仪

当客人起身想要走时，须立即站起应答，要亲自送其出门外，不可只是点头示意，但也不能先于客人起身；送客时，应请客人先出门，然后再小送一程，切不可在客人刚一出门便关上门。

2) 送远客的礼仪

对远道而来的客人，应安排交通工具，并随同客人一起前往车站、码头或机场；若客人携带有行李，应帮助客人提携，特别是应帮助其提拎较大件的行李。送客时，应与客人握手道别，用热情的语言为客人送行；分别时，可以挥手告别，但应待火车、轮船启动后，直至看不见客人时再离去。

3.4.4 介绍的礼仪

1. 正式场合的介绍

尊者一方有优先了解对方的权利，介绍的顺序要符合这个要求。把男士先介绍给女士；把职位低的人先介绍给职位高的人；把晚辈先介绍给长辈；把未婚者先介绍给已婚者；把主人先介绍给客人；把非官方人士先介绍给官方人士。

如果无较大年龄差距及职位差距，可以按照顺时针的方向依次进行自我介绍。在介绍过程中先提某人的名字是对此人的一种敬意。例如，要将一位姓张的先生介绍给一位姓王的女士，就可以作如下介绍：“王××，让我把张××介绍给你好吗？”然后给双方作介绍：“这位是王××，这位是张××。”假如女方是你妻子，那你就先介绍对方，后介绍自己的妻子，这样才能不失礼节。如把一位年轻的女同志介绍给一位德高望重的长辈，则不论性别，均应先提这位长辈。在介绍时，最好是姓名并提，还可附加简短的说明，如职称、职务、学位、爱好和特长等。

2. 非正式场合的介绍

如果是在一般的、非正式的场合，则不必过于拘泥礼节，假若大家又都是年轻人，就更应以自然、轻松、愉快为宗旨。介绍人以一句“我来介绍一下”开头，然后即作简单的介绍，也不必讲究先介绍谁，后介绍谁的规则。最简单的方式莫过于直接报出被介绍者各自的姓名：“王芳——张力”。也不妨加上“这位是”“这就是”之类的话以加强语气，使被介绍人感到亲切和自然。

3. 自我介绍

如果你基于某种理由要知道某人的名字，最好先找个第三者问一问：“那位穿西装裙的是谁？”其后在你和这位穿西装裙的刘某见面时就可以说：“你好，刘×。”无论如何不要莽撞问人家：“你叫什么名字？”这显得唐突。如果万不得已也应该说得婉转一点：“对不起，不知该怎么称呼您。”这也是建立新的社会关系的良好开端。

4. 集体介绍

(1) 集体对集体。一般要把地位低的一方先介绍给地位高的一方。所谓地位低的一方一般就是东道主，所谓地位高的一方一般则是客人。

(2) 集体对个人。要先介绍个人，后介绍集体。

3.5 宴会礼仪

3.5.1 宴会的种类

宴会是职场沟通交往中通行的较高层次的一种礼仪形式。一般把政府机关、社会团体举办的有一定规模的酒宴称为宴会；私人举办的规模较小的称为筵席。

宴会的场面一般比较庞大、隆重，能使人得到一种礼遇上的满足。宴会可以表示祝贺、感谢、欢迎、欢送等友好情感。通过宴会，可以协调关系，联络感情，消除隔阂，增进友谊，加强团结，求得支持，有利于合作等。

宴会种类复杂，名目繁多，常见的分类方式为：①按规格分，有国宴、正式宴、便宴、家宴；②按餐型分，有中餐宴会、西餐宴会、中西合餐宴会；③按用途分，有欢迎宴会、答谢宴会、国庆宴会、告别宴会、招待宴会；④按时间分，有早宴、午宴和晚宴。

其他如鸡尾酒会、冷餐会、茶会都可列为宴会。

3.5.2 宴会准备的礼仪

宴会具有很重要的礼仪作用，有严格的礼仪要求。宴请宾客是一种较高规格的礼遇，所以主办单位或主人一定要认真周到地做好各种准备工作。

1. 明确对象、目的、范围、形式

(1) 对象。首先要明确宴请的对象，主宾的身份、国籍、习俗、爱好等，以便确定宴会的规格、主陪人、餐式等。

(2) 目的。宴请的目的是多种多样的，可以是为了表示欢迎、欢送、答谢，也可以是为了表示庆贺、纪念，还可以是为了某一事件、某一个人等。明确了目的，也就便于安排宴会的范围和形式。

(3) 范围。宴请人数应当事先明确。主客双方的身份要对等，主宾如携夫人，主人一般也应以夫妇名义邀请。作陪者也应认真考虑。对出席宴会人员还应列出名单，写明职务、称呼等。

(4) 形式。宴会形式要根据对象、目的、范围确定，可确定为正式宴会、冷餐会、酒会、茶会等形式。目前世界各国礼宾工作都在改革，逐步走向简化。

2. 选择时间、地点

主人确定宴会时间，应从主宾双方都能接受来考虑，一般不选择在重大节日、假日，也不安排在双方禁忌日。选择宴会日期，要与主宾进行商定，然后再发邀请。

地点的选择，也要根据规格来考虑，规格高的安排在国会大厦、人民大会堂或高级饭店。一般规格的则根据情况安排在适当的饭店进行。

3. 邀请

宴会一般都要用请柬正式发出邀请。这样做一方面出于礼节，另一方面也是请客人备忘。

请柬内容应包括：活动的主题、形式、时间、地点、主人姓名。请柬的书写要清晰、美观，打印要精美。请柬一般应提前两周发出，太晚了则不礼貌。

4. 安排席位

宴会一般都要事先安排好桌次和座次，以便参加宴会的人都能各就各位，入席时井然有序。席位的安排也应体现出对客人的尊重。

桌次地位的高低，以距主桌位置的远近而定。以主人桌为基准，右高、左低，近高、远低。

座次的高低，应考虑以下几点。

(1) 以主人座位为中心，如果女主人参加，则以主人和女主人为基准，近高远低，右上左下，依次排列。

(2) 把主宾安排在最尊贵的位置，即主人的右手位置，主宾夫人安排在女主人右手位置。

(3) 主人方面的陪客，尽可能与客人相互交叉，便于交谈交流，要避免自己人坐在一起，冷落客人。

(4) 译员安排在主宾右侧。

(5) 席次确定后，将座位卡和桌次卡放在桌前方、桌中间。

5. 拟定菜单和用酒

拟定菜单和用酒要考虑以下几点。

(1) 规格身份、宴会范围。

(2) 精致可口、赏心悦目、特色突出。

(3) 尊重客人饮食习惯、禁忌。

(4) 注意冷热、甜咸、色香味搭配。

3.5.3 宴会中主人的礼仪

1. 迎宾

宴会开始前，主人应站在大厅门口迎接客人。对规格高的贵宾，还应组织相关负责人到门口列队欢迎，通称迎宾线。客人来到后，主人应主动上前握手问好。

2. 引导入席

主人请客人走在自己右侧位置，向休息厅或直接向宴会厅走去。休息厅内服务人员帮助来宾脱下外套、接过帽子，客人坐下后送上饮料。

主人陪主宾进入宴会厅主桌，接待人员引导其他客人入席后，宴会即可开始。

3. 致辞、祝酒

正式宴会一般都有致辞和祝酒，但时间不尽相同。我国习惯是开宴开始前讲话、祝酒、客人致答辞。在致辞时，全场人员要停止一切活动，聆听讲话，并响应致辞人的祝酒，在同桌中间互相碰杯。这时宴会正式开始。

西方国家致辞、祝酒习惯安排在热菜之后，甜食之前，至于冷餐会和酒会的致辞则更灵活些。

4. 服务顺序

服务人员侍应，要从女主宾开始，没有女主宾的，从男主宾开始，接着是女主人或男主人，由此向顺时针方向进行。规格高的，由两名服务员侍应，一个按顺序进行，另一个从第二主人右侧的第二主宾至男主宾前一位止。

5. 斟酒

斟酒在客人右侧，上菜在客人左侧。斟酒只需至酒杯 2/3 处即可。

6. 用餐时的交流

用餐时，主人应努力使宴会进行得气氛融洽，活泼有趣。要不时地找话题进行交谈。还要注意主宾用餐时的喜好，掌握用餐的速度。

7. 结束时的礼仪

客人用餐完毕，吃完水果后，在客人告辞时，主人应热情送别，感谢他的光临。

3.5.4 赴宴的礼仪

宴会是否成功，主人处于主导地位，主人要以客人的需要、习惯、兴趣安排一切。而应邀赴宴的客人的密切配合也是决不可忽视的。

1. 应邀

接到邀请后，不论能否赴约，都应尽早作出答复。不能应邀的，要婉言谢绝。接受邀请的，不要随意变动，按时出席。确有意外，不能前去的，要提前解释，并深致歉意。作为主宾不能如约的，更应郑重其事，甚至登门解释、致歉。

2. 掌握到达时间

赴宴不得迟到。迟到是非常失礼的，但也不可去得过早。去早了主人未准备好，难免尴尬，也不得体。

3. 抵达

主人迎来握手，应及时向前响应，并问好，致意。

4. 赠花

按当地习惯，可送鲜花或花篮。

5. 入席

在服务人员的引导下入座。注意在自己的座位卡入座，不要坐错了位置。

6. 姿态

坐姿自然端正。不要太僵硬，也不要往后倒靠在椅背上。肘不要放在餐桌上，不要托腮，眼光随势而动，不要紧盯菜盘。

7. 餐巾

当主人拿起餐巾时，自己便也可以拿起餐巾。打开放在腿上。千万不要别在领口或挂在胸前。餐巾是用来防止菜汤滴在身上和用来擦拭嘴角的，不可用来擦餐具，更不要用来擦脖子抹脸。

8. 进餐

进餐时要文明、从容。闭着嘴细嚼慢咽，不要发出声音，喝汤要轻啜，对热菜、热汤不要用嘴去吹。骨头、鱼刺吐到筷子上、叉子上，再放入骨盘。嘴里有食物时不要说话，剔牙时，用手遮住。就餐时，不得解开纽扣，松开领带。

9. 交谈

边吃边谈是宴会的重要形式，应当主动与同桌人交谈，特别应注意同主人方的人交谈，不要总是和自己熟悉的人谈话。

话题要轻松、高雅、有趣，不要涉及令对方敏感、不快的问题，不要对宴会和饭菜妄加评论。可以聊天气、嗜好、新闻、故乡、家庭成员、居住地、喜欢的酒名、喜欢的食物、汽车、休闲旅行等。

10. 退席

用餐完毕，应起立向主人道谢告辞。

11. 忌讳

中华料理一般都使用圆桌，中间有圆形转盘放置料理，进餐时将喜欢的菜夹到面前的小碟子享用。中华料理的餐桌礼仪基本上很简单、自在，最不受拘束。只要留意以下要点即可。

(1) 主客优先。主客还未动筷之前，不可以先吃；每道菜都等主客先夹菜，其他人才能依序动手。

(2) 有人夹菜时，不可以转动桌上的转盘；有人转动转盘时，要留意有无碰到桌上的餐具或菜肴。

(3) 不可一人独占喜好的食物。

(4) 避免使用太多餐具。中华料理的精神是边吃边聊，众人同乐，只要遵守基本礼仪，可以尽情地聊天。

思考题

1. 职场上对于仪表、言谈举止各有什么样的要求？
2. 见面时致意、寒暄和问候的礼仪是怎么做的？
3. 称呼应注意什么问题？

4．引导、介绍和迎来送往时各应注意什么？

5．赴宴时的注意事项有哪些？

实 训 项 目

一、模拟演示

反复模拟表演各种礼仪，并不断找出不足之处，予以纠正。

二、角色扮演

同桌的两位同学分别扮演以下角色进行沟通，注意相关的礼仪。

1．公司的职员与客户，见面时候的问候和寒暄。

2．不同部门的两位同事(或与客户)之间的电话交流。

3．职员去机场迎接远方来的客户。

4．客户应邀参加公司的周年纪念宴会，职员负责通知和接待。

三、收集资料

除了本项目中介绍的基本礼仪外，职场上还有一些重要的礼仪。请在课后收集相关礼仪的资料。

项目 4　观察和倾听

知识目标

1. 掌握观察的作用和技巧；
2. 掌握倾听的正确含义；
3. 掌握倾听的意义。

能力目标

1. 能够运用观察技巧；
2. 能够运用各种倾听技巧；
3. 能够消除倾听的障碍；
4. 能够分辨倾听和听的区别。

案例 4-1

因缺乏观察力而成为“路障”

在车站、机场、商场等地的自动扶梯上，我们经常可以看到，不着急的人都排在扶梯的右边乘坐，而着急的人则从左边留出的空隙匆匆赶路。总有一些人因有急事而争分夺秒，久而久之，人们形成一种“默契”：站立不动乘扶梯的人在右边，而左边留给那些想赶路的人。

这仅仅是一种默契，不是人为规定，也不会强制执行。但是只要存在一个不善于观察的人，这种默契就会被打破：大家都站在右边，唯独某个人站在左边，岿然不动，成为后面急于赶路的人的“路障”。而这个“路障”居然没有意识到这点。后面的人为了让他有所察觉，特意尽量靠近他，或故意干咳一声，可“路障”依然故我，毫无反应。这就是缺乏观察力的具体表现。

案例 4-2

倾 听 艺 术

因为一个店员不懂得倾听，芝加哥的一个大型百货商店险些失去一位在该店年消费几千美元的老顾客。亨利埃塔·道格拉斯太太曾参加过我们在芝加哥的培训课程。她买过一件打折的大衣，把大衣拿回家之后她才发现衬里有些磨损。第二天她把这件大衣拿回商店，希望店员能给她换一件。但店员不肯听她解释，说道：“你这件衣服是打折商品。”她指着墙上的标志说：“看见那个没，上面写着‘打折商品谢绝退换'。一旦买了，就没办法换了。自己回去缝缝吧。"

"但这属于损毁商品啊。"道格拉斯太太抱怨道。

"没什么区别，"店员打断了道格拉斯太太的话，"不能换就是不能换。"

道格拉斯太太十分生气，打算离开这家店，发誓以后再也不来了。就在这个时候，商场经理进来和她打招呼，因为道格拉斯太太是这家店的老主顾，两人彼此认识。道格拉斯太太向她讲述了刚刚发生的事情。

经理认真地听了事情的始末之后检查了这件大衣，然后说："特价商品不能退换，所以我们才能在季末的时候清空库存。但这个'谢绝退换'原则并不适用于损毁商品，我们当然会修复或是换掉这件衣服的衬里；或者如果您愿意，我们也可以给您退款。"

店员和经理的态度确有天壤之别！如果那位经理没有碰巧过来倾听这位太太的抱怨，这家商店就会失去一个老客户了。

（资料来源：[美]戴尔·卡耐基. 做一个会说话会办事的聪明人[M]. 北京：化学工业出版社，2015）

【思考与讨论】这两个案例带给我们哪些启发？

4.1 观察的作用和技巧

4.1.1 观察及其作用

"观察"的意思是仔细地查看。如果一个人不善于观察，就会像案例4-1中的"路障"一样，不会观察周围状况，也不会察言观色，那自然不会发现问题、解决问题，在职场上就不受欢迎。

《福尔摩斯探案全集》中有这样一个故事：在福尔摩斯第一次与华生见面时，就立刻辨别出华生是一名去过阿富汗的军医。福尔摩斯为什么能够那么快地辨别出来面前的这个人就是一名军医呢？

答案是"观察"。敏锐的观察力使得福尔摩斯能够迅速地辨别出一个人的职业、经历。从这个案例可以看出：福尔摩斯之所以能够很快地侦破那么多案件，敏锐的观察力是其中的决定性因素之一。

案例 4–3

不善观察是自我中心的一种表现

领导从外面回到公司，刚刚坐下，还没等喘口气，就有人进来汇报工作。领导刚回到公司，需要确认一下外出期间有没有电话或留言之类；或者需要上趟厕所；或者需要一点时间换换脑子，准备准备。但是这个要汇报工作的人对此根本视而不见，光惦记着自己要早点汇报，只看到自己的事情。

这个准备汇报工作的人，在领导回来之前，就一直在想："领导一回来，我就向他汇报。"只惦记着自己的事情，而完全无视周围以及领导的情况。

这类人完全无暇考虑 "除了我，还有人要汇报工作吗"或"领导回到公司要做什么呢"之类问题，这就是错误的开始。

观察力指的是了解状况、发现问题的能力。观察是获得信息的重要方式，但是，观察并不是走马观花。所谓"眼见为实"，并不是像照镜子一样不经过大脑地看。因此，在很多情况下，我们误以为眼睛看到的就是真实的。其实，在我们观察一件事的时候，会被大脑过滤掉许多的东西。

4.1.2 观察一个人的方法

要观察一个人，就要把握这样一个顺序：从下至上。从他的鞋子开始观察。为什么不先从他的脸开始观察呢？ 如果一开始就观察了一个人的脸，我们就会很容易地主观地对这个人进行评价，而因此影响或忽略了很多关于此人的重要信息。而从脚开始观察可以很好地避免这种情况。

首先观察他的鞋子，鞋子如果很脏，而近来没下雨，说明这个人对于生活卫生方面并不怎么在意，同时也可以推测这个人对于生活方面并不严谨，甚至还可以进行这样一种假设：可能他的性格就是这样。然后再观察他的裤子，其次是衣服，最后是脸。如果衣裤上有些褶皱或是污迹，那就可以印证上面的部分论断是正确的。同时，一个人身上的饰物也是辨认此人的主要依据。

接下来可以观察这个人的体格，如手臂肌肉的粗壮程度、身高体型等。其身上佩戴的饰物也是关键信息，如耳环、项链、银表等。饰物也是辨析一个人的重要依据。

同时要观察对方的年龄、言行举止等，观察时要表情轻松，不要扭扭捏捏或紧张不安。不要表现得太过分，像是在监视他或对他本人感兴趣一样。

在种种信息搜寻齐全之后，你就可以对这个人进行一个大体的综合评价了，推断其职业，琢磨其性格，分析其心理。

4.1.3 提高观察力的技巧

1. 从周围的环境着手

要锻炼观察力，应从身边的事物、所处的环境、人的特点着手。例如，你家里的桌子位置有些许变化、你的一个新朋友的眼皮是内双的、今天路上的车辆比以往少了一点(从此你可以去推断为什么少，发生了什么)、餐厅见的某个陌生人是个左撇子、你周围的人的表情和穿着等。

2. 用“心”去观察

观察是一种用心的行为，而非随随便便地“看”。观察一个楼梯，你可以算它的级数、高低；只是看，你可能只是记得它是一个楼梯。

锻炼观察力，应养成有意识地观察的习惯。针对一个平凡无常的事物，你应有意地细微地观察它所具有的特征，注意常人难以发现的地方。再有，对比也是训练观察力的好方法。例如，今天和昨天的窗户上的灰尘有什么变化、股市的变化并推测其未来趋势。观察，不仅要观察其内在本质，也要着重于发现事物外在的变化。

总之，持有一颗观察的心并付诸实践，长此以往，便可以训练出潜意识的观察能力，即对于任何事物，都会习惯性地去观察。这是一种好习惯。

3. 抬起头来、环顾四周，扩展视野

如果一个人在职场上只沉浸在自己的世界里，“两耳不闻窗外事”，不关注旁边或同事在做什么，不和同事交流，这是不合格的。

同事们在做什么？你只要花一点点时间就能注意到：有的似乎很忙，有的似乎很空，有的外出了，有的在喝茶。稍稍留心，就会出现截然不同的结果。

自己外出回来也是一样。坐在座位上，不要马上开始工作，而是先留心一下周围情况，再开始工作，这仅仅需要几秒钟的时间。但此时“这几秒的时间”相当重要。

4. 适当改变一下行动方式，记录喜欢的信息

例如，选择不同的交通工具上班，选择不同的线路等。看看有何不同或者能观察到什么新的信息。留意新发现的餐馆、商店的信息，知道经过的地方有什么显著的特征。

5. 主动学习和提问，而不是被动接受

一个大家公认会办事的人，就算别人不教他，他也是“会”的。这个“会”与“不会”的差别究竟来自何方？差异就在于主动学习还是被动接受。

有的人身上常见到这种“被动”现象：如果你不主动提问，他不会提出任何问题，这简直就是彻头彻尾的被动。

这些人一来到公司上班，总是径直坐到自己的办公桌前，并开始低头干活，自始至终都不抬一下脑袋。这种人低着头朝下看，不仅是被动的表现，而且也是不善于观察的体现。

在社会上，会工作的人是善于“察觉”的人。也就是自己主动去学习、去“察觉”。因为善于“察觉”，所以也就善于提出问题；因为善于“察觉”，所以也就善于从先辈的行动中暗中学到经验；也因为善于“察觉”，所以也就善于通过书籍和网络获取资料。

不善于“察觉”的人，当然就不会“学习”，也就不会工作了。

6. 发现问题，先于指令而行

职场上，常有人发出这样的疑问：“领导交代的事情，我都照办了，为什么我还得不到表扬呢？”“为什么我没有得到好评呢？”

答案就在指令当中。接到指令，你去执行，但几乎不用开动脑筋。按指令行事，就相当于别人告诉你考试的正确答案，你仅仅是把答案写在解答栏里而已。

在接到指令以前，就先发现答案，在别人告诉你以前就完成工作。这样才值得表扬。例如，当你身体不舒服时，虽然什么也没说，但你的恋人察觉到你身体不舒服，给你做些好吃的，帮你买药，你就会感激他(她)的体贴，你们两人的关系肯定会比以前更加密切。相反，如果在你提醒之前，他(她)一点都没有察觉到你身体不舒服；直到你说“帮我去买些药回来”“拿些喝的来”以后，才按照你说的去做，这样你就不会有感激之心，甚至可能还会发牢骚说：“怎么没早发现？”

与男女恋人的关系一样，在公司的人际关系中，站在领导的角度看，无论多么细小的事情，只有你先去察觉然后再付之于行动，这才是让人高兴和感激的事。因为在那个行动中，融入了你的积极和要求上进的良苦用心。但是如果按照指令去做，即使做同样的事情，对方并不会心存感激，更不用说赞美之词了。做同一件事，在领导发出指令前去做还是发出指令后去做，给对方的印象和获得的评价是截然不同的。

因此，做同样一件事情，就应该多加观察，争取在指令前完成，这样领导高兴，你也能获得好评，毋庸置疑这是上策。

4.2 倾听的概念、作用和层次

4.2.1 倾听的概念

美国国际倾听协会认为："倾听是接受口头和非语言信息，确定其含义和对此作出反应的过程。"

倾听与听是两个互相联系而又有区别的概念。听是人体听觉器官对声音的接受和捕捉，是人对声音的生理反应，是人的本能，带有被动的特征。只要你的听觉器官是完善的，你就能听，有时候你还不得不听，如有时被噪声干扰得心烦意乱。

倾听以听为基础，但是一种特殊形态的听。第一，它是人主动参与的听：人必须对声音有所反应，或者详细地说，在这过程中人必须思考、接收、理解，并作出必要的反馈。第二，它必须是有视觉器官参与的听。没有视觉的参与，闭上眼睛只用耳朵的听不能称为倾听。在倾听的过程中，必须理解别人在语言之外的手势、面部表情，特别是眼神和感情表达方式。

这样，我们可以把倾听定义为：在对方讲话的过程中，听者通过视觉和听觉的同时作用，接收和理解对方思想、信息及情感的过程。

4.2.2 倾听的作用

古今中外，人们都很重视倾听。古希腊哲学家第欧根尼说过："上帝给我们两只耳朵，一个舌头，为的是让我们多听少说。"西方的谚语说："用十秒钟讲，用十分钟听。"中国的俗话也说："说三分，听七分。"必须记住：一个人的嗓音对他自己来说是世界上最伟大的声音，倾听比说话更重要。在现代社会，每个人感受到的各方面的压力都很大，如果你有办法成为他人倾诉的对象，让他们在你面前滔滔不绝，那他们一定会成为你的知心朋友。不学会倾听，就无从理解他人，更无法进行进一步的深入沟通了。

倾听的主要作用体现在以下 4 个方面。

1. 获得信息

倾听有利于了解和掌握更多的信息。对方说话的过程中，你不时地点点头，表示你非常注意谈话者的讲话内容，使说话者受到鼓舞，觉得自己的话有价值，也就会更为充分、完整地表达他的想法，这不正是沟通所需要的吗？

2. 发现问题

对于下属、同事、上司和客户，通过倾听对方的讲话，能推断对方的性格、工作经验、工作态度，借此在以后的工作中有针对性地进行接触。

案例 4-4

善于倾听才能发现问题

销售部的小郭近来工作业绩不理想，常常迟到、请假，销售部的肖经理找小郭谈话："小郭，最近工作感到怎么样？"小郭避开经理的眼睛，低下头说："还可以。""真的吗？"肖经理继续问，"怎么近来总迟到？上个月的销售额也完成得不好啊。”小郭看了一眼经理：“哎，我这个月努力吧。”“有没有什么问题？”肖经理想知道究竟，“没什么……”小郭欲言又止。肖经理鼓励道：“有什么困难就讲出来，千万别放在心里面。”小郭看了一眼经理，又说了起来，“上个月……”，小郭谈了十几分钟，肖经理明白了。

(资料来源：刘玉良，阮小芳. 哈佛模式·职业经理人[M]. 北京：中国标准出版社，2001)

多听对方的意见有助于发现对方不愿意表露的或者没有意识到的关键问题，从中发现对方的出发点和弱点，找出关键点，这样就为说服对方提供了契机。

3. 建立信任

人们喜欢善听者甚于善说者。

实际上，人们都非常喜欢发表自己的意见。因此，如果你愿意给他们一个机会，让他们尽情地说出自己想说的话，他们会立即觉得你和蔼可亲、值得信赖。许多人不能给人留下良好的印象，不是因为他们表达得不够，而是由于他们不注意听别人讲话。别人讲话的时候，他们可能四处环顾、心不在焉，或是急欲表达自己的见解，这样的人不受欢迎。

4. 防止主观误差

平时对别人的看法往往来自于我们的主观判断，通过某一件事情，就断定这个人怎么样，或者这个人的说法是什么意思，这实际上带有很多的主观色彩。注意倾听别人说话，可以获得更多信息，使判断更为准确。

4.2.3 倾听的层次

倾听并不是一件简单的事。在职场上，倾听是彼此沟通的基础，但在现实中很多人并没有真正掌握“听”的艺术。据分析“倾听”是有层次之分的，一般可以分为以下5个层次。

(1) “听而不闻”(ignoring)：如同耳边风，有听但完全没有听进去。

(2) “敷衍了事”(pretend listening)：一边听，一边想其他的事情，嘴里说“嗯……”“喔……”“好好……”“哎……”之类，略有反应但其实心不在焉。

(3) “选择地听”(selective listening)：只听符合自己的意思或自己感兴趣的，与自己意思相左的一概“自动消音”过滤掉。报喜不报忧或报忧不报喜。

(4) “专注地听”(attentive listening)：某些沟通技巧的训练会强调“主动式”“回应式”的聆听，以复述对方的话表示确实听到，即使每句话或许都进入大脑，但是否都能听出说者的本意、真意，仍是值得怀疑。

(5) “同理心地倾听”(empathic listening)：倾听的最高层次，也是真正的有效倾听。倾听的目的是要知道对方讲话的动机是什么？他说了什么？他用什么方式说？他有什么感受？倾听要做到耐心、虚心、会心。只有做到有效倾听，才能真正了解、设身处地地站在当事人的角度看问题，沟通起来才能减少障碍或无障碍。一般人聆听的目的是为了做出最贴切的反应，根本不是想了解对方。所以同理心的倾听的出发点是为了“了解”而非为了“反应”，也就是透过交流去了解别人的观念、感受。

同理心是在人际交往过程中，能够体会他人的情绪和想法、理解他人的立场和感受，并站在他人的角度思考和处理问题的能力。若两个人争论，谁也不能说服谁，是因为他们根本就没有听进去对方在讲什么，更谈不上站在对方的角度去思考，那是两条平行线，永远不能相交。在职场上，每个人能用同理心去倾听他人的问题，就能很好地做好沟通，解决问题。

做到同理心倾听，就要站在对方的角度，专心听对方说话，让对方觉得被尊重。人都有渴望被尊重的需要。有了尊重，沟通就有了基础；同时，要正确辨识对方情绪，正确解读对方话语的含义。

4.3 消除倾听的障碍

在沟通中存在许多障碍，如视角差异、期望不同、情感状态差异、背景差异、倾听不足等。

注重有效倾听就是认真倾听当事人表达的内容；观察当事人非口语行为，如眼神、神态、身体动作、声调或语气等，并注意其隐含的意义是否与口语内容相符合；适时给予适当而简短的反应，让当事人知道我们听懂了他所说的话。有效倾听是高效沟通的基础元素，有效倾听能帮助我们更加接近当事人的感觉与经验，从而降低误解的产生；帮助当事人发现自己真正的感觉是什么，帮助我们察觉当事人在沟通中真正需要的是什么。只有做到有效倾听，才能保证沟通的顺利进行。

4.3.1 主观障碍

在沟通过程中，造成沟通效率低下的最大原因在于倾听者本身。研究表明，信息的失真主要是在理解和传播阶段，归根结底在于倾听者的以下主观因素。

1. 观点不同

观点不同是倾听的第一个障碍。每一个人心里都有自己的观点，很难接受别人的观点。当别人在诉说时，你可能这样想：“你的观点没有什么新意，你不用说，我都知道是怎么回事。”带着这样的想法，你自然难以认真听对方的话。例如，你的下属跟你建议，零售可能比批发的利润更大，你却想你两年前经营的就是零售，效益不佳，这种做法根本不行。在这种心理作用下，你连下属认为的零售优点的陈述都不愿意听。

由于坚持自己的观点，对于对方的解释和结论，如果是“英雄所见略同”，你肯定是心满意足；但如果出入很大，就可能会产生抵触情绪——反感、不信任，并产生不正确的假设，在这种排斥异议的情况下，你又如何能够静下心来认真地倾听呢？

2. 先入为主

先入为主具有巨大的影响力。如果你臆断某人愚蠢或无能，你就不会对他们说的话给予关注。假设你对某个人产生了某种不好的看法：“这个人没什么能耐。”他和你说话时，你也不可能注意倾听。又假设你和某个人之间由于某种原因，产生了隔阂，如果他有什么异议，你就可能认为他所做的一切，都是冲着你来的。无论他做出什么解释，你都认为是借口。

3. 急于表达

人们都有喜欢自己发言的倾向，许多人认为只有说话才是表白自己、说服对方的唯一有效方式，若要掌握主动，便只有说。在这种思维习惯下，人们容易在他人还未说完的时候，就迫不及待地打断对方。

很多人认为：在和客户谈判中，主动发言被视为主动的行为，可以帮助自己树立强有力的形象，而倾听则是被动的。在这种思维习惯下，人们容易在他人还未说完的时候，就迫不及待地打断对方，或者心里早已不耐烦了，往往不可能把对方的意思听懂、听全。

4. 心不在焉

如果注意力不集中，那么你只会把一部分注意力放在倾听上。

5. 转移话题

如果你觉得对方的话无聊或让你感到不自在，可能会改变话题或者讲笑话，终止对方谈话的思路。

如果你在沟通中出现以下一种或一种以上情况，你就应该注意改善自己的倾听技能了。

(1) 打断对方讲话，以便讲自己的故事或者提出意见。

(2) 没有和对方进行眼神接触。

(3) 任意终止对方的思路，或者问了太多的细节问题。

(4) 催促对方，同时接打电话、写字、发电子邮件等。

4.3.2 客观障碍

1. 时间不足

时间不足是职场沟通中最主要的客观障碍之一，主要表现为以下两种情况。

(1) 安排的时间过短，对方不能在很短的时间内把事情说清楚。他可能言简意赅，忽略了许多细节，需要你仔细去把握。对于倾听者的你来说，这么短的时间内既要听清楚对方所要表达的内容，还要明白并做出回应，非常匆忙，容易产生失误。

(2) 在工作过程中的倾听。你根本就没有时间认真倾听对方所要表达的内容，如下属临时有重要的事情找到你寻求帮助，事先并没有约定好时间，你正忙着其他的事务，只是草草地听着对方的简单叙述。

2. 环境干扰

在职场上，有时候，上司、同事、下属都可以随时随地找你沟通，而且都是急事。如果环境比较嘈杂，噪声很大，则会让人烦躁不安，无法集中注意力，严重影响倾听的效果。根据不同环境的特征，我们可以把倾听的客观障碍分为几种类型，见表4-1。

表4-1 环境特征及倾听障碍类型

环境类型	封闭性	氛围	对应关系	主要障碍
办公室	封闭	严肃、认真	一对一、一对多	不平等造成的心理负担；紧张；他人或电话打扰
会议室	一般	严肃、认真	一对多	对在场他人的顾忌；时间障碍
现场	开放	可松可紧、认真	一对多	外界干扰；事前准备不足
谈判	封闭	紧张、投入	多对多	对抗心理；说服对方的愿望太强烈
讨论会	封闭	轻松、友好、积极投入	多对多、一对多	缺乏从大量散乱信息中发现闪光点的洞察力
非正式场合	开放	轻松、舒适、散漫	一对一、一对多	外界干扰；易走题

4.4 有效倾听

案例 4–5

小男孩的眼泪

美国知名主持人林克莱特(Linklater)某天访问一名小男孩，问他说:“你长大后想要当什么？”

小男孩天真地回答:“嗯……我要当飞机的驾驶员！”

林克莱特接着问:“如果有一天，你的飞机飞到太平洋上空时所有引擎都熄火了，你会怎么办？”

小男孩想了想:“我会先告诉坐在飞机上的人绑好安全带，然后我挂上我的降落伞跳出去。”

当在现场的观众笑得东倒西歪时，林克莱特继续注视着这孩子，想看他是不是自作聪明的家伙。没想到，接着孩子的两行热泪夺眶而出，这才使的林克莱特发觉这孩子的悲悯之情远非笔墨所能形容。于是林克莱特问他说:“为什么要这么做？”小男孩的答案透露出一个孩子真挚的想法:“我要去拿燃料，我还要回来!!”

林克莱特如果在没有问完之前就按自己设想的那样来判断，那么，他可能就认为这个孩子是个自以为是、没有责任感的家伙。但孩子的眼泪使他继续问了下去，也才使人们看到了这是一个勇敢的、有责任心的、有悲悯之情的小男孩。

(资料来源：http://www.chinavalue.net)

在一个简单的电视节目中就这么容易发生误解，可见在一个复杂的组织体系中，要避免误解的发生是一件多么不容易的事情。

你在听他人说话时，真的听懂他说的意思了吗？你是不是也习惯性地打断他人的言语？职场上，有的人经常犯这样的错误，在对方还没有来得及讲完自己的事情前，就按照自己的经验做出判断和意见。打断对方说话，一方面容易做出片面的决定，另一方面使对方缺乏被尊重的感觉。时间久了，对方将没有兴趣向你反馈真实的信息。因此，听话不要听一半，不要把自己的意思投射到别人所说的话上。

1. 克服倾听中的障碍

认识到倾听过程中的主客观障碍后，要主动采取措施予以克服。下面是一些在倾听中要特别注意的细节。

(1) 创造有利的倾听环境，尽量选择安静、平和的环境，使传递者处于身心放松的状态。

(2) 摆出有兴趣的样子，端详对方的脸、嘴和眼睛，尤其要注视眼睛，将注意力集中在传递者的外表。这样能帮助你聆听，同时，这是让对方相信你在注意聆听的最好方式。

(3) 尽量把讲话时间缩到最短。当讲话时，你便不能聆听别人的良言，可惜许多人都忽略了这一点。

(4) 平和的心态。倾听中只针对信息而不是传递信息的人，诚实面对、承认自己的偏见，并能够容忍对方的偏见。

(5) 保持耐性，不要打断对方的谈话，抑制争论的念头。注意你们只是在交流信息，而非辩论赛，争论对沟通没有好处，只会引起不必要的冲突。学习控制自己，抑制自己争论的冲动，放松心情。

(6) 不要过早作出结论或判断。当你心中对某事已做判断时，就不会再倾听他人的意见，沟通也就被迫停止。

(7) 不要以自我为中心。在沟通中，只有把注意力集中在对方身上，才能够进行倾听。但很多人习惯把注意力集中在自己身上，不太注意别人，这容易造成倾听过程的混乱和矛盾。

(8) 随时做笔记。做笔记不但有助于聆听，而且能集中话题，并使对方觉得受到重视。

2. 倾听中的“望”“闻”“问”“切”

(1) 望

望，即用眼睛看。在倾听中，它不仅指的是要观察对方的兴趣所在，情绪如何，也包含着通过目光，向说话人传递你的关注，表示你有兴趣听他说话，你正在认真了解他谈话的内容。

(2) 闻

闻就是用耳朵听对方说话。不仅仅要去听对方说话的内容，更要去听别人在语音、语调上表达出来的真正用意。

闻在方法上也是有讲究的，要和蔼、亲切、面带微笑，时不时地给予鼓励和赞许的点头等，表明自己全身心都在接受信息。

(3) 问

倾听中要适时择机提出让对方感兴趣的问题，而不是挑剔对方没说清楚什么。

如果提问的时机不当，很可能会使沟通中断，或者达不到最终的沟通目的，同时还可能会引起对方的反感，所以提问时一定要谨慎小心。

案例 4–6

冲在最前面的记者

美国好莱坞影片《乱世佳人》让女主角费雯·丽(Vivien Leigh)一举成名，这部电影获得了 11 项奥斯卡奖项提名。当在欧洲巡演的时候，费雯·丽的班机降落在伦敦停机坪上，成千上万的记者在下面围着。有一个没有头脑的记者，很激动地冲到最前面，采访刚刚走出旋梯的费雯·丽，说：“请问，你在这部电影里面扮演了什么角色？”

听了这句话，费雯·丽转身就进了机舱，再也不肯下来了。费雯·丽之所以会生气地转身返回机舱，就是因为一举成名后的她，满心欢喜地认为，那些蜂拥而至的记者们，都是她的影迷，是因为喜欢她的表演才来机场迎接的。可她怎么也没想到，这个冲在最前面的人，连她扮演了什么角色都不知道，这实在是太打击费雯·丽的自尊心了。从中我们也能看出，一个愚蠢的问题会带来多么大的恶果。等待已久，难得的一个采访机会，就这样被一个愚蠢的问题葬送了。同时，也让被采访者受到很大的伤害，以至于她不愿意再面对其他的记者。

(资料来源：崔佳颖. 360 度高效沟通技巧[M]. 北京：机械工业出版社，2010)

(4) 切

切是对望、闻、问之后的整体把握，指的是综合出全部信息，找准问题根源。只有切准要害，才能找到正确的解决方法。因此，切讲究准，要细心地分析，透过现象看本质。

综合来说，在倾听过程中，望用的是眼睛，闻用的是耳朵，问用的口舌，而切则是用心参与的过程。所以，倾听是全身心参与的过程。

3. 反馈

反馈是人所做的事、所说的话这一信息致使行为有所改变或加强；反馈不是关于他人之言行的正面或负面意见，也不是关于他人之言行的解释及对将来的建议或指示。

(1) 给予反馈的正确方法：①明确、具体地提供实例；②平衡积极的、正面的和建设性的意见；③在正确的时间给予反馈；④集中于可以改变的行为；⑤不具有判断性；⑥考虑接受者的需求。

(2) 接受反馈的正确方法：①聆听，不打断；②避免自卫；③提出问题，澄清事实，询问实例；④总结接收到的反馈信息，以确认对其的理解；⑤表明你将考虑如何去采取行动。

思 考 题

1. 观察的作用是什么？怎样才能提高观察技巧？
2. 倾听和听有何不同？
3. 倾听的作用是什么？
4. 怎样做好倾听中的反馈工作？

实 训 项 目

一、观察力训练

1. 回忆校园中所有雕塑的位置、形态、颜色、制造材料等，越详细越好，必要时画出来。然后到实地对照，看看差异有多少。

2. 回忆学校附近一条马路的特征，想得越多越好。然后去对照，看看差异有多少。

二、案例分析

案例 4-7

迟到的倾听

在一家大型食品公司，许玲所负责的部门支持销售部的工作，包括客户的信用评估、账款的收回、销售费用的审核支付、促销活动的控制等。虽无具体销售指标的压力，但工作难度很大。第一，一方面要做到严格控制，另一方面要提供大力支持。两者发生矛盾时，当中合理的度是很难掌握的。第二，当销量不好时，销售部会找出种种借口来指责他们支持不力，以推脱责任：信用评估太程序化，致使一些大订单流失；销售费用审核及支付的流程太烦琐，导致费用支付不及时，影响了与客户的关系；促销活动的控制缺乏灵活性，增加了促销活动的难度。第三，初始投诉发生时，上司还会为许玲的部属解释，但多次的投诉却使老板只能把许玲管理的部门当替罪羊，解雇当事的员工，以示公平、公正，表明他们改变部门工作状况的决心。

许玲的部门新来了一位应届大学毕业生张林，他给许玲留下了聪明、诚实、积极进取的良好印象。许玲对他寄予厚望：希望他能缓和销售部之间的紧张关系，能给她所管理的部门带来新的活力，增强团队的凝聚力。

许玲改变了对新成员培训的方法。以往，团队有新员工加入时，许玲会给两周的适应期。在此期间，给他看一些与工作相关的资料，并且花一定的时间与他交流，让他在正式工作前对工作环境、工作内容、工作职责、工作流程有一个大概的了解，以便较快地熟悉业务。但这种培训方式表现出了不理想的效果。因为两周纸上谈兵式的学习并不能使新员工完全适应复杂的工作状况，因为与之合作的同事会认为他不善于学习和适应能力差而不愿与之合作，以致使员工不能通过试用期，只好重新招人，开始新一轮的训练。

鉴于这个原因，以及工作上急需人手，许玲这次只用半天的时间让张林了解公司的有关制度、工作职责、工作流程，就安排他上岗。此外再加上承诺：工作上遇到任何问题都可以随时来找她，她一定会给予必要的帮助。许玲认为这种新的培训方式可以让张林更容易发现问题，提高适应能力，可以降低同事对张林的要求，更乐于帮助和谅解他。

但许玲忽视了这种放任培训方法可能会带来的不良后果，许玲没有想到张林产生了不被关心、不受重视、被遗弃的感觉。没有想到他不愿意把这种感受告诉仅比他大一岁且作为女性的她，没有想到他出于自尊，宁愿尽量自己去想办法，找答案。许玲只看到张林出色的学习和适应能力，以及工作被同事们一致认同。许玲对这平静表面留下的危机根本看不到，没有产生要去倾听他的想法。

在张林熟悉工作之后，许玲又给他设计了一个新的学习机会；把其他人的一些业务转交给他，以表示对他能力的认可和信任。她想不到张林产生了许玲偏袒其他同事和其他同事欺骗他的感觉。她只以为他会更开心、更努力地工作。许玲没有想到在作出这种非常安排之前或之后，应与他进行正式或非正式的沟通，她没有想到她又犯了一次错误。

此后，在非正式场合，许玲和张林之间也有过一些交流。例如，下班了，同事都收拾好东西走人了，他还在加班。许玲去问原因，他开玩笑地说："因为你偏心，把工作都交给我做，我来不及，只好加班了。"许玲也开玩笑地回答："那是因为你还没上手，效率太低。"又如，午间休息时，他抱怨工作太多，其他同事都太舒服了。许玲只是开玩笑地说："你是男生，不要老是抱怨。团队里都是女孩，你要多担待一些。"其他人也都帮着进行这样不合理的解释。张林也就不辩解了。由于是非正式场合，而且人在工作不顺利时也常常会抱怨，因此，许玲并没有认真对待这些抱怨，也忽视了这些抱怨后面的潜台词，没有与他做更深的交流，这让他很失望。不善于倾听使许玲又犯下一次错误。

张林顺利通过了试用期的考核，成了一名正式的员工，他认为许玲应该对他前一段的工作做一个评价，提出对他今后的期望，了解他对自己职业的设计，帮助他认识他在公司里的发展前景，在他们之间做一次深入的沟通。可是许玲再次忽略了他，再次失去了沟通的良机。

就在许玲对团队的工作效率和人员稳定感到高兴时，张林提出要离职。许玲感到惊讶万分。他们终于做了一次深入的沟通，许玲做了一次真正的倾听，才了解到他以上的那些想法。许玲为自己的过失向他作了深刻的检讨。可是为时已晚，他已决心去另一家公司工作。许玲为自己团队失去了一个优秀的成员感到遗憾，并对自己的所作所为感到懊悔。

(资料来源：胡巍. 管理沟通案例101[M]. 济南：山东人民出版社，2005)

【思考与讨论】

1. 许玲错过了几次与张林的沟通？每次不能去倾听或未能形成有效倾听的原因是什么？

2. 一些人认为自己很开明，与下属的关系也相当融洽，非正式沟通非常流畅。因此认为下属有问题会主动来与自己沟通，自己无须与下属主动沟通。你认为这种想法对吗？为什么？

3. 一种观点认为：应当重视非正式沟通中的信息——在非正式场合，下属能抛开心理压力，畅所欲言，不怕说错，相信容易得到谅解；因此，非正式沟通中传递的信息有时会更真实地表达他们的想法。另一种观点认为：不应当重视非正式沟通中的信息——它产生于非正式场合和随意的表达方式中。你认为哪种观点是对的，为什么？

4. 为什么说平静的环境对管理者提出了更高的要求？(提示：平静掩盖问题；冲突中的人敏锐，平静中的人迟钝)在平静的环境中管理人员应当怎么做？(提示：保持沟通，发现问题)

三、自我测试

请填写下表。

倾听主观障碍	具 体 表 现	是/否
懒惰	你是否回避听一些复杂、困难的主题？ 你是否不愿听一些费时的内容？	
封闭思维	你拒绝维持一种轻松、赞许的谈话气氛吗？ 你拒绝与他人观点发生关联或从中受益吗？	
固执己见	你是否在表面上或者内心里与发言者发生争执？ 当发言者的观点与你有分歧时，你是否表现得情绪化？	
缺乏诚意	在听讲时，你是否避免眼神接触？ 你是否更多地关注说话人的内容而不是他的感情？	
厌烦情绪	你是否对说话主题毫无兴趣？ 你是否总对说话者不耐烦？ 在听别人说话时，你是否做着“白日梦”，或者想着别的事情？	
用心不专	你是否关注说话人的腔调或习惯动作，而不是信息本身？ 你是否被机器、电话、别人的谈话等噪声分心？	
思维狭窄	你是否专注于某些细节或事实？ 你是否拼命想理出个大纲来？	

项目 5　语言沟通与非语言沟通

知识目标

1. 掌握语言沟通的含义；
2. 了解语言沟通中的误区及克服的方法；
2. 掌握非语言沟通的含义及作用。

能力目标

1. 掌握语言沟通的技巧；
2. 掌握非语言沟通的技巧。

案例 5-1

语言沟通和非语言沟通的实验

有这么一个实验：让一位觉得自己表达技巧不错的刘先生作为指示者，其他人听他的号令。先让刘先生想办法把一张 A4 纸上的信息全部传递给他身边的其他人。其他人手上也有一张和刘先生一样的 A4 纸，只不过是空白的。请刘先生用他的办法把手里的 A4 纸上面的信息传递给大家。这是一个复印机的概念，题目是什么样子，传递出去还是什么样子。其他人觉得刘先生有讲得不清楚的地方，只要能帮助信息继续传递就可以提问。但刘先生有两件事不能做。

(1) 他不能直接把 A4 纸拿给其他人看。

(2) 他不能用笔或者其他任何工具写或画。

除此之外他可以用其他任何办法，时间是 5 分钟。其他人要想办法按照刘先生的指示，在自己的 A4 纸上把得到的信息画出来，最后看画得一模一样的有几位。

刘先生开始讲：最上面的图形 B，是 3 个汉字，这 3 个汉字下面有 5 个长方形。我把这 5 个长方形由下往上叙述一下。“图形 B”三个字是在最上面。长方形长约 6 厘米，宽约 5.8 厘米，在 A4 纸中间，距离 A4 纸底部约 5.8 厘米。往上的第二个长方形，倾斜角度为 45°左右，往大家的左手边倾斜。然后再往上画第三个长方形，和第一个长方形平行，它的支点在第二个长方形的 2/3 处。再往上第四个长方形，也是左手边，倾斜 45° 左右的角。再往上是第五个图形，仍然和第一个平行。第二个在第一个上面，第三个在第二个上面，第四个在第三个上面，第五个在第四个上面，它们的支点是一条线。

接着刘先生再说了一遍，大家开始正式画。这个图名字叫“图形 B”，“图形 B”是 3 个汉字，上面大概有 5.8 厘米的空白，“图形 B”下面也是空白的。这个图是从下面往上摞五个长方形。第一个长方形在这张白纸的正中间，长 6 厘米，宽 5.8 厘米。然后再往上摞第二个，往大家左手边倾斜 45° 角。我们的方向是相反的，你们应该往右手边倾斜 45° 角。接下来摞第三个，支点和第二个支点是一条线，平行摞。接下来摆第四个，支点和前面两个支点一样，同时往大家的右手边倾斜45°。这几个支点在一条线上，是图形的中间轴。

接着刘先生用张纸比画了一下。这是一个长方形，上面有点空间，这是第二个长方形，两张纸是这样摆的。我的小拇指指的这个点做它的支点，在正中间的位置。它们的支点是固定的，在一条线上。时间到，刘先生讲得、比画得满头大汗，非常渴望大家能画对。最后把大家画的拿上来一看，真是大小各异，还有画反的。为什么会出现这种情况？关键在于如何正确运用语言沟通和非语言沟通，来提高沟通的有效性。

(资料来源：经理人培训项目编写组. 培训游戏全案·沟通[M]. 北京：机械工业出版社，2010)

【思考与讨论】正确的语言沟通和非语言沟通对企业有效管理将起到什么作用？

5.1 语言沟通及其能力培养

5.1.1 语言沟通及其分类

语言沟通即利用语言或声音的方式进行沟通活动，以语词符号为载体实现的沟通，在特定的时空情境中以有声语言(不排除无声语言，本项目只涉及有声语言)为主要媒介交流思想、联络感情、沟通信息、商讨问题的一种手段，主要包括口头沟通、书面沟通和电子沟通等。

1. 口头沟通

口头沟通指借助语言进行的信息传递与交流。口头沟通的形式很多，如会谈、电话、会议、广播、对话等。

2. 书面沟通

书面沟通指借助文字进行的信息传递与交流。书面沟通的形式也很多，如通知、文件、通信、布告、报纸、期刊、备忘录、书面总结、汇报等。

3. 电子沟通

电子沟通又称E-沟通，是以计算机技术与电子通信技术组合而产生的信息交流技术为基础的沟通。它是随着电子信息技术的兴起而新发展起来的一种沟通形式，包括即时通信、传真、闭路电视、计算机网络、电子邮件等。

本项目重点介绍口头沟通(谈话)能力的培养。

5.1.2 谈话能力的培养

俗话说，“良言一句三冬暖，恶语伤人六月寒”。巧妙而得体的语言可以助人排忧解难，使人获得莫大的快乐；反之，恶言污语会把好的事情变糟，甚至出现激烈的情绪直至发生大打出手的情况，造成恶果。

每个人从小就开始学习语言，但是要学好语言，特别是巧妙地运用好语言，却不是那么容易，因为它是人生哲学的重要组成部分，还伴随着观念的转变。

语言沟通能力可以通过下述方法进行培养。

1. 分析自己的谈话能力

绝大多数人，既不能说没有语言沟通能力，也不能说语言沟通能力非常强。如果决心提高自己的能力，必须对自己的能力有科学的了解，我们可以通过测试，来分析自己的谈话能力。具体的测试题目可以参考本项目结尾的“实训项目”中的测试题。

对于测试中的题目，一般人几乎不可能完全做到，但必须先弄清楚自己究竟在哪一方面有困难。

2. 善于运用谈话资料

对于谈话的题材和资料，一方面要懂得搜集，另一方面还要懂得运用。懂得如何运用后，即使一句普通的话，也往往会收到惊人的效果。

案例 5-2

十叩柴扉九不开

以前有个教育家，为了实现自己的教育理念想办一所学校，他发动自己的朋友去募捐。开始的时候，募捐是很困难的。他有一个朋友打算放弃这项工作，并且引用一句古诗“十叩柴扉九不开”来说明募捐困难的情形。

“十叩柴扉九不开”真是把募捐困难的情形形容得恰到好处。但是听了，让人多么心灰意冷啊！

可是这位教育家，把这同一句话，从另外的角度去运用它，就取得了完全相反的效果。

他说：“不错，我们现在的情形是‘十叩柴扉九不开’，可是这也就是说十叩柴扉有一扇是开的。那么，我们要敲开十扇门，只要努力一点，多敲几十个门就是了。”

于是他把“十叩柴扉九不开”这句话，改成“百叩柴扉十扇开”，不但激励了他的朋友们，而且完成了募捐建校的任务。

(资料来源：李屹之. 实用口才全书[M]. 北京：新世界出版社，2007)

3. 培养敏锐的观察力

许多家庭主妇彼此碰面时，通常谈论的话题是物价如何、孩子如何、家庭琐事等，而商人们则会谈论经济问题或是交际应酬时的趣事。可见不同的人喜好谈论不同的话题，因此，如果你对必须为三餐终日奔波的人大谈国外风光、旅游趣事，你很有可能会遭人白眼，毕竟他们连基本的温饱都成问题，哪还有心情和你讨论各地的风光？但是如果你和他谈“致富之道”，他一定会很有兴趣，甚至还会成为你的好听众！

我们在与他人谈话之前，应该先了解对方可能感兴趣的话题是什么，即使每个人感兴趣的话题不同，但都离不开日常生活。这也就是说，只要我们在平常的生活中，保持着敏锐的观察力，就可搜集到丰富的谈话题材，进而能够与不同阶层的人交谈。

在办公室或是私人聚会上，新颖的流行趋势也可能是吸引人的话题，不过有些人对于新奇的事物，有时会因不习惯而容易产生排斥感，然而，培养广泛的兴趣，也是增加生活话题的条件之一。

4. 克服恐惧的心理

很多人都害怕与人讲话或者在公开场合演讲。其实，大多数著名的公众人物也不是天生就胆大善言，都要靠后天的训练和锻炼。消除紧张、恐惧心理的方法多种多样。

(1) 不要掩饰，不妨直说：“我好紧张。”这样可以释放一些压力。

(2) 自我安慰。

(3) 正确看待说话的对象。美国心灵导师和成功学大师戴尔·卡耐基(Dale Carnegie)最基本的经验就是：你要假设听众都欠你的钱，正要求你多宽限几天，你是神气的债主，根本不用怕他们。

(4) 避免与别人比较。

(5) 不要怕犯错误。

克服了恐惧，对我们做其他事也有潜移默化的功效。那些接受挑战的人，会发现口才一天天好起来，战胜了当众说话的恐惧会使自己感觉像脱胎换骨，人生因而更丰富、更圆满。

5. 好口才要多练习

只有刻苦勤奋、坚持不懈地努力练习，才会获得令人惊奇和瞩目的成功。因此，我们不应该放过任何一次当众练习讲话的机会。

案例 5-3

“妙语之王”普京

2008 年 2 月 14 日，俄罗斯联邦总统普京在克里姆林宫举行其任期内最后一次大型记者招待会。面对来自全球的 1000 多位知名记者，普京不失时机地又一次展示了他非凡的口才。他时而玩笑调侃，时而严肃质询，纵横捭阖，妙语连珠，令众多大牌记者赞叹不已。普京不愧为俄罗斯国政坛的“妙语之王”。

然而，小时候的普京沉默寡言，口才很不佳。他出身于普通的工人家庭，少年时候生活在大杂院附近，无所顾忌地乱说话往往会招来别人的一顿狂揍。所以那时的普京信奉的是：不以奉承讨好人，不讲大话贬低人，不开玩笑激怒人。总之，他很少开口说话。

后来，当他立志做一名政治家时，他才意识到口才对成功的重要意义。于是，他开始锻炼口才。他的方法不是对着镜子疯狂地呼喊乱叫，也不是南辕北辙地闲扯，更不是浪费时间地大话连篇。而是废寝忘食地泡在图书馆博览群书，广泛阅读。他深知肚子里面没学问是讲不出优雅美丽、睿智机敏的话语来的，伟大演说家的必备前提就是丰富的学识和缜密的思考。

普京“读”的原则是不动笔不读书，不思考不读书，不开口不读书。只要翻开诱人的书卷，他总要把那些发人深省的至理名言或经典段落认真记到笔记本上，并在底下用不同颜色的笔写上自己的评语或感受。这样既加强了记忆，又拓深了思维，是事半功倍的好方法。有时，遇到一本好书，他会整本书全抄下来。普京博览群书，但他并非随手翻来即读，而是有选择性地读。渐渐地，他变得口齿伶俐起来，往往能随机应变，侃侃而谈。

经过大量的阅读，普京的演讲与说话水平已有了质的飞跃。他不开口则已，开口便语惊四座。每次讲话，他不是长篇大论，而是一语中的。他的恩师索布恰克曾夸赞他说：“普京讲话字字千金，针针见血。”

不显山不露水的普京常令别人大跌眼镜，在校时他还获得了全校的最佳辩手称号，他的口才让同学们佩服不已。后来，当有人问他练就卓越口才的秘诀时，普京毫不掩饰地回答说：“我的口才是‘读’出来的！”

(资料来源：魏洪刚. 魅力普京：“读”出来的金口才[J]. 学习博览，2008，11)

6. 说对方感兴趣的事

美国一名记者访问肯尼迪时，见面就说：“我看您还真像个人文主义者。”一下子便引起了肯尼迪莫大的兴趣，破例与这名记者长谈了将近两个小时。

又例如，眼前有个陌生人手里拿着一份报纸，你如果想结识他，便可以以报纸为媒介，对他说：“先生，对不起，打扰一下。请问您手里拿的是什么报纸？有什么重要新闻吗？”如此一来，就开启了双方的对话。

7. 赞美要发自心底

初次的会谈往往因为谈话主题结束，或是因为话不投机而使谈话突然中断；这时你可以利用身边的事物为话题。其实话题是很容易发掘的，“你家小狗好聪明喔！”“这地方的装饰真别致！”只要你多用心去观察，身边的一草一木都可以成为话题素材。这些话题不但轻松自然，还可以拉近你与对方的距离，增进亲切感。

8. 内容应适应文化背景

一般而言，我们的社会环境、历史背景、文化特征，往往会赋予语言在本身意义外的附加意义和功用，从而对人际往来产生影响。所以，当使用具有“附加意义”的语词时，必须特别小心谨慎，如果随意乱用，势必弄巧成拙。不同的民族有不同的文化特征，而不同的民族语言也反映了其不同的文化特征，因此，在语言的运用上必须注意文化差异。

5.2 说话技巧

善于说话的人，可以流利、准确地表达自己的意图，不仅能说清道理，而且说得动听，使别人愿意接受。在职场上，说什么，怎么说，何时说，都有讲究。很多时候，有些人吃亏就是因为其语言沟通能力不强，缺少技巧。在职场上说话，应从以下两个方面考虑。

(1) 从企业角度看，企业希望员工之间自发地和同事建立彼此合作的关系，以高效地完成各项任务。所以，企业的人际关系，就是赢得合作的关系。

(2) 从个人角度看，善于处理职场棘手问题、维护良好的人际关系是职场人士的必备素养。首要原则是自我管理(包括善尽职责、控制情绪)和双赢原则(包括将心比心、协调合作)。

5.2.1 展开话题技巧

1. 展开话题前注意的地方

展开话题前注意一下对方的行为态度，这通常会给我们一些提示。正面的提示包括对方有眼神接触、有微笑、面部表情自然；负面的提示则包括对方正在忙于某些事情、正与别人详谈中、正赶往别处。

当然我们自己也得同样发出正面的提示。如果用主动跟别人先打招呼，说声加上微笑以示友好，很容易取得别人好感及留下好印象，从而展开话题。

2. 展开话题形式

(1) 邀请式。例：你今天看来容光焕发哦！

(2) 问题式。例：你最近忙吗？

3. 展开话题可以从下几方面出发

(1) 自己：可简单透露自己的感受或近况。例：我近来学习比较忙，常常要复习到深夜。

(2) 对方：从对方身上发掘话题，衣着、外表、首饰等都是题材。例：你这件外套真好看，是在哪里买的呢？

(3) 当时环境或流行话题。例：呀！最近天气凉了许多，真要穿件衣服……

(4) 有时简单、适当的话题便可把大家的关系拉近，如简单问候对方，例：你最近怎样呀？或赞美对方，例：孩子长得多可爱！

(5) 若我们不想多做交谈，也可以在倾谈中作出负面提示，如起身行开、眼向下望或四处张望、不会主动提问或提出任何新话题

不同的人可能会有不同的提示方式，以上未必绝对正确，唯有透过不断尝试才能加强甄别提示的能力。若发现真的不投契或言谈乏味，或对方对你没兴趣，则不宜勉强维持下去，但仍要有礼地离开。

5.2.2 维持话题技巧

话匣子打开了后，可以运用漫谈资料，自我提示共同兴趣来维持话题，也要适当地转换话题。

1. 漫谈资料法

所谓漫谈资料法，是指在回答问题时透露多点漫谈资料，使对方能发掘更多话题。否则谈话会变得枯燥无味。如：“我不是常在那里买东西的，只不过是有一次无意中看到而买的。”另外，我们亦小心留意对方透露的漫谈资料，以便发掘更多话题。如：“哦，原来你在西湖大道上班的，你做的是什么工作呀？”

2. 自我揭示法

自我揭示法即透露自己的资料，这种做法可以帮助对方更了解自己，并为对方提供谈话题材，作出平衡彼此谈话内容的作用。但注意自我提示需与对话内容有关，不宜多或太长，视对方反应而定。

内容可分三个层次。

(1) 与谈论话题有关的经验。

(2) 自己对讨论的事项的意见。

(3) 自己对分享事件中的感受。

例如：

明：东，你放假去了那里玩呀？

东：去了北京，玩了 14 天，很好玩呀。(个人感受)

明：我上次放假也去了北京玩，也觉得很好玩！你认为哪里最好玩？(个人经验及感受)

东：我觉得长城最好玩，不过处处都要收钱，真扫兴。(个人感受)

明：是啊！我亦有同感，我觉得现在北京变得很商业化，不像以前了。(个人意见)

3. 找出共同兴趣及话题

与人交谈时，可于漫谈之中，找出共同的兴趣及话题，有助维持话题。

例如：

红：我昨天去打了羽毛球，十分好玩。

利：我也喜欢打羽毛球，你通常在哪里打呢？

4. 转换话题

留意自己及对方是否对谈论中的话题已没有兴趣。用漫谈资料或如何展开话题的技巧开

展新的谈话内容。细心聆听，注意反应，留意自己及对方是否对谈论中的话题已没有兴趣。自己是否很努力继续这个谈话内容，或人家要停很久才有回应。如有需要可利用漫谈资料来转换话题。

例如："我听你刚才讲到……看来你都很喜欢运动……"多注意对方谈话中重要字眼，并将一些有关资料记下，适当时候有助于转换话题。亦可运用如何打开话匣的技巧重新展开话题。

5. 平衡彼此谈话的内容

无论以漫谈资料或自我提示法增加谈话的机会，仍需避免一方讲得太多或太少。一般情况下，较平均的参与会使双方的交谈较自然，除非对方演说你亦乐于聆听。

5.2.3 倾听和回应

在维持谈话时，如果能表示明白对方感受和说话背后的含意，对方更喜欢和你倾谈，及能够促进彼此了解，所以倾听及回应技巧亦十分重要。

1. 倾听技巧

(1) 集中注意力

不要魂游太虚，保持谈话的专注和聆听；也不用努力寻找话题，担心下一步要说些什么。我们只管细心倾听，掌握对方的说话内容、事件、意见等，因为当我们在努力寻找话题时便不能细心倾听，也就错过了一些重要的资料和字眼。

(2) 留意隐藏的说话

人与人之间的说话有时不很直接，有些资料是隐藏的，我们耳朵和脑筋都要齐齐活动，找出隐藏的说话。在漫谈资料中，留意对方说话时的内容及语气，可能会帮助了解对方感受或言外之意。

"我今天忙得要命，跑了大半天。"——这可能代表对方想坐下来和你谈话，也可能表示对方很累，不想和你交谈。这时便要留心他(她)的身体语言，必要时可直接提问。

(3) 在效记忆

在我们静心倾听之时，也可以把对方的一些重要字眼和资料记下来，之后便可作回应。

2. 回应技巧

在谈话时，如果能表达明白对方感受和说话背后的含意，对方更喜欢和你倾谈，及能够促进彼此了解。回应的方式有：简单总结对方的内容；讲出对方观点及感受。

5.2.4 结束话题技巧

1. 预备离开的信息

当谈话停顿得太久或双方感到想结束话题，就应该适时结束谈话。首先要发出预备离开的信息，例如："阿美，我也差不多时候要走啦，我要去买些东西。"

2. 提出再联络的表示

当你发出预备离开的信息后，通常可提出再联络的表示，例如："我再打电话给你，下次去购物呀！"亦可以直接表示："与你谈话很开心，下星期有时间再出来呀！"

如有需要，可简单总结内容。但一般的社交闲谈，这不大重要，过分着意反为不美，一两句话很足够。例如：“现在才知道大家都是话剧迷，改日一定找你再畅谈一番。”

5.3 职场说话禁忌

5.3.1 爱揭短

古话说：“成人之美，不送人之恶。”凡是成人之美的话，诸如激励人心、善意的忠告等都是受人欢迎和尊重的。反之，在与人谈话中，不但不成人之美，反而拆别人台，揭别人短，使对方的兴致成为泡影，或者你在其中成为损人利己的受益者，那就注定要遭人唾骂，成为千夫所指的“小人”。

案例 5-4

说话“刺”人的张挺

张挺在机关做文员，性格内向，不太爱说话。但她说出来的话总是很“刺”人，而且她的话总是在揭别人的“短儿”。

有回，一个同事穿了件新衣服，别人都称赞“漂亮”“合适”，可当人家问张挺感觉如何时，张挺直接回答说：“你身材太胖，不适合。”甚至还说：“这颜色你穿有点艳，根本不合适。”

这话一出口，便搞得当事人很生气，而且周围大赞衣服如何如何好的人也很尴尬。因为，张挺说的话有一部分是事实，比如说该同事就是比较臃肿。虽然有时张挺会为自己说出的话不招人喜欢而后悔，可很多时候，她照样说让人十分接受不了。久而久之，同事们把她排除在集体之外，很少就某件事去征求她的意见。

尽管这样，如果偶然有人需要听听她的意见，她还是管不住自己，又把别人最不爱听的话给说出来。现在在公司里几乎没有人主动搭理她。张挺自然明白大家不搭理她的原因。

(资料来源：李波. 职场十诫[M]. 北京：中国纺织出版社，2006)

5.3.2 瞎抱怨

由于职场上工作紧张，竞争激烈，抱怨是职场常态。但抱怨除了发泄之外，效果并不佳。换种表达方式会更有效。做一个开口笑的人，比做一个爱抱怨的人，在职场上更受欢迎。

案例 5-5

抱怨不是一种高效的沟通方式

13 年前，大学毕业的陈阳丽进了一家民营企业。当时的民营企业远不像现在这么正规，她每天忧心忡忡地抱怨：为什么公司连养老保险都没有？后来，她跳槽到一家国有企业，该有的保险都有了，她却有了新的牢骚：工资怎么这么低？再后来，她去了一家外企，成了当时别人羡慕的“白领”，但发现自己依然心存不满：每天忙不完的工作，还让不让我结婚生孩子了？

后来陈阳丽注意到她两个同事的情况：两个新人同时进的公司，一个整天抱怨这个抱怨那个，3 年后，工资没涨、岗位没动，还是那个牢骚满腹的“万人嫌”；而另一个男孩子，将牢骚烂在肚子里，认真干好每一件事，很快得到领导的关注，一年后便被升职提薪。

陈阳丽 13 年的职场生活，有 10 年是在牢骚中度过的。第 10 年，她终于意识到背地里的牢骚是没有用的，而当时她又非常想生孩子，于是她收起了抱怨，径直敲开了老板的办公室。鉴于她平日的工作业绩，老板告诉她，只要她怀孕，可以随时准假。

（资料来源：李波．职场十诫[M]．北京：中国纺织出版社，2006）

事实证明，积极有效的沟通方式永远比发牢骚要高明得多。即使要抱怨，也要注意方式、方法和场合。

5.3.3　说闲话、传流言

多数人都有爱说别人闲话的习惯，只要几人聚在一起，肯定就会东家长西家短地说个没完。说闲话当然用不着负责任，所以越说就越没边际。要是看到听自己说话的人多起来，那就更会得意非凡，捕风捉影地把很小的事说得活灵活现的。但是如果说闲话不当，容易使同事关系紧张，也不利于自己的形象。

案例 5–6

邓小姐的故事

邓小姐是一个性格十分开朗的女生，来到新单位没多久，就成了办公室里的“开心果”。一天她和同事下班回家，看见上司的车里坐了一个年轻漂亮的女孩。第二天邓小姐就在办公室大声公布了她的新发现。两天以后，上司把她叫到办公室，告诫她以后在上班时间少说与工作没有关系的事。邓小姐闷闷不乐地回到自己办公的地方，叫她伤心的是，没有一个人过来安慰她。

（资料来源：李波．职场十诫[M]．北京：中国纺织出版社，2006）

由于邓小姐传播的事情对于公司不利，对于同事之间关系也不利，所以她受到了冷遇。有一些人天生就爱嚼舌头，以谈论别人隐私为生活乐趣。听风就是雨，捕风捉影，无中生有，夸张加想象，没有根据地乱说，唯恐天下不乱。他们的造谣生事都另有目的，并不以此为乐。这类人也不一定就是居心叵测，但结果往往害人害己。在职场上，万不可“交浅言深”，以防他人散布传言，更不要“造言生事”。

5.3.4　直言直语

直言直语既是人性中一个可贵的特质，也是一种致命的弱点，因为喜欢直言直语的人常常只看到现象或表面，也只考虑到自己的“不吐不快”，而没有考虑旁人的立场、观念、性格和感受。所以，直言直语不论是对人或对事，都会让人受不了，于是人际关系就出现了阻碍，同事们都离你远远的，生怕一不小心被你的直言直语灼伤。

所以能不说就不说，要说就迂回地说，巧妙地说。

案例 5-7

张咏巧妙劝寇准

宋朝宰相寇准虽然有治国之才，但不愿学习。

张咏与寇准是相交很深的朋友，他一直想找个机会劝寇准多读些书。因为身为宰相，关系到天下的兴衰，理应学问更多些。

恰巧时隔不久，寇准因事来到陕西，刚刚卸任的张咏也从成都来到这里。老友相会，格外高兴。临分手时，寇准问张咏："何以教准？"

张咏对此早有所考虑，正想趁机劝寇准多读书。可是又一琢磨，寇准已是堂堂的宰相，居一人之下，万人之上，怎么好直截了当地说他没学问呢？张咏略微沉吟了一下，慢条斯理地说了一句："《霍光传》不可不读。"

当时，寇准弄不明白张咏说这话是什么意思，可是老友不愿就此多说一句，说完后就走了。

回到相府，寇准赶紧找出《汉书·霍光传》，他从头仔细阅读，当他读到"光不学无术，谋于大理"时，恍然大悟，自言自语地说："这大概就是张咏要对我说的话啊！"

5.3.5 把话说死说绝

明智的人在与同事交往过程中，从不会把话说死说绝，让自己没有回旋余地。人人都有自尊心和虚荣感，如果口不择言，当面撕破别人脸皮，容易因小失大。

5.3.6 有口无心

案例 5-8

有口无心得罪同事

戚戚是高材生，本科毕业直升硕士。毕业以后找到了一个不错的工作，薪水高，一去就是部门主管，于是他成了一位全新的青年才俊。总部对戚戚十分满意，半年下来，戚戚交到总部的工作计划和总结报告条理清楚、思路新颖，让总部觉得物有所值。可是，戚戚部门里的同事和戚戚的顶头上司对戚戚却颇有微词，说他太过自满。

例如，有一次午餐时，戚戚和小张一起去吃饭，席间说到上海的交通问题，在上海土生土长的戚戚顺口发表评论："上海这几年交通恶化实在是因为外地来的大学生太多，我认为应该好好严格户口制度，差不多的二三流大学的家伙就不要给他们机会了。"小张自己就是从浙江到上海来发展的，心里自然不爽，到公司里一说，一帮外地同事立刻觉得戚戚太过狂妄，遇上工作上的事情戚戚严格一点，就成了一种他要整治外地人的信号。其实戚戚有口无心，他自己的女友还是从西安来的呢，戚戚已经到了和她谈婚论嫁的地步。

戚戚说话大概是无心的，可是，别人却不一定爱听，也许戚戚没有恶意，但他却忽略了别人的自尊。职场上有些人能力很强但情商差一些，可工作是需要团队协作互相尊重的，否则会事倍功半，心力交瘁。

(资料来源：李波. 职场十诫[M]. 北京：中国纺织出版社，2006)

5.3.7 职业哑巴人

讲究语言艺术、不乱说话，不等于不说话，也不等于战战兢兢地说话。关键是要看场合、有分寸。但是因为怕说错而做职业“哑巴人”，则会和同事疏远，不利于沟通情感，开展工作。

5.3.8 演说家

企业一般不需要演说家，即使你要展示你的口才，也要注意：演说就像电视剧之间的广告，越短越受欢迎。

职场有些人，尤其是新人，急于表现自己，常常滔滔不绝，口若悬河。语言这个东西使说者有快感，表演起来容易令人成瘾，往往陶醉在当中就忘了自己在说些什么。但通过心理学研究，这样的行为背后恰恰掩饰着他的不自信或者过于自信。但企业毕竟是企业，是讲究实际效果的，不要通过说而要通过做，通过实际效果来证实自己的才气。

5.3.9 凡事喜欢争个明白

凡事都要争个是非的做法并不可取，有时还会带来不必要的麻烦或危害。例如，当你被别人误会或受到别人指责时，这时如果你偏要反复解释或还击，结果就有可能越描越黑，事情越闹越大。即使赢了，别人也会对你另眼相看。最好的解决方法是，不妨把心胸放宽一些，没有必要去理会。

案例 5-9

老虎与谎言：有些事情不用去证明

托比(Toby)去叙拉古(Syracuse)游学经过卡塔尼山时，遇到一只老虎。进城后，他说山上有一只老虎。可是没人相信他。最后，托比只好说，“你们不信，那我带你们去找。”

于是，柏拉图(Plato)的几个学生跟他上了山，但是费尽心机却连一根老虎毛都没有发现。托比对天发誓自己说的真话。同去的人说，“你还是不要说见到老虎了，否则人们会认为你是一个撒谎的人。”

在接下来的日子里，托比为了证明自己，逢人便说他没有撒谎，他确实见到了老虎。最后，人们敬而远之，并叫他疯子。

托比来游学，本是想成为一位有学问的人，现在却被认为是一个疯子和撒谎者。忍无可忍之下，托比买了一支猎枪来到卡塔尼山，要找到并打死那只老虎，让全城的人看看，他并没有说谎。可他一去不返。三天后，人们在山中发现一堆破碎的衣服和托比的一只脚。他是被一只重量至少在500磅左右的老虎吃掉的。托比在这座山上确实见到过一只老虎，他真的没有撒谎。

这个故事给予世人一种启示：世界上有许多不幸，都是在急于向别人证明自己正确的过程中发生的。那种急于去证明的人，其实是在寻找一只能把自己吃掉的老虎。

(资料来源：http://www.xiaogushi.com)

案例 5-10

张丹峰的生产报表

张丹峰刚刚从名校管理学硕士毕业，出任某大型企业的制造部经理。张丹峰一上任，就对制造部门进行改造。张丹峰发现生产现场的数据很难及时反馈上来，于是决定从生产报表开始改造。借鉴跨国公司的生产报表，张丹峰设计了一份非常完美的生产报表，从报表中可以看出生产中的任何一个细节。

每天早上，所有的生产数据都会及时地放在张丹峰的桌子上，张丹峰很高兴，认为他拿到了生产的第一手数据。没过几天，出现了一次大的品质事故，但报表上根本没有反映出来，张丹峰这才知道，报表上的数据都是随意写上去的。

为了这件事情，张丹峰多次开会强调认真填写报表的重要性，但每次开会，在开始几天可以起到一定的效果。但过不了几天又返回到原来的状态。张丹峰怎么也想不通。

后来，张丹峰将生产报表与业绩奖金挂钩，并要求干部经常检查，工人才知道认真填写报表。在沟通中，不要简单地认为所有人都和自己的认识、看法、高度是一致的。对待不同的人，要采取不同的模式，要用听得懂的"语言"与别人沟通。

5.4 非语言沟通及其技巧

5.4.1 非语言沟通及其分类

1. 非语言沟通的概念

非语言沟通是相对于语言沟通而言的，是指通过身体动作、体态、语气语调、空间距离等方式交流信息进行沟通的过程。在沟通中，信息的内容部分往往通过语言来表达，而非语言则作为提供解释内容的框架，来表达信息的相关部分。因此非语言沟通常被错误地认为是辅助性或支持性角色。

案例 5-11

听声查案

传说春秋时候郑国的著名大夫子产曾经破过这样一个疑案：有天清晨，他正坐车去上朝，经过一个村庄，听见远远传来一个妇女的哭丧声，他按住赶车人的手要他把车停下，仔细听了一会，就通知官府把那个哭丧的妇女抓来审问。那妇女很快就承认了亲手绞死丈夫的罪行。过了几天，那个赶车人问起子产怎么会知道那个妇女是罪犯的？子产回答说："人们对于他们所爱的亲人，亲人开始有病的时候就会感到忧愁，知道亲人临死的时候就会感到恐惧，亲人去世了就会感到哀伤。那个妇女在哭他已经死去的丈夫，可是她的哭声却让人感到不是哀伤而是恐惧，因此肯定是内心有鬼。"

当人们面对面沟通时，信息通过 3 种方式传递：语言(文字)传递占 7%，声音传递占 38%，表情及肢体动作传递占 55%。所以，人们不只是听你说的内容，更重要的是会感受你的表情和声音。

2. 非语言沟通的分类

非语言沟通主要包括标记语言、动作语言、物体语言等形式。

(1) 标记语言：聋哑人的手语、旗语；交警的指挥手势，裁判的手势，以及人们惯用的一些表意手势，如"OK"和表示胜利的"V"；基督教的十字架，伊斯兰教的新月，美元符号"$"，以及许多现代企业的标识。

(2) 动作语言：餐桌上的举止能反映一个人的修养；一位顾客在排队，他不停地把口袋里的硬币弄得叮当响，这清楚地表明他很着急；在柜台前，顾客将商品拿起又放下，显示出他拿不定主意。

(3) 物体语言：总把办公用品摆放得很整齐的人，办事干净利落、讲效率；穿衣追求质地，不盲目追求时尚，这样的人一定有品位、有档次。

非语言沟通的形式还有：目光接触，面部表情，手势，体态和肢体语言，身体接触，空间距离等。这些都是非语言沟通的重要形式。

5.4.2 非语言沟通的功能

1. 可以重复或加强有声语言传达的信息

当我们说“不”“是”“再见”的时候，会分别做出摇头、点头和摆手等动作，这样做对有声语言信息做了很好的补充。在表示友好的时候，温柔亲切的声音、温暖的目光或一些表示友好的身体接触，都可以作为沟通手段；在批评下属的时候，采用严肃的语气和严厉的表情，可以起到配合的作用。律师要求他的当事人去法庭时，不要穿华丽的套装而应穿朴素、宽松的外衣，以便在法庭上强调他(她)对其所受伤害的陈述。

2. 非语言信息具有调节的功能

非语言信息可以帮助调节沟通的方向和氛围，通过目光接触、身体位置、音调的调换等行为来控制语言交流的过程。当对方欲言又止的时候，可以用目光予以鼓励；当双方发生不愉快的时候，微笑和调侃可以使气氛缓和；当发现个别学生不注意听讲时，有经验的教师不是直呼其名批评他，损伤他的自尊心，分散其他学生的注意力，而是突然中断自己的讲课，用眼睛注视他一下，这样通常可使那个学生的注意力集中于讲课内容。

3. 非语言信息可以代替语言信息

很多时候，非语言信心可以表达比语言更强烈的信息。所谓“此时无声胜有声”就是这个道理。当一个人处于痛苦沮丧的时候，使用有声语言安慰会显得多余，有时只需要拍拍对方的肩膀，或者握住对方的手，就可以表达安慰之意。

5.4.3 学会“察言观色”

我们的面部表情，以及手势、腿、脚、躯干的姿势都属于体势语。所谓察言观色，其实就是能够正确地解读体态语。

1. 笑容

微笑是职场上常用的体态语，但是笑容有真笑、假笑之别。

真笑参与的脸部肌肉多，笑的时候伴随着眼睛的紧张，经常会产生鱼尾纹；而假笑做不到这点，只是嘴边的肌肉在动；真笑会显露出一点牙齿，假笑不会露出牙齿；真笑持续的时间只能保持 2～4 秒，超过 5 秒的笑容是假笑。

2. 眼神

沟通一定要学会使用眼神，因为它是肢体语言中最生动、最复杂、最微妙，也是最具有表现力的。眼睛要充满热情、真诚的信息。

(1) 要保证有稳定的目光接触。

接触时间应占谈话时间的 30%～60%，这是谈话的关键。超过则表示对于谈话内容非常感兴趣，不足则表示不感兴趣或者害羞。

(2) 看正确的地方。

要直视对方的脸、眼睛附近的“三角区”。但是对于不同身份的人，直视的范围是不同的。有一个口诀是：“生人看大三角、熟人看倒三角、不生不熟看小三角。”“大三角”是指以肩为底线、头顶为顶点的大三角形；“小三角”是以下巴为底线、额头为顶点的小三角形；“倒三角”是指面部的倒三角形，即双眼和鼻子三点形成的倒三角。

以对方眉心为顶角，两颧骨为底角所形成的三角形，被心理学家称为“焦点关注区”。与对方说话时，如果你的目光不断游离于这个“三角区”，将给人留下被强烈关注、自己成为焦点的感觉，这会让人对你好感倍增。相反，如果你死死地盯住对方的双眼看，反而会让他一开始就产生敌意。

斜视表示藐视对方；眨眼睛、眼神闪烁代表害羞、内疚或撒谎；视线向上意味着尊敬、敬畏、撒娇等。

(3) 瞳孔的放大和缩小。

一般来说，瞳孔放大传递正面信息，如爱、喜欢、兴奋等；瞳孔缩小传递负面信息，如戒备、愤怒等。

(4) 转眼球。

对方回答你的问题时，仔细看她眼球的转动，可以察觉到对方的内心活动。

①眼球转向“左上方”：思考记忆中“真实”的图像。

②眼球转向“右上方”：思考想象中“编造”的图像。

③眼球转向“左边”：思考记忆中“真实”的声音。

④眼球转向“右边”：思考想象中“编造”的声音。

⑤眼球转向“左下方”：思考自我对话，如讲话前的自言自语。

⑥眼球转向“右下方”：思考某种感觉或内心的感受，如感到自信或忧伤。

3. 面部表情

借助和利用面部表情可以更好地表达和传递自己的思想感情。例如，抿嘴表示意志坚定，撅嘴表示不满，眉头紧锁表示不赞成，扬起眉头表示怀疑等。

但是，同样的面部表情在不同的国家可能会有不同的含义。例如，在西方一些国家，眨眼是一种感兴趣的表示，而在中国一些地方，冲陌生人眨眼则是一种挑衅行为，冲女人眨眼更是不可为。如果不了解这些差异，就很可能会造成误解。

4. 手势

手势语的构成很复杂，可以从不同的角度划分。如果从手的部位来分类，主要包括手指语、手掌语、握手语和挥手语。如果按性质、意义和作用来分类，主要包括情意性手势语、指示性手势语、象形性手势语和象征性手势语。

在揭示人的内心活动方面，手势语极富表现力。双手相绞，显得人精神十分紧张；十指交叉，叠放在一起，常给人一种漫不经心的感觉；若叠放的位置很高，则表示一种对抗的情绪；摇手表示反对，拍手表示喜悦，用食指指着别人表示质问等。手势语在交谈中使用频率很高，要善于使用手势语，而且要会解读手势语。

手势语能弥补有声语言之不足，辅助表达，但前提是要同有声语言一致，而且还要同其他体态语和思想感情一致，否则只会适得其反，让人觉得装腔作势。另外还要学会纠正一些不良的手势。

案例 5-12

文化差异带来的误解

一个日本人问一个美国旅客，机场是否提供行李车服务。美国人想告诉他，机场不但提供行李车服务，而且还是免费提供！于是他用了人人皆知的表示“OK”的圆形手势作答。然而对那个日本人来说，这个手势表示“钱”，因此，日本人断定行李车服务收费昂贵。而这时，旁边一位突尼斯人看到了这一幕，认为美国人在对日本人暗示“他是一个卑鄙无耻的小偷”，让他小心点，否则杀死他。

(资料来源：http://www.baike.baidu.com)

5. 站姿、坐姿和走姿

不同的站姿、坐姿和走姿同样可以显示出一个人的性格特征，以及沟通时的心理状态。

站立时，胸部挺起，两脚站直，双手自然下垂，双目平视，表示精神振作；双手自然相交于背后，就更显得精神饱满；双手扣于裤线，代表全身肌肉紧张，显得拘谨和胆怯。

坐在沙发上或椅子的前沿，身子前倾，头微微倾斜，是对说话内容感兴趣的表现；背朝谈话对象的坐姿，是不屑理睬的表现。

步伐迟缓，表明心事重重；走路轻盈，是愉悦、自信和傲慢的表现。

思 考 题

1. 什么是语言沟通？什么是非语言沟通？各有什么作用？
2. 在职场上进行语言沟通应注意什么？
3. 如何训练自己的口头表达能力？
4. 怎样正确运用体态语？
5. 如何从对方的体态语中察觉对方的感受？

实 训 项 目

一、语言沟通能力测试

1. 是不是一旦见了陌生人或在人群中，就觉得好像无话可说？
2. 是不是很难找到一个大家都有兴趣的谈话题材？
3. 是不是常常无意中说些犯了别人禁忌的话？
4. 发觉自己的话使别人反感时，是不是只能发愁，不知如何是好？

5. 能不能把自己所要谈的问题，用各样不同的表达方式，以适应每一个不同的谈话对象？

6. 是不是在熟识的人面前，就有很多话说，而在陌生人面前，却连一句话也说不出来？

7. 是不是在遇见别人不同意自己的意见时，只会再三地重复自己已经说过的话？

8. 是不是喜欢和别人发生争执？

9. 是不是常常被人说自己很固执？

10. 对于比自己年纪大或是地位较高的人，有没有给予适当的尊敬？

11. 自己一向跟别人谈话的态度是否恰当？

12. 能不能根据别人的说话方式，调整自己的态度？

13. 自己的说话内容是不是不能引起别人发言？

14. 是不是自己的谈话，总是东一句西一句地没有条理，内容空洞？

15. 是不是能够很轻松自然地改变谈话的题材？

16. 是不是不知道应该在何时结束自己的谈话？

17. 是不是口齿不清？

18. 是不是说话的声调不悦耳？

19. 是不是常常忘记别人姓名？

20. 是不是常用一些不文雅的俗语？

(资料来源：李屹之. 实用口才全书[M]. 北京：新世界出版社，2007)

二、利用对方的资料找到话题

一个新员工在公司向大家自我介绍时这样说："各位朋友大家好！我姓陈，名叫孟达，很高兴有机会和大家认识。由于我刚从温州来到杭州，对于新环境还不是很熟悉，所以希望以后大家能多多帮忙。"

假如你是该公司老员工，请你从上述语言中找到下一步对话的话题。

三、从对方举止中解读含义

你认为沟通一方以以下动作说明什么问题。

(1) 偷看手表。

(2) 用手摸脖子后面。

(3) 往后靠。

(4) 身体向门口倾斜。

(5) 手指、笔敲击桌面，或在纸上乱涂乱画。

项目 6　赞美、妥协和道歉

知识目标

1. 掌握赞美的作用；
2. 掌握妥协的方法；
3. 掌握道歉的作用和方法。

能力目标

1. 掌握赞美的艺术；
2. 掌握妥协的技能；
3. 掌握道歉的艺术。

案例 6-1

六　尺　墙

清朝时，安徽桐城有个著名的家族，父子两代为相，权势显赫，这就是张家张英、张廷玉父子。康熙年间，张英在朝中任文华殿大学士、礼部尚书。

张英老家的亲人与邻居吴家在宅基的问题上发生了争执，因两家宅地都是祖上基业，时间又久远，对于宅界谁也不肯相让。双方将官司打到县衙，又因双方都是官位显赫的名门望族，县官也不敢轻易了断。于是张家人千里传书到京城求救。张英收书后批诗一首寄回老家，便是这首脍炙人口的打油诗。

千里来书只为墙，
让他三尺又何妨？
万里长城今犹在，
不见当年秦始皇。

家人阅罢，明白其中意思，主动让出三尺空地。吴家见状，深受感动，也出动让出三尺房基地，这样就形成了一个六尺的巷子。两家礼让之举和张家不仗势压人的做法被传为美谈。

【思考与讨论】这个典故，对于职场沟通有何启发？

6.1 赞美的艺术

6.1.1 赞美的概念和意义

1. 赞美的概念

赞美，是称赞、称誉的意思，它是发自内心地对于美好事物表示肯定的一种表达。赞美是现代交际必不可少的，真诚的赞美，可以使对方产生亲和心理。赞美别人是对别人的尊重和评价，是与对方搞好关系的润滑剂，它表达的是善心和好意，传达的是信任和好感。每个人都有可赞美之处。在人际交往中，学会适当巧妙地赞美别人，处理人际关系时才会游刃有余、得心应手。

与谄媚、恭维不同的是，赞美是实事求是、有根有据的，是真诚的、出自内心的，是为天下人所喜欢的。最好的赞美就是选择对方最心爱的东西、最引以为自豪的东西加以称赞。

2. 赞美的意义

真诚的赞美，于人于己都有重要意义。它不但会使被赞美者产生心理上的愉悦，还可以使你经常发现同事、客户的优点，从而使自己对人生持有乐观、欣赏的态度。

(1) 赞美是一种人格修养。

每个人都不可能做到十全十美，但是每个人都有自己独特的闪亮点。学会挖掘对方的优点，并且给予恰当的赞扬。懂得赞美别人是自己良好修养的表现。

(2) 赞美是一种美德。

在人的一生中，谁都不可能一帆风顺。当对方遇到挫折时，适当的赞美和鼓励，能给人以抚慰，易形成幸福安详、彼此激励的环境。

(3) 赞美是自己前进的基石。

赞美别人可以提高自己的生存能力、合作能力、发展能力，因为赞美别人是建立在发现的基础上，这也是一个学习的过程，别人的优点都尽收眼底。没有人不渴望优秀，当你向别人说出“你真棒”的时候，其实你已经在无形中为自己找到了一条通向成功的奋斗之路。

案例 6-2

新经理的赞美

明莉工作能力很强，但性格也过于好强，喜欢发号施令，经常看不惯工作思路慢的人。而且说话时，总是表露出对这类人的鄙视，因此，在公司内部人缘不太好。由于她工作思路清楚，方案能力较强，公司曾经决定让她负责起草规章制度，并发布执行，但后来发现由她推动的制度，即使制定得符合公司的实际情况，也总是遭到不少员工的抵触，不能得到很好的贯彻。公司认为这与她的工作方法有很大的关系，就把她调离了这一岗位。

这次工作调动让明莉大为不满，工作中与人配合的时候，就明显地“夹枪带棒”。公司无奈，决定辞退她。但这时，恰逢明莉的部门经理辞职，由于明莉对业务非常熟悉，公司领导担心辞退明莉，她的负面情绪与影响会造成其他同事的工作波动，新来的经理无法控制局面。但新经理表示自己能处理好目前的情况，请领导放心。

从明莉的角度来看，她隐隐觉得公司各方面对她的工作不满意。她也了解自己过于强势的工作风格，不利于工作的推进，但她总是无法控制自己。那些“笨同事”，就是做不出漂亮的活，她觉得自己工作干得特别多，太累了，还得不到认可。

据明莉的暗中观察，新经理业务能力不错，对人也还可亲，她很想和新经理处好关系，但她不愿意和其他同事一样，去和新经理套近乎。“拍马屁可不是我的风格”，明莉这么想。但明莉发现新经理很关注她，与她谈话时，对她所做的工作很认可；她发的邮件，新经理都会认真回复，并把她工作的亮点一一指出，加以表扬；在部门的例会上，她做了工作总结，新经理会专门把工作中出色的部分拿出来，作为案例，请部门其他同事学习。

新经理的做法，令明莉非常感动，她觉得自己从来没有得到这样的认可，于是，她的工作更认真了，当同事有问题请教她的时候，她也不会像以前那样，觉得是一种负担，反而会耐心地为同事讲解，同事们也不再怕她，而是更尊重她，公司从上至下的人，都发现了明莉的变化，并对新经理的工作方法非常赞赏。

新经理通过赞美与鼓励，得到了明莉这样的老员工的工作支持，部门工作有声有色，自然很快就融入公司，融入团队，成为公司的骨干，新经理与明莉做到了双赢。

(资料来源：http://home.abang.com)

6.1.2 赞美的技巧

1. 因人而异

不同的人要根据其具体特点，运用不同的赞扬语言。长相有美丑，能力有高低，年龄有长幼，要因人而异，突出对方的个性，独到的赞美更让人欢欣。

俗话说：“男人以事业为重。”因此，在称赞男士的时候应集中在他的工作能力成就上。对于年轻的男士，可以称赞其“将来一定前途无量”“你的能力太强了”等。如果是稍上年纪的男士，他们一般喜欢别人称赞他的努力过程、社会地位及个人成就等，可以说“不知道哪天我可以像您一样这么有成就”“能不能向您请教一下，您是怎样才有今天的成就的”等。

女士一般比较注重外在和细节方面的感觉。因此，要从对方的外貌出发，对于年轻的女士，可以夸她的长相、气质、品位等，如“你真漂亮”“你很有气质”等。而对稍上年纪的中年妇女，可以说“你真有品位”“你很显年轻”等。

【思考与讨论】

1. 对于老年人、年轻人的赞美，应该从哪些角度切入？
2. 应聘面试的时候，适度而自然地赞美对方单位或者老板有何作用？

2. 语气真诚

赞美他人要基于事实，发自内心。只有恰当的赞美，才会使对方开心；相反，不切实际、胡编乱造的赞美，不仅不会达到好的效果，反而会让对方觉得你油嘴滑舌，甚至是讥讽对方。例如，一位其貌不扬的女士，你见到她时，却说：“你真是太美了”，对方会觉得你是在讥讽她的长相，这样会刺激到她的自尊心，令她对你产生非常坏的印象；相反，如果你从她的内在修养出发，夸她有素质、有修养、举止得体、有气质等，她肯定会欣然接受，并对你的印象很好。所以，在日常交际中，一定要善于发现对方的优点，并且发自内心地赞扬对方，这样你和对方的关系会更加和谐。

3. 恰如其分

恰如其分、点到为止的赞美才是真正的赞美。使用过多的华丽辞藻，过度的恭维、空洞的吹捧，只会使对方感到不舒服，不自在，甚至难受、肉麻、厌恶，其结果是适得其反。假如你的一位同事歌唱得不错，你对他说："你唱歌真是全世界最动听的"，这样赞美的结果只能使双方都难堪，但若换个说法："你的歌唱得真不错，挺有韵味的"，你的同事一定很高兴，所以赞美之言不能滥用，赞美一旦过头变成吹捧，赞美者不但不会收获交际成功的微笑，反而要吞下被置于尴尬地位的苦果。古人说得好，过犹不及。

4. 借人之口

在一般人的观念中，"第三者"所说的话大多比较公正、实在。因此，聪明的赞美方式是以"第三者"的口吻来赞美，如此更能赢得被赞美者的好感和信任。

案例 6-3

俾斯麦化敌为友

德国历史上著名的"铁血宰相"奥托·冯·俾斯麦(Otto Von Bismarck)，当时为了拉拢一位敌视他的议员，便故意在别人面前赞美这位议员。俾斯麦知道，那些人听了自己对这位议员的赞美后，一定会将话传给他。果然不久，这位议员和俾斯麦成了不错的政治盟友。

(资料出处：鸿蒙. 每天学点关系学[M]. 北京：金城出版社，2010)

在现实中，如果上司经常对下属说一些勉励的话，可能还不能让下属产生太大的感触，但当下属有一天从第三者的口中听到上司对自己的赞赏，相信一定会深受感动，从而也会更加努力地工作，以报答上司对自己的"知遇"之恩。

多在第三者面前赞美你想赞美的人，是你与那个人融洽关系、增进交往的最有效方法。如果有位陌生的人对你讲："某某经常与我谈起你，说你是位了不起的人"，相信你的愉悦心情一定会油然而生。这也就是说，我们要想让对方感到愉悦，就应经常在第三个人面前赞美他，这种赞美要比一个魁梧的男人站在你的面前说"我是您忠实的崇拜者"，来得更让人舒坦。

5. 间接赞美

间接赞美就是从侧面赞美，赞美的对象不一定是对方本人，也可以是对方的家庭、工作等方面。男性服务人员面对女客户，为了避免误会与多心，不便直接赞美她。这时，可以赞美她的爱人及小孩，这比赞美她自己本人还要令她高兴。母亲对孩子怀有特别的爱，也希望别人能喜欢自己的孩子。关心和喜欢孩子，实际上就是对其父母的尊重。任何一个孩子总是有自己的优点和特色，可以在小孩身上动一点脑筋。这样做，一样能获得对方的好感。

6. 雪中送炭

俗话说："患难见真情。"最需要赞美的不是那些早已功成名就的人，而是那些因被埋没而产生自卑感或身处逆境的人。他们平时很难听一声赞美的话语，一旦被人当众真诚地赞美，便有可能振作精神，大展宏图。因此，最有实效的赞美不是"锦上添花"，而是"雪中送炭"。

7. 投其所好

对大多数人来说，最有兴趣的话题就是他自己，或者是自己最喜欢、最引以为豪的事情。如果你想在谈话中引起对方的注意、好感，就必须要谈他们感兴趣的话题。在他们感兴趣的问题上强化了共同感受，甚至有了知遇之感时，那么沟通和合作就水到渠成了。

沟通对象在谈到他们认为得意的事情时，往往希望得到热烈的回应。此时，不妨给予适当的赞美。好的赞美就是选择对方最心爱的东西、最引以为豪的事情加以称赞。

8. 虚心求教

人往往希望自己显得比别人有知识、有涵养，因此，虚心请教是一种高超的赞美方法。如果想与他们结识相交，采取谦虚求教法，让自己显得外行一些，是最有效的切入点。当一个人的爱好变为众所周知的长项时，你的赞美和恭维，对他来说会毫无感觉。但是，如果你虚心讨教，毕恭毕敬，他一定会耐心地向你传授其中的“秘诀”。

9. 大方得体

赞美要根据不同的对象，采用不同的赞美方式和口吻去适应对方。对年轻人，语气上可稍带夸张；对德高望重的长者，语气上应带有尊重；对思维机敏的人要直截了当；对有疑虑心理的人要尽量明示，把话说透。

6.1.3　训练赞美的步骤

1. 关注他人、欣赏他人

有些人无法赞美别人，最主要的原因就是太关注自己，太自私。因此，要想学会赞美，第一步就是要学会把注意力从自己身上转移到他人身上去，否则，你不可能发自内心地去赞美别人的优点，甚至你根本就发现不了别人的优点。

案例 6-4

“非我”疗法

李静在单位表现很出色，领导对她委以重任，让她兼管单位食堂账务。但她对财务管理不熟悉，工作起来很吃力，加之有的同事嫉妒，令她感到压力很大，让她的快乐打了折扣。男友得知她的处境后，让其做“非我”治疗。“非我”就是要求减少对自己的关注，从“局内”跳出来“旁观”自己的烦恼。此法分四步走：转移注意力、关心周围的人、多认识朋友、回避目前的压力。

（资料来源：叶舟. 一切从赞美开始[M]. 北京：北京理工大学出版社，2011）

没有欣赏，就没有发现；没有发现，就没有赞美。学会欣赏，是一个成功人士的习惯。学会欣赏一个人的执着，欣赏一个人的优点、缺点，欣赏一个人的文艺才能。一个不懂欣赏的人，绝对是一个不善于赞美他人的人。

2. 提高洞察力，判断对方的需求

人人都有自己的长处，都有自己的闪光点。要善于从对方身上捕捉可赞美之处。有些人对他人很少赞美，一个重要的原因就是他们看不到人家值得赞美的地方。其实，只要细心观察，就不难发现值得赞美的东西实在太多了。

3. 提炼对方的亮点

大多数人常以笼统的方法赞美别人，这样容易稀释赞美的功效。很多人在说别人优点时，常说外表和与工作无关的方面，如酒量很大、很会穿衣服，以及一些笼统的字眼，如心地善良、工作认真、活泼好动。

善于找到对方真正的闪光点。闪光点是对方独一无二的、无可比拟的优势，这样的赞美才能讲到别人心坎里面去。而且闪光点越是具体，效果越好！例如，你赞美对方很漂亮，就显得空洞。究竟漂亮在哪里？是眼睛还是身材？眼睛又是如何漂亮？越是具体感觉越是真实，效果也会越好。

生人看特征，熟人看变化。第一次见面，寻找对方最闪光的特征；第二次见面学会寻找对方的新变化，这样赞美对方表示你对对方的每一点改变都很关注、看得见，对方会非常感动。

逢物加价，遇人减岁。赞美对方物品时，适当地提高价钱，表示物超物值，听者会觉得自己有眼光没有吃亏，而如果一味地贬低对方物品，对方会觉得你不尊重他。对于成年人，适当地把对方讲得年轻一些，听者感觉自己显得年轻，会特别愉悦。

赞美对方最得意而别人却不以为然的事，让对方获得认同感非常重要。如果对方把你看成知音，表示你的赞美到家了。

4. 组织语言

1) 要精确组织语言

赞美要通过我们组织自己的语言，以一种自然而然的方式非常自然地表达出来。如果你用非常华丽的辞藻来说明一个生活和工作中经常遇到的事情，那么太过做作，别人对你的话的信任就会打一些折扣。

在组织表达赞美语言中不仅要讲究方法，而且也要讲究顺序。

一个孩子想不写作业就吃冰淇淋，打球。如果你是父母，你就应这样对孩子说：“我知道你是个好孩子。从小都能自己的事情自己做完，先把作业写了，再去吃冰淇淋，打球。”这种赞美就是合理地分配顺序。如果我们平时能这样来赞美鼓励自己，那么，我们一定能成为自我约束能力强的人。

2) 要使用刺激性语言

在赞扬别人时，不要使用模棱两可的表述，像“嗯，有点儿意思”“挺好”和“没那么糟”。含糊的赞扬往往比侮辱性的言辞还要糟糕。侮辱至少不会带有怜悯的味道。

一定要知道自己要赞扬什么，并准备好详细描述。有一次，一个同事对另一个同事上电视的表现赞不绝口。“你真是很棒，”他说，“真的、真的、真的很棒！”事实上，那次预订的电视采访已经取消了。

不要仅仅因为想不出其他可说的话而去赞美别人。一些人似乎认为，含糊其辞的赞美比沉默要好，其实不然。

5. 找准时机，表达及时

交际中认真把握时机，恰到好处的赞美，是十分重要的。一是当你发现对方有值得赞美的地方，就要善于及时、大胆地赞美，千万不要错过机会。二是在别人成功之时，送上一句赞语，就犹如锦上添花，其价值可“抵万金”，考了好成绩，评上先进，受到奖励，这时，人的心情格外舒畅，如果再能听到一句真诚的夸赞，其欣喜之情可想而知。赞美是有有效期的，过期作废。

案例 6–5

及时赞美

一次我去拉订单，书店老板不在。

过了一会儿，老板急匆匆过来了。

“不好意思，让你等了很久吧？”

“老板忙得这么开心，生意这么好呢。”

老板给我倒了一杯水。

“你对人真亲切，自己亲自倒茶，别的老板可做不到你这一点，难怪生意这么好。”老板很惬意地笑着。他的每一个动作、每一句话我都及时给了他赞美，自然会赢得他的开心与友善。

“来，什么书，让我看看。”他接过书抚摸了一下封面，才翻开。

“看到老板爱惜书的动作，真让我感动，你肯定爱读书吧？”

“是的。”

“像你这么读书，又爱惜书，对生活肯定特细心，对待别人也一定不只是亲切，而且肯定还很体贴啊！”

“哪里，哪里。”他的眼睛高兴得眯成了一条缝。

好像这一切像谈话一样，顺理成章。容不得他去想别的东西，他一直都沉浸在我与他愉快的谈话中。

(资料来源：叶舟. 一切从赞美开始[M]. 北京：北京理工大学出版社，2011)

当一个人正做着你希望他做的事情时，你给予了赞美与鼓励，那么他的行为肯定会得到强化。赞美一种有益行为的最佳时间，就是在那种行为正在发生的时候。

6. 采用适当的方式

赞美的方式包括语言、欢呼、握手、拥抱、掌声、击掌、鲜花、翘拇指等。

赞美不一定总用一些固定的词语，见人便说“好”。有时，投以赞许的目光、做一个夸奖的手势、送一个友好的微笑也能收到意想不到的效果。

赞美不一定局限于对个人，也可包括对他所从事的职业，所属的民族、籍贯、国家，以及他工作的单位、就读的学校。这种对群体的赞美，在现代的集体社交活动中，具有特殊的公共关系效果。

有的人不习惯于当面直接赞美别人，或不习惯于当面被直接赞美，恰如其分的间接赞美，其意义与效果并不亚于直接赞美。例如，“严师出高徒”“将门出虎子”“名厂无劣品”之类的说法，就道出了间接与直接的关系。直接赞美劳动成果，往往就是间接赞美生产、培植出这硕果的劳动者。

7. 真诚而热情地赞美

有些人也知道要去赞美别人，也很想去赞美别人，可就是不知道如何开口，话到嘴边，又期期艾艾，半天说不出来，有的时候即使说出来了，给别人感觉是像挤牙膏一样，半天才挤出来一点，说的人都觉得别扭，更不要说听的人了。要赞美一个人，一定要大声流畅地说出来，语调要真诚热情，要感染对方。

赞美也需要一颗真诚之心。赞美是每个人都渴望的。但赞美不等于阿谀奉承，不等于一味地说好话、动听的话。赞美必须是发自心灵深处的真诚称赞。真诚的赞美可以使人如沐春风，可以使人不断完善；而虚情假意的赞美则往往令人生厌、大倒胃口。

8. 大胆说出自己的感受

一个人赞美另一个人，就是为了让对方获得“自己很美好”的感觉。一个人的外表有美丑之分，能力有高低之别，这些都是难以求全的。但是一个人的心灵与其外貌、能力并没有什么必然的联系。明白这一点的人，会把赞美的目标转移到对方的心灵上。

在赞美中，我们一定要时时记起赞美的 3 个步骤，这样赞美才算到位了。一是说出对方的闪光点；二是说出这些闪光点给现状带来的影响；三是说出闪光点给人的感觉。

9. 持续赞美

很多人像一阵风似的对别人轰轰烈烈地赞美一番，过一会儿之后，便好像他没有说过似的。其实，赞美本身就是一种责任，有时需要你持续地监督、鼓励和引导。所以，在我们对对方赞美以后，还需要继续负责任，你要强调你的赞美在对方身上的证实，直到别人确信在朝着你赞美的方向行动才可以。

要告诉别人你很欣赏他们，佩服他们，羡慕他们，尊重他们，并且要经常说，这样就会在他们的大脑里形成固定的记忆，同时他也会在这种记忆中框定别人在你眼中的位置，形成更深的印象，这样，你在每个人的心中便有了牢固的位置。

你赞美一个人的某种思想、观念、行为，至少要在 3 个不同的时间、空间、人物上去进一步扩大它，追加它，这样你才会收到真正的效果。仅仅一句赞美，很快会被风吹逝。因为人是健忘的动物，是需要时时提醒的动物。赞美也需要年年赞、月月赞、日日赞。面对赞美，人人都是贪得无厌的。

6.2 妥协的艺术

在人际交往中，每个人都会遇到相异于自己的人。大至思想观念，为人处世之道，小至对某人、某事的看法与评论。这些程度不同的差异都会外化成人与人之间的争执与论辩。而立场和观点的不同，又可能产生冲突。那么怎样争辩才能免伤和气？发生冲突的时候，又如何进行化解呢？

6.2.1 辩论不伤和气的方法

如果你能够在辩论之前多投入一些思考，在辩论结尾搞好“善后”工作，就能使你在辩论这种特殊交际场合，既做到个人心情舒畅，探求了真理，又不伤人际和气。

1. 为争辩定下一个积极的格调

遇到不同意见，很多人的本能就是马上奋起辩驳。这样很多无意义的事情就发生了。所以在争辩前，先进行冷静思考：

① 如果你争赢了，它有什么意义？若是没有什么积极意义，大可不必争辩，一笑置之最妙。一定要选择有价值的问题进行辩论。

② 辩论是否出于虚荣心、表现欲望或面子上下不来？如果是，大可就此打住。

③ 对方是充满敌意的吗？他对你有深刻成见吗？如果是，那么在这种非理性的氛围中最好不要再火上浇油。

2. 使辩论成为一种愉快的、和平的思想交换

辩论是为了明是非，求真理。只要我们的辩论出自公心、就能采取积极的态度，使用积极、文明、恰当的论辩语言去参加辩论。

我们要做到观点正确，旗帜鲜明；把辩论置于科学基础之上。以理服人，让事实说话。辩论者要有高深的涵养；不搞诡辩，不揭隐私；不搞人身攻击；不把观点的敌对引申为人际的敌对；不靠嗓门压人，有理不在声高。

我们用真情、善意、美感与人辩论，就能做到晓之以理、动之以情。有位诗人说过，全是理智的心，好像一把全是锋刃的刀，让使用它的人满手流血。在争辩中，理是争的目的和取胜的保证。但如果你在论辩中既能做到以理制理，又能以情明理，你的辩论将会成为一种愉快的、和平的思想交流。

最好的辩论结局是："听君一席话，胜读十年书。""您让我心服口服。"真正是既争出了公理，又增进了人际和谐，达到了积极辩论的目的。

3. 掌握"解剑息仇"的妙方

在职场上，观点的对立极易产生人际间的隔阂。因此，学习辩论语言既要学会辩论技巧，更要懂得如何"解剑息仇"，这是在辩论这种特殊交际场合下，社交者做到言谈有"礼"的最高境界。

如果你败得其所，应该以坦诚的态度来表达自己在这场争辩中所受的教益，以此道出你人格的伟大。在心理上足以弥补因辩论失败所造成的遗憾。

如果你在辩论中胜局已定，便应拿出不杀降者的气魄来，一是主动打住话题，结束对立场面；二是巧妙地对为对方搭个台阶，让他在不失面子的前提下得以"平安下台"，胜负自是彼此心照不宣，何不抓住重归于和平的机会呢？

如果你辩论获胜，切不可为了一点点虚荣把旗帜挂在脸上。克制更是一种美德。争论结束后，给对方端一杯茶，笑言一句："瞧我们像孩子一样，这么认真！"或轻松自如地转一个话题。争论是一回事，人际交情又是一回事。人性都有很软弱的一面，易被击垮也易被扶起，你只要说一两句得体的话语，便可恢复一个刚刚失去的心理平衡，让他重返愉快平静，那又何乐而不为呢？

6.2.2 化解冲突的5种方法

案例6-6

谈判中的妥协

日本某公司向中国某公司购买电石。此时，是他们间交易的第五个年头，去年谈价时，日方压了中方30万美元/吨，今年又要压20美元/吨，即从410美元压到390美元/吨。据日方讲，他已拿到多家报价，有430美元/吨，有370美元/吨，也有390美元/吨。据中方了解，370美元/吨是个体户报的价，430美元/是生产能力较小的工厂供的货，供货厂的厂长与中方公司的代表共4人组成了谈判小组，由中方公司代表为主谈。谈判前，工厂厂长与中方公司代表达成了价格共同的意见，工厂可以以390美元/吨的价格成交，

因为工厂需要订单以维持连续生产。公司代表讲，对外不能说，价格水平我会掌握。公司代表又向其主管领导汇报，分析价格形势；主管领导认为价格不取最低，因为我们是大公司，讲质量，讲服务。谈判中可以灵活，但步子要小。若在400美元/吨以上拿下则可成交，拿不下时把价格定在405～410美元/吨，然后主管领导再出面谈。请工厂配合。

中力公司代表将此意见向工厂厂长转达，并达成共识和工厂厂长一起在谈判桌争取该条件。中方公司代表为主谈。经过交锋，价格仅降了10美元/吨，以400美元/吨的价格成交，比工厂厂长的成交价高了10美元/吨，工厂代表十分满意，日方也满意。

【思考与讨论】这个案例给我们的启示是什么？

无论何时，只要把两个以上的人凑到一起解决问题或做决策，即让他们协商，最终都可能难免发生冲突。冲突是不可避免的，即使最有诚意的人也免不了冲突。冲突处理不慎，就会造成冲突各方关系不和。所以不能听任冲突愈演愈烈，如果处理得当，就能化害为利。化解冲突有5种方法。

1. 退却/回避

这种策略需要人们对冲突置之不理，以期不了了之。奉行这一策略的人认为，冲突不过是一种毫无价值的惩罚行为。他们竭力置身事外，不闻不问，对卷入冲突的人员和相关工作漠不关心，一心只想别卷入漩涡就行。在发生以下情况时这种策略是上上策：冲突起因是琐碎事；冲突各方缺乏双赢协商技巧；冲突带来的潜在利害中得不偿失；没有足够时间解决冲突。该策略的不足之处在于只能暂缓人们直接的面对面冲突。

2. 安抚/迁就

执行这一策略的人更多的是关注人，而不是完成工作任务。他们努力平息或淡化冲突，只求皆大欢喜。他们认为公开的冲突具有破坏性。为了维持和平，必要时可以屈从别人的意愿。

此策略适用于：不及痛痒的问题；关系的损害会伤及冲突各方的利益；有必要暂且缓冲冲突以便取得更多信息；冲突双方情绪太过激动，无法取得进展。这种做法的缺陷在于，它只是权宜之计，如杯水车薪一样无济于事。

3. 妥协

妥协者认为，人人应当有平等的机会发表意见。他们通常会努力找出大家都接受的方案，如利用投票方式避免直接冲突。他们认为，重要的不是高质量的解决方案，而是人人都能接受的方案。

何时该做妥协？如果妥协能使双方都获益；无须理想的解决方案；只想为复杂的问题找个暂时的解决方案；双方力量旗鼓相当。

这种策略的问题在于：大家都有所损失。你不可能通过妥协达成最佳解决方案。

4. 硬逼/决战

喜欢采用硬逼或决战式解决方案的人认为，达到自己的目的比关心人更重要。他们认为，采取强硬手段争取自己想要的东西没有什么不妥。在他们眼中，冲突就是要一决胜负，就是要让对手输给自己。除非有高于他们的仲裁力量，否则，他们不会服从仲裁。

这种处理手法适合以下情形：需要迅速行动和当机立断；冲突各方都强调实力和强硬；

冲突双方均认可强权关系。

采用这一策略的弊端是，冲突的真正起因得不到解决，所以任何解决方案都是暂时的。另外，还须考虑输家的情感。他们一有时机就会报复。

5. 解难/协作

信奉这种做法的人对人和效果同样重视。他们认为，只要开诚布公地予以处理，产生冲突也有好处。因此，开诚布公的沟通是其主要特点。在解决问题时，他们努力寻求群体共识，而且也愿意为此耗时费力。

在以下情形运用这种策略较为有效：卷入冲突的每个人都受过解决问题的技巧培训；冲突双方有共同目标；冲突的原因是双方缺乏交流或仅仅是因为有误解。

这种策略的缺点是，对价值观不同或目标各异的人不灵。比方说，某人执意采取强硬手段来解决问题，你只能慢慢引导对方寻求解决方案。也有可能，你只能改变策略。另外一个缺点是很耗费时间。如果全体人员或当时的情形要求快速决断，你就只能采用强逼的策略了。

6.3 道歉的艺术

道歉是为不适当或有危害的言行承认错误的主要方式，承认使人委屈或对人无礼，同时表示遗憾，它以礼节或者行动征得对方的理解和原谅。大多数人都曾受到这样的谆谆告诫：犯了错误就要道歉；方式可以不拘一格，但只要表示出了歉意，多数矛盾便可得到化解。然而，要想做出正确的道歉，尤其是在商业社会，可不像说一句“对不起”那么简单了。

职场道歉是一门学问，好的道歉能及时化解矛盾、冰释前嫌，营造良好的工作氛围，所以它是每位职场人士的必修课。

6.3.1 道歉的作用

许多职场人士，在工作中出现了错误，没能正确认识到道歉的重要性、大胆地表达歉意，往往带来了不必要的矛盾和麻烦。犯了错误，很多人都是难于说出口，或是沉默不语，或是一味掩盖，甚至抵赖不认账。

道歉其实并不难，它是一种承认错误、表示对过失的忏悔以及愿意承担责任的行为。与其等别人提出批评、指责，还不如主动认错、道歉，更易于获得谅解和宽恕。凡是坚信自己一贯正确，发生争端总是武断地指责对方大错特错，从不认错、道歉的人，根本交不到朋友，或难以在职场中有较好的人际关系。甚至，有些职场新人有错就千方百计抵赖，谩骂敢于提醒他注意的人，这是不理智的行为，非但不能化解矛盾，还会失去同事和领导的好感。

道歉如果得当，对个人名誉和人际关系均有促进作用。但如果方式欠妥，反而会错上加错，有时甚至会造成不堪设想的严重后果。

案例 6-7

拒绝道歉的恶果

在某公司的一次会议上，一位年资较浅的副总裁对管理团队中一位高级总裁提出了反对意见而且固执己见，引起这位总裁的强烈不满。这位高级总裁于是当着团队其他人的面对副总裁进行了攻击，对她冷嘲热讽，指责她智商有问题，批评她在公司遇到困难时动摇决心等。当团队的其他成员向他指出应该为此道歉时，他却不予理睬，说："她不高兴我很遗憾，可我并没有错。她应该学会如何承受压力。"结果，事态更加恶化。

(资料来源：http://www.chinahr.com/index.htm)

道歉之所以重要，有两个原因。首先，它可以修补关系。当双方的关系因其中一方的冒犯而产生裂痕时，道歉可以弥合这种裂痕。其次，道歉还可以挽回冒犯者的威信。但凡发生冒犯的事情，总会有人(不光是受害者，还有所有知情人)对冒犯者产生担忧和疑虑，甚至会怀疑他的人品。而有效的道歉会使人们相信冒犯者已经意识到这是一种无礼行为，它不太可能再发生了。

当一个人因冒犯他人而倍感尴尬并担心会失去颜面时，往往会这样避重就轻、闪烁其词。实际上，道歉并不表示你的软弱，也不等于你就退缩了。相反，道歉是挽救名誉的一剂特效药。

然而，公司和个人都经常会错失道歉所能带来的种种好处。

案例 6-8

不着边际的道歉

NSTAR是美国新英格兰州的一家公共事业公司。它承认曾经在客户不知情的情况下，把将近 24 000 家的用电客户的服务级别改为"默认"级，而选择这一级别的客户需额外付出很多费用。该公司向客户轻描淡写地表示："如有不便，谨表歉意。"

但是，NSTAR的客户和公众真正关心的难道只是"不便"吗？当然不是。消息一经证实，客户和公众想到的是含糊其辞的空话和毫无诚信可言的欺骗，NSTAR的信誉一落千丈。该公司这种不着边际的道歉只能使它在公众心目中的地位更加低下。

(资料来源：http://www.chinahr.com/index.htm)

解怨释嫌、修好关系不仅对个人是件理所当然的事，对公司企业也是非常有意义的。可为什么有那么多的人、那么多的机构在这方面栽了跟头呢？

首先，大多数人觉得犯了错误是件令人尴尬的事情，而一旦身处窘境，人们会否认事实并且尽量大事化小。NSTAR 公司便是如此。

另一种情况是，冒犯者会尽量把责任推到受害者身上，正像案例 6-7 中那位高级总裁对资历较浅的副总裁所做的那样。

有时候即使是做了道歉，对方也很难感觉到，因为道歉一方所表现出的尴尬或愤怒已经使这种道歉变了味、走了形。这可能会造成不可收拾的后果。信誉一旦丧失，挽回可就难了。

6.3.2 职场道歉的技巧

什么才是好的、行之有效的道歉呢？一般情况下，职场道歉主要涉及 3 个因素：承认犯了错误或冒犯了对方、为此表示悔恨、承担相应的责任。我们的道歉可以包括这三大要素，当然真诚有效的道歉也不必面面俱到，这完全要视具体情况而定。

许多职场中人很难正确区分认错、悔恨和承担责任的差异，在道歉时往往不知所措，感到痛苦而艰难。其实，道歉时遵循五大原则，从中学习和体会如何用心的道歉，就能变不利为有利，为你的职场表现加分，更为未来的职场路赢得良好的信誉。

1. 道歉用词要讲究

犯了错误，要及时说出口。同时，还要注意道歉的用词要清晰明了，争取做到准确无误，不能带有挑衅成分，否则就会适得其反。道歉用词做得好，受害方就会觉得:“是的，他知错了。”受害者往往希望看到的是你勇于承担责任的态度和对错误的警觉，他要知道类似的事情不会再发生，面对真诚的、实心的道歉，也就不会再一味纠缠了。

2. 不要为无关痛痒的事情道歉

在职场中，很多人和单位都喜欢投机取巧，为他们认为容易得到别人原谅的事情道歉，往往这些事情都是无关痛痒的。但是，如果冒犯一方道歉的事由与受害一方所认为的错误风马牛不相及时，那么道歉反而会使问题更加复杂。往好了说，人们会觉得冒犯者对问题本身仍是两眼一抹黑；往坏了说，别人会认为你是在故意歪曲事实。这就使得受害方旧伤未愈、又添新痛。所以，在道歉之前，弄清楚错误的根源很重要，事事都道歉，就很难得到别人的谅解。

3. 选择恰当的道歉方式

道歉的方式可以形式多样，不拘一格。不过，我们要看是从职位对职位的角度去进行道歉方便，还是从个人对个人的角度更好。

通常，因为工作原因犯了错误，致使同事很气愤，可能从相应的工作或职位角度去设计如何进行道歉会更容易一些。例如，公司经理对下属的行为不满意，怒气难消，不可能从个人角度做出诚恳的道歉，但你完全可以从高级管理者对下级同事的角度向他道歉，如“我们俩都是在为一家优秀的公司工作。作为你的同事，对于我们个人之间的不同观点，我应该有更加宽容的心态。对不起，那天我说话太粗暴了。”如此这般道歉，即便双方怒气未消，也多半会产生好的效果。

而由于个人原因犯了错误，个人对个人的道歉做起来会比较容易。不过要选择对你来说比较容易做好的方式进行道歉。这样，就不会使道歉看起来别别扭扭、极不情愿而丝毫不起作用。一封邮件可以解释一切；一束鲜花可使前嫌冰释；把一件小礼物放在对方的办公桌上，可以表明悔意；大家不交谈，触摸也可传情达意，这就是所谓的“此时无声胜有声”。只要肯用心，你的道歉就一定会收到良好的效果。

4. 不要总抱有悔恨情绪

错误发生了，很多人总是深深地愧疚，抱有悔恨情绪。而没有将自己的悔恨传达出去，让另一方知道。想着如何表达只是单方面的事，就算你从心窝里掏出忏悔，那也只是取决于你自己；而沟通交流是人与人之间的事。所以，最好的办法是把精力放在你的对象身上，以及道歉的三大要素上，即认错、悔恨和担当责任。这样你就不会令对方感到你是在为自己辩护，而所做的道歉也就更容易被接受了。

5. 行动胜于一切

要记住，“我想道歉”不是真正的道歉，这就好比“我想减肥”不等于真的在减肥一样。要有实际行动。要做出明确无误、直截了当的道歉。不要遮遮掩掩、拐弯抹角或搬出陈词滥调。

道歉是否被接受，你可能无法控制，但是道歉是否做得好，你是完全可以控制的。要下最大功夫去控制你所能把握的。这样，你就更有可能为所做的道歉心安理得，而不是为必须要道歉而耿耿于怀。

6. 道歉并非万能

不该向别人道歉的时候，就千万不要向对方道歉。否则对方不一定会领我方的情，搞不好还会因此得寸进尺，为难我方。即使有必要向他人道歉，也要切记，更重要的是要使自己此后的所作所为有所改进，不要言行不一，依然故我。让道歉仅仅流于形式，只能证明自己待人缺乏诚意。

6.3.3 向客户道歉的技巧

1. 主动承认自己的错误

犯错误不要紧，要紧的是犯错误后的态度和改变。有些人明明知道自己错了，却还是要硬着头皮不认账，甚至还要为自己争辩，致使矛盾得不到解决，彼此的隔阂不能消除，互相之间的交往是谈不上了，还让人觉得此人蛮不讲理，像个无赖之徒。

有道是“知错就改，善莫大焉”，人不怕犯错误，却怕不承认过失，明知故犯。在人际交往中，倘若自己的言行有失礼不当之处，或是打扰、麻烦甚至自己的某些行为言语妨碍了别人，最聪明的方法，就是及时向对方道歉。

案例 6–9

费丁南·华伦主动认错

商业艺术家费丁南·华伦曾采用主动承认自己错误的技巧，赢得了一位暴躁易怒的艺术品主顾的好印象。

精确、一丝不苟是绘制商业广告和出版物的最重要品质。有些艺术编辑要求他们所交代的任务立刻实现。在这种情形下，难免会发生一些小错误。

华伦先生知道，某一位艺术组长总喜欢从鸡蛋里挑骨头。华伦离开他的办公室时，总觉得倒足胃口，不是因为他的批评，而是因为他攻击华伦的方法。

最近，华伦交了一篇稿件给这位艺术组长。艺术组长打电话给华伦，要华伦立刻到他办公室去，他说是出了问题。

当华伦到办公室之后，正如他所料　麻烦来了。艺术组长满怀敌意，似乎很高兴有了挑剔华伦的机会。他恶意地责备了华伦一大堆……

华伦没有解释和为自己开脱，却诚恳地说：“××先生，如果你的话不错，我的失误一定不可原谅，我为你画稿这么多年，实在该知道怎么画才对。我觉得惭愧。”

不料艺术组长却立刻开始为华伦辩护起来：“是的，你的话并没有错，不过毕竟这不是一个严重的错误。只是……”

华伦打断了他，说：“任何错误代价可能都很大，叫人不舒服。”

艺术组长试图插嘴，但华伦不让他插嘴，继续说道：“我应该更小心一点才对。你给我的工作很多，照理应该使你满意，因此我打算重新再来。”

“不！不！”艺术组长立即反对起来，“我不想那样麻烦你。”接着，他赞扬华伦的作品，告诉他只需要稍微修改一点就行了，又说：“一点小错误不会花他公司多少钱；毕竟，这只是小节，不值得担心……”

华伦急切地批评自己，使艺术组长怒气全消。结果他邀华伦同进午餐，分手之前他给了华伦一张支票，又交代华伦另一项工作。

(资料来源：张铁成. 你是能说会道的人全集[M]. 北京：新世界出版社，2008)

2. 使自己的语言贴近对方的心理

在向客户道歉时，一定要注意使自己的语言贴近对方的心理，尽可能消除由于心理障碍造成的隔阂。因为人们对任何事物的接受，首先表现在心理上接受，因此把话说到人的心里，事情才好办。

案例 6-10

使自己的语言贴近对方的心理

一位消费者怒气冲冲地拿着一双有质量问题的皮鞋来到商场。正值鞋厂营销人员到商场了解鞋的销售情况，他听完这位消费者的申诉后，马上说了一句："这样的鞋我买了也会气成你这样。"这句话使那位消费者火气消了一半，由先前坚持退货到后来答应换一双。

(资料来源：张铁成. 你是能说会道的人全集[M]. 北京：新世界出版社，2008)

3. 替下属说"对不起"

案例 6-11

老板的道歉

一位客户向商店老板戴尔投诉，某位售货员十分无礼，毫无责任感，请他给个公道。戴尔立刻替下属道歉："对不起，她平时的表现不是这样，这两天心情不太好。保证以后不再有同样的事情发生。请多多包涵。"客户见老板这么客气，就消了气，下属也对老板十分感激。

(资料来源：张铁成. 你是能说会道的人全集[M]. 北京：新世界出版社，2008)

4. 用"高帽"封住对方的嘴

案例 6-12

理发师的炫耀

古时候，有位理发师给宰相理发，修面修到一半时，停下刮刀直眼注视着宰相的肚皮。宰相见此，心中纳闷，问道："你看我肚皮干什么？"理发师说："人说宰相肚里能撑船，我看大人的肚皮并不大，怎么能撑船呢？"宰相一听，哈哈大笑："那是说宰相的气量大，对一些小事从不计较。"理发师听到这话，"扑通"一下跪下："小人该死，方才修面时不小心把您的眉毛刮掉了。大人您的气量大，还请恕罪。"宰相一听，尽管很生气，也只得装作大度的样子，说道："算了，拿笔来，把眉毛画上吧。"

(资料来源：张铁成. 你是能说会道的人全集[M]. 北京：新世界出版社，2008)

5. 幽默地化解别人的不满

在工作中善于运用幽默技巧的人，总能保持一个良好的心态。幽默能使人在困难面前表现得更为乐观、豁达。幽默可以消除工作上带来的紧张和焦虑。

如果在交往中逐步掌握了幽默技巧，就能巧妙地应付各种尴尬的局面，很好地调节职场上的关系，使工作充满欢乐。适当的幽默感是不会刺伤任何人的，他不但给人快乐和喜悦，还可以化解尴尬的场面，消除相互间的不满。

幽默也可以提高竞争力，可以创造机遇，可以换来财富。

案例 6–13

列车长的幽默

一个冬晨，郊区开来的火车到站时又晚了 25 分钟，一位常遇见这种情形的旅客问列车长，这次又是什么缘故。

列车长说道："碰到下雪，火车总难免误点的。"

"可是今天并没有下雪啊。"旅客说。

"不错，"列车长说道："可是，根据天气预报今天下雪。"

虽然列车长并未回答旅客的问题，但听了列车长幽默的话，旅客再也生不起气来了。

(资料来源：张铁成. 你是能说会道的人全集[M]. 北京：新世界出版社，2008)

6. 对没有买你东西的客户表示歉意

如果你是一个商店的小老板，客户东翻西摸，几乎整个店的货都翻出来了。结果客户非但不买，而且还冷言冷语，批评这个，批评那个。如果这时你能够笑着说："对不起，实在很抱歉，没有什么货让您挑选。刚学做生意嘛，请多照顾，希望下次您再光顾的时候能有好一点的货让您满意……请慢走。"在多数情况下，你就会赢得一位忠实的客户。

思　考　题

1. 在职场上，赞美、妥协和道歉起着怎样的作用？
2. 赞美和谄媚的区别在什么地方？
3. 道歉需要注意哪些事项？
4. 赞美、妥协和道歉分别有哪些形式，怎样的赞美和道歉才是有效的？

实　训　项　目

一、优点轰炸法

团体围坐，一人坐在中间，让其他人的眼睛看着被赞美的那人，尽量用具体的经验和实例，直接告诉他"你有什么优点"。

把别人的优点列举出来，也可以照着对自己做，每天早上开始记录自己的优点，不记缺点。一天下来你会发现自己的很多优点，慢慢开始欣赏自己，增加信心。了解自己的优点后，将自己的优点表现出来，别人自然会注意你的优点，你也就在不知不觉中引导别人欣赏你的优点了。

学会寻找赞美点。只有找到对方贴切的闪光的赞美点，才能使赞美显得真诚而不虚伪。寻找赞美点的方法如下。

(1) 外在的、具体的。例如，衣服打扮(穿着、领带、手表、眼镜、鞋子等)、头发、身体、皮肤、眼睛、眉毛等。外在的具体的也可以称为硬件。

(2) 内在的、抽象的。例如，品格、作风、气质、学历、经验、气量、心胸、兴趣爱好、特长、擅长做的事情、处理问题的能力等。内在的抽象的可以称为软件。

(3) 间接的、关联的。例如，籍贯、工作单位、邻居、朋友、职业、用的物品、养的宠物、下级员工、有亲戚关系的人等。这一种可以称为“附件”。附件具有间接赞美的作用。

二、练习赞美

提示：

(1) 赞美一位男性，可从以下几个方面着手：发型、额头、鼻子、西装、马甲、衬衫、领带、领带夹、气质、工作、事业、妻子、孩子、车子、房子、爱心、孝心等。

(2) 赞美一位女性，则可从以下几个方面着手：发型、脸形、肤质、眼睛、眉形、身材、鼻子、嘴唇、脖子、项链、项链坠、皮包、衣服、鞋子、气质、先生、孩子、工作等。

(3) 赞美普通人，可从以下描述中寻找：魅力、飘逸、飞扬、风情、迷人、味道、纯真、清凉、温柔、时尚、冷酷、帅气、热辣、性感、有质感、柔软、风行、垂坠感、优雅、曲线、职业、闲情、柔情、激情、品位、与众不同、丰满、轻盈、个性、专业、华丽、高贵、欢快、浪漫、经典、细腻、艺术、朝气、奔放、大气、粗犷、古典。

项目 7　说服、求助和拒绝

知识目标

1. 理解说服的含义及重要性；
2. 理解求助的重要性；
3. 理解拒绝的重要性。

能力目标

1. 掌握说服的技能；
2. 掌握求助的技能；
3. 掌握拒绝的技能。

说服、求助和拒绝，是职场沟通中的几项基本技能。当你与同事、上级、下属或客户等人之间意见不一的时候，你必须具备说服他人的技能；在事业上不能总是孤军奋战，有人帮助可以让你如虎添翼，这时你必须具备求助的本领；别人委托的事情，不可不分轻重缓急，一律予以答应，这时你必须具备拒绝的能力。

7.1　说服的技巧

说服力，是一项重要的沟通能力。在职场中需求说服的对象有很多，如果你想让你的上司采纳你的建议，如果你想让你的下属服从你的安排，如果你想让你的朋友接受你的观点，如果你想让你的对手转变对你的态度，如果你想让顾客购买你的商品，如果你想让别人投资你的项目，如果你想让用人单位录用你，都需要运用说服技巧。所以说服在职场沟通中无所不在，用途极其广泛。

说服的出发点，并不是把自己的观点等同于真理，而把对方或不同的观点等同于谬误。“横看成岭侧成峰，远近高低各不同”，同样一座山峰，体现出不同的景色，是因为欣赏的角度不同；同样地，同一问题，大家的立场不同，自然会产生不同的观点。说服是“邀请”对方与自己站在同一角度看问题的艺术和技巧。说服，是指好好地向对方说理，使之接受，试图使对方的态度、行为朝特定方向改变的一种影响意图的沟通。

7.1.1　从《触龙说赵太后》看说服技巧

案例 7-1

触龙说赵太后

战国时期，赵太后刚刚执政，秦国就加紧进攻赵国。赵太后向盟友齐国求救。齐国要求用赵太后最宠爱的小儿子长安君作人质，援兵才能派出。赵太后不答应，大臣们极力劝谏。太后明白地告诉身边的近臣说："有再说让长安君去作人质的人，我一定朝他脸上吐唾沫！"

形势危急，左师触龙说希望去见太后。太后气势汹汹地等着他。触龙缓慢的小步快跑，到了太后面前向太后道歉说："我的脚有毛病，连快跑都不能，很久没来看您了。私下里我自己宽恕自己，又总担心太后的贵体有什么不舒适，所以想来看望您。"太后说："我全靠坐车走动。"触龙问："您每天的饮食该不会减少吧？"太后说："吃点稀粥罢了。"触龙说："我现在特别不想吃东西，自己却勉强走走，每天走上三四里，就慢慢地稍微增加点食欲，身上也比较舒适了。"太后说："这我就做不到了。"太后的怒色稍微消解了些。

左师说："老臣有个儿子叫舒祺，排行最小，不成才，但老臣很喜欢他，老臣想请求您让他当一名侍卫，也算为国家出些力。"太后说："可以。年龄多大了？"触龙说："十五岁了。虽然还小，希望趁我还没入土就托付给您。"太后说："你们男人也疼爱小儿子吗？"触龙说："比妇女还厉害。"太后笑着说："妇女更厉害。"触龙回答说："我私下认为，您疼爱燕后就超过了疼爱长安君。"太后说："您错了！不像疼爱长安君那样厉害。"左师公说："父母疼爱儿女，总是替他们做长远的打算。当年你送燕后远嫁外地，她也哭个不停，不愿意远离家乡；出嫁后，您非常想念她，但每次祭祀时总是祈祷她不要回国，好好当她的王后。这不是替她做长远打算，让她的子孙世代继承王位吗？"太后说："是这样。"

左师公说："您想过没有，三代以前，甚至赵国的开国重臣，现在子还封侯的还有吗？"赵太后说："没有。"触龙说："是那些封侯的人的子孙都不好吗，没有能力吗？不是的。关键是他们没有功劳。没有功绩却享受很高的俸禄，有很高的地位，时间长了就难服众啦。现在你宠爱长安君，可以提高他的地位，赐予他土地与财宝，可你不让他为国立功，您百年之后，长安君凭什么服众呢？所以我认为您没有替长安君长远打算，说您对他的爱不如对燕后的爱。"太后说："好吧，任凭您指派他吧。" 于是长安君到齐国去作人质，齐国才出兵退敌。赵国转危为安。

《触龙说赵太后》是中国一个脍炙人口的历史故事，也是一个经典的说服沟通的案例。它充分体现了中华民族先贤们的智慧。透过这个案例的仔细剖析，我们可以学习到许多说服沟通的技巧。

1. 营造良好的沟通气氛

卡耐基曾经说过：想说服别人的时候，不要以讨论异议作为开始，要以强调双方所同意的事情作为开始。如果沟通双方彼此意见不同，稍有不慎，就可能陷入尴尬的对立情绪中，不利于顺利地说服对方。所以高明的说服，应该从营造良好的沟通气氛开始，在缓和愉快的气氛中展开，在融洽的气氛中结束，这对双方来说，都达到了目的。

在本案例中，在剑拔弩张的情况下，触龙如果开门见山从正面去讲道理，则不但将无济于事，反而会自取其辱。所以触龙一开始，就非常重视营造良好的沟通气氛。

在争取到面见太后机会后，触龙先用缓冲法关切地询问太后的起居饮食，并絮絮叨叨地与她谈论养生之道，使本来“气势汹汹”、戒备心极强的太后“怒色稍微消解了些”。这样，就从感情上消除了太后的逆反心理和敌对情绪，为进谏的成功拆除了第一道屏障。

营造良好气氛的方法很多，除了本案例中的以同理心关心对方外，还可以采用赞美、寒暄、回顾过去的成功合作等方法，铺垫出一个融洽的气氛。

2. 了解对方的需求

要说服对方，很重要一点就是了解对方的需求，了解对方的关切对象。本案例中，太后最关切的是自己宠爱的长安君的安危，所以拒绝了大臣们要求让长安君去当人质的提议。

触龙用引诱法恳切地为自己的幼子舒祺请托，以期让太后产生共鸣，从而引出她的心事。果然很快就勾起了太后的爱子之情。在她看来，触龙简直可以算得上是同病相怜的“知己”了。她不仅“笑着说”了，而且饶有趣味地与触龙争论谁更疼爱幼子的问题，开始毫不掩饰地向触龙袒露心迹了。这就为下一步谈论怎样才是“真正爱子”的话题奠定了基础。

3. 站在对方的角度分析利弊

触龙抓住契机，用旁敲侧击的激将法说太后疼爱燕后胜过长安君。这一招果然奏效，立即引发了太后的反驳，触龙终于得到了他最想要太后说的一句话(您错了！不像疼爱长安君那样厉害)。此时，他才可以从容地谈论他的爱子观了。通过对比太后对于燕后和长安君的不同做法，指出为子女长远打算才是真正的“爱”，否则是“害”。触龙极力夸赞太后爱燕后而为之做“长远打算”的明智之举，以反衬出她爱长安君的“短视”。由于触龙不是像其他大臣那样指责太后不该溺爱幼子，而是批评她还爱得不够，应像疼爱燕后那样疼爱长安君，才算爱得深远，所以太后听着十分顺耳，在不知不觉中已完全接受了触龙的观点了。

触龙在初见成效的基础上，不失时机地进一步剖析历代诸侯子孙未能继世为侯的教训，并以此作类比，一针见血地指出“现在你宠爱长安君，可以提高他的地位，赐予他土地与财宝，可你不让他为国立功，您百年之后，长安君凭什么服众呢？”真是既痛快淋漓而又字字力重千钧，揭穿了太后。触龙始终顺着太后爱子的心理，从为长安君的根本利益着想出发，层层深入地启发引导，情离于理，理表与情，终于使太后深受感动，心悦诚服，慷慨同意长安君作为人质，使赵国转危为安。

高明的说服术，总是站在对方的角度(若对方为上级，可以从组织的角度)去分析事情的利弊，这样的说服方法，更容易为对方所接受；即使最终没有说服成功，也让对方觉得是为对方着想，而不是出于私心，这样后遗症比较小。

4. 巧妙使用语言技巧

触龙的语言技巧明显高于其他大臣，一般大臣只强调国家利益，不关心长安君利益，一味强谏。触龙既关心国家利益，又关心长安君利利益，并把两者统一起来。他是真心实意地为赵太后和长安君着想。赵太后不只是被他所说的道理折服，也被他的真诚所感动。他善于做思想工作：先从寒暄请安入手，消除紧张气氛；再提出共同关心的“爱子”问题；再提出“爱子需要做长远打算”的原则；再用历史事实说明爱长安君就应该“为国立功”，把“爱子”与“爱国”统一起来。层层开导，步步深入，有理有情，终于说服了赵太后。

案例 7–2

艾科卡一言而成大业

美国企业巨子里度·安东尼·李·艾科卡(Lido Anthony Lee Iacocca)，一生最大的成就便是让濒临破产的克莱斯勒公司起死回生，这一巨大成就使他名满天下。假如艾科卡没有高超的说服本领，就根本不可能有克莱斯勒的今天。当时的克莱斯勒连年亏损、债台高筑，成千上万家大大小小的银行无一肯给他们贷款。艾科卡决定向政府求助，由政府出面担保他们获得贷款。这一请求引起了美国社会的轩然大波，社会舆论几乎众口一词：让克莱斯勒赶快倒闭吧。按照企业自由竞争的原则，政府决不应该给予经济援助。国会为此而举行的听证会简直就是对他的审判，面对参议员们的种种质问，艾科卡沉着应对，他指出如果克莱斯勒倒闭了，它的 60 万职员就得成为日本的佣工。如果克莱斯勒倒闭的话，国家在第一年就得为所有失业人口花费 27 亿美元的保险金和福利金。他向国会议员们说："各位眼前有个选择，你们愿现在就付出 27 亿美元呢？还是将它一半作为保证贷款，日后可全数收回？"持反对意见的国会议员无言以对，贷款提案终于获得通过，并且金额比艾科卡原先想要的 10 亿美元还多了 5 亿美元。贷款使克莱斯勒重获新生，一举开发出几种新车，两年后公司扭亏为盈，第三年就赚取了利润 9 亿多美元，创造了公司有史以来的最高纪录。如果不是艾科卡掌握了说服这项最大的权力，不能说服议员和社会各界，那么贷款绝无可能，克莱斯勒只能破产倒闭。

(资料来源：王小平. 本领恐慌[M]. 北京：中国青年出版社，2008)

【思考与讨论】分小组讨论：艾科卡成功说服国会议员运用了哪些技巧？

7.1.2　说服的基本原则

我们知道，借助严密的逻辑推理来展开信息交流，是促使他人改变观点的有效手段。但也不是所有的转变都是推理的结果，成功的说服还需要依赖感情的影响。说服的过程，实际上是运用理智和感情去劝说别人，使人们赞同你的观点，用同一角度看问题的艺术。

1. 说服的前提

1) 必须先透彻了解别人的意见

人总是在自己的思维体系中去思考，每个人看问题的观点是长期形成的，与性格、经历、社会地位等都有着密切的关系。所以对对方提出的论点不加以分析，只顾发表自己的意见，往往容易陷入一种不自觉的盲目之中。

这种只有纵向联系，没有横向联系的思维方式，就像拳击手只管自己挥拳，却始终打不到对方身上一样。因此，在说服前，必须透彻地了解被说服对象的有关看法、立场，才能有针对性地进行说服。

2) 必须先透彻了解别人的接受能力

有的人精于逻辑思维，能冷静听话；有的人不习惯思考，甚至无法与他人同步推理；有的人喜欢在片言只语中搜索微言大义；有的人情绪容易激动，偏听偏信；有的人不管别人说什么，都有自己的老主意。

凡此种种，都要悉心研究，才能够有针对性地采取适当表达方式，对症下药。

3) 不可把自己放在等同真理的地位

当向别人说出自以为是正确的道理时，如果认为自己是真理的化身，那么说服力就会降低一半。只有把所说的真理与本人分开，才能避免主观性的错误。

首先，要把真理从身上“抽”出去，放在高处，当做和对方共同追求的目标。

其次，应该有同理心。同理心表示理解对方，不等于同意对方。当然同理心是一种方式，不是目的。

4) 应该有灵活多变的应变方式

一个有魅力的说服者应该在说服的方式上同样有魅力。同一种内容，可以用多种形式说出来；同样意思的话，可以有多种说法。当一套话对对方不起作用时，简单重复一千遍也没有用。第一种说法无效，应立即换第二种、第三种。但是要注意，每换一种，都要加上新的材料，新的理由。

2. 说服的起步

1) 以对方认识的基点作为起点

不管对方认识如何，它总是一个客观存在。我们不妨先避开分歧点，从对方认识的基点出发。可以从细小的事谈起，而不涉及要害问题。如此，由小到大，逐步迫进，只要同意对方表现出来的观点，就可以立即作出赞同的反应，甚至顺着对方的观点补充一两句事实，从而快速消除对方的对立情绪。

2) 巧妙表述与对方的不同点

不管对方有什么偏见，一般总能找出与对方的一些共同点，把他作为解决分歧的出发点，扩大说服的范围。但对不同点又不能回避，对这个敏感的话题，要找出合适的表述方法。可以旁敲侧击，不触及对方成见，只谈与之有关的边缘问题；可以不经意地提供一些意外的经验，使对方不知不觉受到暗示；可以把不同点融进共同点里表述，在“共同”的原则下，软化对方的偏见；各种办法都不行时，干脆提出自己的不同点，但可冠之以“这也许是我的偏见”，促使对方检点自己的“偏见”。

案例 7–3

林肯妙劝斯坦顿

一天，陆军部长斯坦顿(Stanton)来到林肯(Lincoln)的办公室，气呼呼地说，一位少将用侮辱的话指责他偏袒一些人。林肯建议斯坦顿写一封内容尖刻的信回敬那些家伙。

“可以狠狠地骂他一顿。”林肯说。

斯坦顿立刻写了 封措辞激烈的信，然后拿给总统看。

“对了，对了。”林肯高声叫好，“要的就是这个！好好教训他一顿，真写绝了。斯坦顿。”

但是当斯坦顿把信叠好装进信封里时，林肯却叫住他，问道：“你要干什么？”

“寄出去呀。”斯坦顿有些摸不着头脑了。

“不要胡闹。”林肯大声说，“这封信不能发，快把它扔到炉子里去。凡是生气时写的信，我都是这么处理的。这封信写得好，写的时候你已经解了气，现在感觉好多了吧？那么就请你把它烧掉，再写第二封信吧。”

(资料出处：张健鹏. 小故事大智慧[M]. 北京：当代世界出版社，2005)

3) 解除对方的心理压抑

说服不当，反而会使对方有压抑感，使对方产生反抗心理，发现对方不满时，就要设法让对方发泄。彻底的宣泄不仅能使不满慢慢萎缩，还可以从中发现说服的突破点。有了对抗的情绪，反其道而行之有时比正面规劝更有效。

案例 7–4

经理妙阻吸烟

几个职员在禁烟牌前吸烟，经理过来，并不斥责，反而给每个人递上一支烟说道："走吧，我们换个地方抽个痛快。"

每个人还有另一种心理，当自己的"不满"遭受指责时，不满之情顿减。如果他人表白有类似的不满，双方距离会大大拉近。有了这样的前提，说服工作就容易进行了。但要注意，这是为了最终解决问题而采取的步骤，绝不是为了顺应对方。

7.1.3　说服的其他技巧

1. 调节氛围，以退为进

在说服时，你首先应该想方设法调节谈话的气氛。如果你和颜悦色地用提问的方式代替命令，并给人以维护自尊和荣誉的机会，气氛就是友好而和谐的，说服也就容易成功；反之，在说服时不尊重他人，拿出一副盛气凌人的架势，那么说服多半是要失败的。毕竟人都是有自尊心的，就连 3 岁孩童也有他们的自尊心，谁都不希望自己被他人不费力地说服而受其支配。

案例 7–5

中学教师的说服方式

有一位中学老师接受了一个落后班级班主任的工作，正好赶上学校安排各班级学生参加平整操场的劳动。这个班的学生躲在阴凉处谁也不肯干活，老师怎么说都不起作用。后来这个老师想到一个以退为进的办法，他问学生们："我知道你们并不是怕干活，而是都很怕热吧？"学生们谁也不愿说自己懒惰，便七嘴八舌说，确实是因为天气太热了。老师说："既然是这样，我们就等太阳下山再干活，现在我们可以痛痛快快地玩一玩。"学生一听就高兴了。老师为了使气氛更热烈一些，还买了几十个雪糕让大家解暑。在说说笑笑的玩乐中，学生接受了老师的说服，不等太阳落山就开始愉快地劳动了。

(资料来源：http://www.zhyjw.com/index.html)

2. 争取同情，以弱克强

渴望同情是人的天性，如果你想说服比较强大的对手，不妨采用这种争取同情的技巧，从而以弱克强，达到目的。

3. 好心威胁，以刚制刚

很多人都知道用威胁的方法可以增强说服力，而且还不时地加以运用。这是用善意的威胁使对方产生恐惧感，从而达到说服目的的技巧。

案例 7-6

好心"威胁"，争取权利

在一次集体活动中，当大家风尘仆仆地赶到事先预订的旅馆时，却被告知当晚因工作失误，原来订好的套房(有单独浴室)中竟没有热水。为了此事，领队约见了旅馆经理。

领队："对不起，这么晚还把您从家里请来。但大家满身是汗，不洗洗澡怎么行呢？何况我们预订时说好供应热水的呀！这事只有请您来解决了。"

经理："这事我也没有办法。锅炉工回家去了，他忘了放水，我已叫他们开了集体浴室，你们可以去那里洗。"

领队："是的，我们大家可以到集体浴室去洗澡，不过话要讲清，套房每人50元一晚的价格是包含单独浴室的。现在到集体浴室洗澡，那就等于降低到统铺水平，我们只能照统铺标准，每人降到15元付费了。"

经理："那不行，那不行的!"

领队："那只有供应套房浴室热水。"

经理："我没有办法。"

领队："您有办法!"

经理："你说有什么办法？"

领队："您有两个办法：一是把失职的锅炉工召回来；二是您可以给每个房间拎两桶热水。当然我会配合您劝大家耐心等待。"

这次交涉的结果是经理派人找回了锅炉工，40分钟后每间套房的浴室都有了热水。

(资料来源：http://www.zhyjw.com/index.html)

威胁能够增强说服力，但是，在具体运用时要注意以下3点：第一，态度要友善；第二，讲清后果，说明道理；第三，威胁程度不能过分，否则反会弄巧成拙。

4. 消除防御，以情感化

一般来说，在你和要说服的对象较量时，彼此都会产生一种防范心理，尤其是在危急关头。这时候，要想使说服成功，就要注意消除对方的防范心理。如何消除防范心理呢？从潜意识来说，防范心理的产生是一种自卫意识，也就是当人们把对方当做假想敌人时产生的一种自卫心理，那么消除防范心理的最有效方法就是反复给予暗示，表示自己是朋友而不是敌人。这种暗示可以采用种种方法来进行：嘘寒问暖，给予关心，表示愿给帮助等。

案例 7-7

"的姐"说服劫匪

有个"的姐"把一男青年送到指定地点时，对方掏出尖刀逼她把钱都交出来，她装作害怕交给歹徒300元钱说："今天就挣这么点儿，要嫌少就把零钱也给你吧。"说完又拿出20元找零用的钱。见"的姐"如此爽快，歹徒有些发愣。"的姐"趁机说："你家在哪儿住？我送你回家吧。这么晚了，家人该等着急了。"见"的姐"是个女子又不反抗，歹徒便把刀收了起来，让"的姐"把他送到火车站去。见气氛缓和，"的姐"不失时机地启发歹徒："我家里原来也非常困难，咱又没啥技术，后来就跟人家学开车，干起这一行来。虽然挣钱不算多，可日子过得也不错。何况自食其力，穷点儿谁还能笑话我呢！"见歹徒沉默不语，"的姐”继续说：“唉，男子汉四肢健全，干点儿啥都差不了，走上这条路一辈子就毁了。”火车站到了，见歹徒要下车，“的姐”又说：“我的钱就算帮助你的，用它干点正事，以后别再干这种见不得人的事了。”一直不说话的歹徒听罢突然哭了，把300多元钱往“的姐”手里一塞说：“大姐，我以后饿死也不干这事了。”说完，低着头走了。

(资料来源：http://www.zhyjw.com/index.html)

在这个事例中，“的姐”典型地运用了消除防范心理的技巧，最终达到了说服的目的。

5. 投其所好，以心换心

站在他人的立场上分析问题，能给他人一种为他着想的感觉，这种投其所好的技巧常常具有极强的说服力。要做到这一点，“知己知彼”十分重要，唯先知彼，而后方能从对方立场上考虑问题。

案例7-8

以心换心说服法

某精密机械工厂生产某项新产品，将其部分部件委托小工厂制造，当该小厂将零件的半成品呈示总厂时，不料全不合该厂要求。由于迫在眉睫，总厂负责人只得令其尽快重新制造，但小厂负责人认为他是完全按总厂的规格制造的，不想再重新制造。双方僵持了许久。总厂厂长见了这种局面，在问明原委后，便对小厂负责人说：“我想这件事完全是由于公司方面设计不周所致，而且还令你吃了亏，实在抱歉。今天幸好是由于你们帮忙，才让我们发现竟然有这样的缺点。只是事到如今，事情总是要完成的，你们不妨将它制造得更完美一点，这样对你我双方都是有好处的。”那位小厂负责人听完，欣然应允。

(资料来源：http://www.zhyjw.com/index.html)

6. 寻求一致，以短补长

习惯于顽固拒绝他人说服的人，经常都处于“不”的心理组织状态之中，所以自然而然地会呈现僵硬的表情和姿势。对付这种人，如果一开始就提出问题，绝不能打破他“不”的心理。所以，你得努力寻找与对方一致的地方，先让对方赞同你远离主题的意见，从而使之对你的话感兴趣，而后再想法将你的主意引入话题，而最终求得对方的同意。

7.2 求助及其技巧

7.2.1 求人的意义和原则

1. 求人的意义

俗话说，“一个篱笆三个桩，一个好汉三个帮。”一个人事业上能否成功，不是看你的热情多高，也不仅看你的工作能力，而要看能否获得他人必要的帮助。要想事业成功，就必须求人。有人身负旷世才学，行走世上却步履维艰；有人资质平平，却干出一番惊天动地的事业，原因就在于后者能审时度势，善于求人，从而安身立命，立于从容之地。

人生在世离不开朋友，离不开工作，离不开社会，既然能生活在这世上，这个环境中，这个社会中，不可能无事，大事、小事、喜事、愁事、烦心事……这些“是是非非”是不以我们的意志为转移的，我们必须面对，必须解决。而想解决一些难办的事，还必须学会求助于人。

所以职场中人就得与人合作，合作就得互相求助，相互扶持，如果选对了求助人，同时采取了适当的求助方法，我们生活、事业中的难题，就会迎刃而解。

2. 求人的原则

有些人一提到求人就皱眉头，甚至羞于告人，他们对求人怀有一定的偏见，认为那一定是卑躬屈膝、低三下四的。其实不然，向别人求取帮助必须是以自尊、自重、自爱为前提的，做到求而不卑、求而不倚。要想成功地求得别人的帮助，必须遵循以下原则。

1) 诚恳礼貌

常言道，“精诚所至，金石为开”。礼貌待人，是求人成功的先决条件。

2) 避开忌讳

每个人因个性和生活经历不同，对某些言辞和举动有所顾忌，因此千万不要去冒犯。《孙子兵法》上讲：“知己知彼，百战不殆。”这句话同样适用于求人的技巧。当我们有求于人的时候，首先不妨对那个人的嗜好、性情、学识和经历等做一番调察，然后从容前往，将会得到意想不到的效果。

3) 说三分，听七分

许多善于说话的人都强调“听”的重要性，因为只有善于倾听才能达到目的，听人说话的本意在于了解对方的心意，把握对方的想法和要求。而对方是商谈的主角，所以应让对方多说，以对方为中心而自己多听，从而更能掌握对方。

4) 注意对方发问的说话方法

要设法了解对方的情况，让对方多说自己多听，适时发问，目的是表明对对方的肯定、赞赏，并引导对方进一步把话说下去。

5) 注意运用容易为对方所接受的说法

一句内容和中心思想完全一样的话，由于说法不同，产生的效果可能会有所不同。有的可能会让人觉得亲切、易于接受，有的则让人觉得生硬。通常反复强调一种商品的优点未必能发挥太大的作用，因为不管什么商品，它的价值只有在使用之后才能显示出来，空洞的说服、宣传往往作用不明显，所以应当主动向对方说明答应你的请求、帮助你后会带来的好处。

诚心诚意地有求于别人，但对方不一定就能满足我们的要求。当遭到拒绝时，不要过分追究原因。的确，被拒绝心情肯定很不好受，任何人都想知道原因，但是如果穷追不舍地缠住对方，非问清原因不可，往往会破坏双方感情。求人不得时，也不要过分坚持。对方既已拒绝，必有原因，如果过分坚持自己的要求，不但会使对方为难，而且也使自己陷入被动。人生不如意的事很多，又何必在区区小事上计较个没完？被人拒绝后要做到豁达大度，不抱成见。

当你会意出对方拒绝的心理时，不妨自己把话打断，干脆表示没关系，反过来再安慰对方几句，请他不必介意。对方会感到过意不去，说不定以后会很主动地帮助你呢！

7.2.2 求人的技巧

求人办事要掌握以下6点技巧。

1. 过心理关

既然不能不求人，倒不如理直气壮去求人，求人也得求得潇洒、舒坦。求人不必虚张声势、空话连篇，但是也不必灰溜溜、乞哀告怜、任人奚落。

2. 选择最佳路线和方法

现在的社会专业分工明确，到处找人，未必能办成事，一定要了解清楚情况，找准能帮助你的人。

3. 了解清楚对方的情况

不能打无准备之仗，也不能盲目地求人，把对方的情况了解清楚。还要了解清楚对方的需求，有时候帮助是相互的。

4. 要有耐心

求助于别人，并不一定什么事都水到渠成，对方面露难色、态度冷淡甚至表示拒绝都是可能的，这时千万不要由此就觉得自己失了面子，受了侮辱，从而失去了耐心。

5. 理解别人

有些求人办事的人，总认为被求者一定神通广大，办什么事金口一开、大笔一挥就成。实际上情况并非如此。每个人都有自己的难处，你如果能分担、理解这种难处，就不会感到求人办事太难。

6. 对别人的要求不要过高

求人办事千万不要穷追猛打，一定要别人做到什么地步，否则就觉得对方“不够意思”。也就是说，求人办事要知足，别人能办多少就办多少，不要勉强别人办很难办的事。例如，求人办事应从最简单的开始。如果你定的目标过高，使别人为难，最好求以其次；其次不成，就求再次。别人即使是举手之劳，你也要十分珍惜。

7.2.3 善于识人，对症下药

不同的人，有不同的特点。掌握他们的特点，有利于说服对方，求人成功。下面是 10 种不同类型的人物及其特点。

1. 沉默寡言型

这种人话少，问一句才说一句。这不要紧，即使对方反应迟钝也没关系，对这种人该说多少就说多少。因为这种人表面上看似不太随和，但只要你说的话言之有理、顺耳中听，你便有可能达到说服对方的目的。

2. 喜欢炫耀型

这种人好大喜功，老是喜欢把“我……”挂在嘴上，这种人最爱听恭维和称赞的话。对他向你所做的炫耀要有耐心仔细聆听，听得越用心，称赞越充分，你的成功率就越高。

3. 令人讨厌型

这种人十分让人讨厌，令人难以忍受。好像他们天生只会说一些刻薄话一样，好像控告他人、贬低他人、否定他人是他们生活的唯一乐趣。毫无疑问，这类人是最令求人成事者头痛的。但是有一点却是十分肯定的，即这类人也同样需要与人交往，有的时候甚至是他们心里已经决定答应别人的要求，而嘴上却还在不停地说不行、答应后如何不好。这种人往往不能证明自己，所以更希望得到肯定的态度。对于这种人，关键是不要被他的难听话所唬住，也不要直接表现你的反感，而是要采取一种不卑不亢的高姿态并随机应答，这样才会有好的效果。

4. 优柔寡断型

这种人遇事没有主见，往往消极被动，难以做出决定。面对这种人，求人成事者应牢牢抓住主动权，充满自信地运用语言技巧，不断地向他提出积极而富建设性的意见，多运用肯定性的语言，多做些有关回报保证的承诺，甚至替他考虑帮助自己后的益处，当然也不能忘记强调你是从他的立场来考虑问题的。这样有助于他做出决定，或在不知不觉中替他做出决定。

5. 知识渊博型

这种人是最容易面对的，也是最容易让求人成事者受益的。当这类人出现时，求人成事者应努力抓住机会，注意多聆听对方说话，同时还要适时给予真诚的赞许。这类人往往宽宏、明智，要说服他们只要抓住要点，不需要说太多的话，也不需要花太多的心思，就可以达到求人的目的。

6. 讨价还价型

这种人对讨价还价有特殊癖好，即使是给人一些微不足道的帮助也非要讨价还价不可，并且往往也为自己讨价还价的能耐而自鸣得意。应对这种人的办法比较简单，可以在口头上做一些小小的恭维，可以说，“我可是从来没有碰过像你这样乐于助人的人啊”或者“给我个面子，怎么样”。这样，可以多少满足一下他的自尊心，既让他觉得比较合理，又能证明他的精明。

7. 性情温婉型

这种人如果他没有充分了解每一件事，你就不能指望他会做出决定。对于这种人，必须以其人之道还治其人之身，千万不能急躁、焦虑或向他施加压力，应努力配合他的步调，脚踏实地地去证明、引导，慢慢就会水到渠成。

8. 性格急躁型

这种人往往精力过盛，做什么事情都快，因而对待这种人要精神饱满，清楚、准确而又有效地回答对方的问题，回答问题如果太拖泥带水，他们可能就会失去耐心，没听完就走。对待这种人，说话应注意简洁、抓住要点，避免扯一些闲话。

9. 心性善变型

这种人容易见异思迁，容易决定也容易改变。如果他拒绝了你的要求，你仍有机会说服他改变主意。不过，即使他这次答应了你的要求，向你提供了帮助，也不能指望他下次还会答应。

10. 猜疑心重型

这种人容易猜疑，容易对他人的说法产生逆反心理。说服这种人的关键在于让他了解你的诚意或者让他感到你对他所提疑问的重视，如“你提的问题切中要害，我也有过这种想法，但……”等。这样，他会认为你在说真话，于是会认真提供你所需要的帮助。

7.3　拒绝的意义和技巧

7.3.1　拒绝的意义

1. 拒绝是一项重要的本领

在职场上，经常会遇到上级、同事或客户等人的提出一些不合理、不方便的要求。这时需要采取恰当的方式进行拒绝。

我们要知道，拒绝别人的不合理要求是我们的基本权利。并不是所有的要求对我们来讲都是义务的，无论是工作中的同事、还是生活中的朋友，如果勉强答应了结果没做好，将比你拒绝要求所造成的不良影响更大。

即使对你的上司，有时也要学会拒绝。例如，很可能会导致上司作出错误决定的事情；可能会严重损害个人或者团队利益的事情；严重违背个人意愿的事情。面对这些问题，必须对上司说“不”。

不会拒绝会让你疲惫，感到压力和烦躁。不要等到你的能量耗尽时，才采取行动。

当你学会拒绝之后，虽然你可能会感觉有点伤害或者冒犯别人(这也确实有可能)，但是与此同时你也传达给他们这样一个清晰的信息：你珍惜自己的时间，你有选择的权利，而且你也尊重那些你拒绝的人，你之所以拒绝正是因为你不想草率地做个承诺，你不会在履行的时候马马虎虎或者懒得去做。

当然了，在许可的情况下，能帮人一把的，还是尽量帮一把，毕竟“赠人玫瑰，手有余香”，与人方便就是与自己方便。但帮人也有原则性，对人不利、违法违规的事情，是千万不能帮的。

2. 不敢拒绝是心理脆弱的表现

心理学家认为，不会说“不”，是人际交往中心理脆弱的表现，是不成熟的行为。这些人在拒绝别人方面存在心理障碍。有趣的是，拒绝的能力与自信紧密联系。缺乏自信和自尊的人常常为拒绝别人而感到不安，而且有觉得别人的需求比自己的更重要的倾向。

不敢拒绝的原因在于以下几方面。

1) 想给人留下好印象

怕拒绝别人会招致别人的反感而不敢轻易说“不”。

在交往中留给对方一个良好的印象是无可厚非的，但如果刻意追求这一印象，而失去原则，甚至不惜牺牲不该失去的利益，就不足取了。还有一些人害怕失去朋友，为了避免拒绝别人的不良后果，而不好意思或不敢拒绝别人，这都是不可取的，也是不明智的。其实，如果不会拒绝别人，别人反而会认为你是个没有尊严的人，因为你连说“不”的勇气也没有，别人就可以任意要求你，甚至有的人会对你颐指气使，使你本来想从别人那里获得好印象的努力变成任意践踏你的自尊的合理借口。

2) 过分在意他人评价

这些人在交往中，往往很少关注自我的感觉和需要，而过多地把注意力放在“他人将如何评价我”上，希望做每件事都能赢得别人的赞赏，结果是经常违心地满足他人的要求。实际上，在生活中最受赞许的人恰恰是那些从不寻求赞许，而且并未竭力获得赞许的人。因为这种人做事遵循客观原则，言语中流露出自己的真实情感，而不是矫揉造作地希望获得别人的赞赏，这样，别人更容易去赞赏他们做的本来就值得赞赏的事情。

3) 依赖的性格

这些人从小独立性就差，没有自己的主见，一遇事情就紧张焦虑，喜欢依靠别人，听取别人的意见。不论什么事情，只有得到大家一致的肯定才敢去做，而且做的过程中也在不断观察别人，虽然这些事情他有足够的能力去应付。

7.3.2 拒绝的技巧

1. 试着先同意

这似乎听上去有点自相矛盾，但是这可看做是一场心智的柔道。你可以同意要求(假设你的情况是你想接受这一请求，但是没有足够的时间)，然后做下面两件事之一。

(1) 你可以说：“没问题，但是我现在的任务多得像山一样。你能不能过一个月左右再来找我？除非我真能干得非常出色，否则我是不会这么打包票的。”

(2) 你可以说：“当然可以，但是你能不能先去做 x、y、z，这样我们才能看出这件事到底是否可行。”

无论你选择上面两个中的哪一个，你都没有断然地拒绝他们，而是把主动权交回到他们的手中。这样说帮你解决了主动权给你带来的压力，让你用不着真正说出那个“不”字。

2. 珍惜你的时间

许多人难于拒绝的一个原因是他们(或许是在潜意识中)感觉自己的时间没有别人的珍贵。例如，如果别人让你去做一件他们自己能够轻而易举完成的事，你同意的话，就相当于承认他的时间比你的更宝贵——不然的话为什么你要替他们代劳呢？因此你要珍惜你自己的时间，你的时间是有限的，而且可能是你最为宝贵的财富，学会通过拒绝那些用不着你来操刀的事来告诉别人，你有多珍惜自己的时间。

3. 拖延

如果你选用这招的话，就不用下决定，不用点头或者摇头，而只是让来请求你的人迟些再来。例如，你可以说：“我的任务现在排得满满的，你能不能两个礼拜以后再来找我？”如果这个人不错，他会把两星期后再来找你这件事加进自己的备忘录里。要是这人不地道，他肯定早把你忘了。有的时候如果你连着拖延了两回，那个人就会放弃。当然总是拖延一件事也不好，这会让别人觉得你人品有问题。一般拖延两次之后，当别人第三次求你时，你就应该给出明确的答复。

4. 礼貌，但要坚决

很多人容易犯的一个毛病就是为人太“好”了，或者太优柔寡断了。他们虽然拒绝了别人，但是他们的拒绝听上去有些动摇，如果我们这样回应别人的话，会有更强的人来向我们施压，直到我们点头答应为止，这是因为他们觉得事情还有商量的余地。因此如果要拒绝的话，就得让别人清楚地知道你不会再改变主意了。但是别表现得粗鲁，一句简单的“不，我现在实在无能为力”就够了。

对于一些自尊强的人，不要直接拒绝，但语气要坚决。例如，“很高兴你看得起我，给我这次机会，不过刚巧现在我手头有一件很紧急的事要处理。你看这样行不，等我方便时去找你？”或者说“这样吧，我看看我的工作计划，看看有没时间，如果来得及我也荣幸能为你效劳。”基本上这时候别人都清楚了，大家都有面子而不至于强求。尝试用你的身体语言强调“不”，不需过分道歉。记住，你不需要允许才能拒绝。

有时候会遇到近乎无赖式的请求。就不妨直接一些，强硬一些了。比如说“对不起，这个问题我无法帮你”，但也有更好的方法。

案例7-9

小张的拒绝艺术

有一次，一名主管想调岗，他觉得另外的岗位工资高，但他的上司不想放这人，于是来找小张想办法。小张对他说：“你是想害我，是不是？王总都舍不得让你这得力干将走，如果我把你拉走了，那王总怎么看我，不是显得我挖他的墙脚，和他唱对台戏吗？你是想让我为你的这事得惹王总不爽么？”话说这份上，他也不好再说什么理由了，然后小张再跟他说：“你这事，我会放在心上，你要想想为什么王总舍不得放你走，因为没有合适的人替代得了你呀。如果你能培养几个接班人，再来跟王总谈，我想会更容易。”既安慰了这名主管，给他指出了工作的问题，同时也让他为公司储备一些人才，为将来的合理流动打下基础。

(资料来源：http://www.doc88.com)

5. 抢先一步

如果你觉得将有人会有求于你，你可以在别人向你请求之前告诉他们你很忙。如果刚巧与那人碰面，你可以说“话说在前头，我得让你知道我的日程表里这一个月里都排得满满的，所以我们别谈关于30天内的什么新计划。”这相当于对那个将有求于你的人做了一次警告，因此事后他们也无法怪罪你拒绝他们的请求。

6. “我很乐意，但是……”

这招表现出你对这项计划很感兴趣，但是你因为日程安排或者有其他的任务而实在无能为力。如果这个计划听上去真的很有趣，我们可以说“这听上去确实很棒，我多希望自己能加入进来啊”。如果可能的话，也可以推荐一些其他的适当人选或者可行想法。一些人实际上觉得这种被拒绝的方式还不错，至少帮他解决了难题。

案例7-10

小李：“小张，王经理让我把这些资料整理好，但我怕做不好，你能帮我完成吗？”

小张：“我很愿意帮你的忙，不凑巧得很，我自己的那份工作还没干完。其实以你的能力和素质是完全可以做好这件事的。你不妨先干着，也许我能帮你干点别的什么。”

小李：“那好吧！谢谢你啊！”

7. 幽默诙谐式

通常，幽默的语言可以调节气氛，并且能让对方在笑过之后得到深刻的启示，如果以幽默的方式来拒绝，气氛会马上松弛下来，彼此都感觉不到有压力。

案例 7-11

著名导演阿尔弗雷德·希区柯克(Alfred Hitchcock)在执导一部影片时，有位女明星老是向他提出摄影角度问题，她左一次右一次地告诉希区柯克，一定要从她最好的一侧来拍摄。“很抱歉，我做不到!”希区柯克回答，“我们拍不到你最好的一侧，因为你把它放在椅子上了。”他的话，引得在场的人都笑弯了腰。

(资料来源：http://www.goodook.com/xaeshulunwen/8175.html)

8. 别说抱歉

还是得珍惜自己的时间，如果你道歉的话，就好像是在为做错一件事而道歉，这样一来你拒绝的理由就显得不甚充分了。我知道，在这种场合下，说“对不起”这 3 个字是很有诱惑力的，我们常常说“对不起，但是……”或者“我多希望能帮你，但是很对不起，我没办法帮你”这类话。这是因为我们拒绝别人后会觉得很不舒服。但是，还是同样的问题，这样一来，你会向别人传达错误的信息。

总之，拒绝的艺术有一条原则，就是在不误解意思的情况下，尽量少用生硬的否定词，把话说得委婉一点。在非原则性问题上，我们最好使对方能听出弦外之音，彼此和和气气，自然无往而不利了。拒绝别人不能当成生活的重点，而是保护自己的一个策略。

思 考 题

1．简述说服和拒绝的含义和意义。
2．说服他人需要考虑哪些因素？
3．谈谈拒绝他人的艺术。
4．求人办事要注意什么？

实 训 项 目

情景模拟

1．说服

你是办公室人员，公司曾向某饭店租用大舞厅，每一季度使用 20 个晚上，举办员工培训的一系列讲座。可是就在即将开始的时候，公司突然接到饭店的通知，说你们必须付出几乎比以前高出 3 倍的租金。当你得到这个通知的时候，所有的准备工作已经就绪，通知都已经发出去了。单位领导派你去说服对方不要违约，你怎么办？请模拟情景，扮演角色。

同学对于表演提出建议，教师点评，评出最佳的说服者。

2. 拒绝

小刘从师范学校毕业以后被分到一所小学任教，一开始他很失意，成天和一群“哥们儿”打牌、喝酒。后来他逐渐清醒过来，开始报名参加自学考试。有一天晚上，他正在家里看书，“哥们儿”又打电话来“集合”。请试着帮小刘设计一下如何拒绝。

项目 8 求职和初入职沟通

知识目标

1. 掌握求职沟通的意义和作用；
2. 掌握初入职沟通的作用。

能力目标

1. 掌握求职资料的准备技能；
2. 掌握面试的沟通技巧；
3. 掌握初入职的沟通技巧。

案例 8-1

失败的求职沟通：我都听您安排

通过严格的简历筛选后，某贸易公司锁定了五位大学应届毕业生，并向他们分别发出了求职面试通知。虽然这五个人在面试之前并不认识且应聘的岗位不同，但面试时，对某些问题的作答，简直如出一辙，尤其是小陈和小张，两人在面试时的对话真是让HR哭笑不得。

小陈本想应聘的岗位是内勤，但通过交谈，HR发现他口才不错，性格外向，更适合做销售，所以便询问对方，对哪方面工作更感兴趣以及对薪水的要求。可小陈却说："我觉得吧，您给我安排的就是最适合的，通过谈话您对我也有更深的了解了，我就听您安排吧。给多少钱，我也没什么概念，我都可以接受。我认为，现在最主要的是锻炼自己的能力。您阅人无数，应该能够根据我的能力，给我安排一个适合我的岗位，我不挑的。吃苦受累都没关系，我很踏实的，能从基层做起。出差加班我都没问题……"

而小张应聘的就是销售员工作，他的表现似乎比小陈更夸张。除了以"一切听您安排"为主旨外，在面试即将结束时，HR问他："你简历里写着'爱看书'，你都看什么书？"小张回答"爱看财经类、营销类的书"，同时又反问面试官爱看什么类型的书。当得知对方喜好看名著之类的小说时，小张立马改口："其实我也偏好名著，有时太专业的书很枯燥，我实在看不下去。我跟您的品位差不多。"临走时，还神秘地说了一句让HR大跌眼镜的话："我很忠心，要是能在这工作，您就是我的榜样，我懂得感恩的。"

上述几位大学生，在面试时"我都听您安排"的回答，不但没有给HR留下深刻的印象，相反，还让面试官忧心忡忡。"他们认为，自己听从公司安排就是好员工，就能顺利得到入职的机会，这是不对的。"职业咨询师赵毅分析，"更有甚者可能会认为，HR在招人的同时是在为自己'招兵买马'，这不但不能博得面试官的好感，反而会招致他们的反感。"

（资料来源：http://toutiao.com/a4258318133/）

【思考与讨论】

1. 这些求职者为何失败，应该做何改进？

2. 你从案例中得到哪些启示，应吸取哪些教训？

8.1 求职准备

8.1.1 求职前的心理准备

“知己知彼，百战不殆”是屡试不爽的古训，在高等教育大众化、宏观就业形势日益严峻的今天，受多种因素的制约，求职者，尤其是初出校门的大学生，求职时总存在一定的困难，其中一个主要原因是求职前心理准备不足，对自我没有清醒的认识，对就业形势没有准确的把握。

1. 正确认识自我

在求职阶段，毕业生最关心的是选择一份理想的工作——“我要干什么”，而对个人条件、情况是否适应职业的要求——“我能干什么”则考虑得很少。毕业生在求职之前，必须对自己作出全面的认识和正确的自我评价，以了解自己的职业适应性，正确地作出择业决策。大学毕业生不但要清楚自己想干什么，更要明白自己能够干什么。要清楚自己的兴趣爱好、气质特点、性格特征、基本素质、专业知识、技术能力适合做什么。只有正确认识和自我评价，才能找到自己的立足点。

毕业生应正确认识自己如下5个方面。

1) 专业知识

专业知识是毕业生在择业中比其他非本专业人员更具有竞争力的一个主要因素。专业知识通常包括基础知识理论、专业技术技能、灵活运用理论知识的能力。毕业生可以通过自己的学习成绩来认识自己对基础理论知识掌握的程度；通过实验仪器的使用、机器的操作及其他生产实习来认识自己对专业技术技能掌握的程度；通过毕业设计或论文完成的情况来评价自己灵活运用本专业基础理论知识的能力。

2) 其他知识技能

其他知识技能主要包括毕业生熟练操作和使用计算机的能力，英语的会话和阅读能力，财会、法律、驾驶等方面的能力等。除此之外，社会还对毕业生的动手能力、实践能力、协调能力、创新意识、敬业精神、奉献精神、事业心、责任心等提出了较高的要求。历年来的就业工作中，学生党员、学生干部、三好学生、各种奖励的获得者，都受到社会青睐。毕业生可以通过自己参加社会活动，获得各种奖励的情况来评价自己的实力，也可以通过毕业鉴定，对自己的大学生活做一个全面的、合理的总结，从而更加客观、公正地认识自己，来指导自己的就业实践。

3) 兴趣爱好

兴趣爱好是一个人事业取得成功的重要条件。研究表明，对自己所从事的工作有兴趣，就能发挥才能的80%～90%，并能长时间保持高效率而不感到疲劳。对自己未来所从事的工作必须要有兴趣，至少应该不是自己厌烦的事情。因此，毕业生对自己的兴趣爱好应有一个全面、深入的了解。

4) 基本素质

基本素质包括毕业生在逻辑思维、抽象思维、记忆力、想象力、观察力、反应速度等方面的素质和能力。

5) 性格特征

性格特征也与职业选择有很大的关系。一个性格内向、好静不好动的人，非要让他去做演员，做主持人，那是绝对行不通的。不同性格的人适合从事不同类型的职业，毕业生应该根据自己的性格特征来选择所适合的工作。

毕业生只有建立在对自己的全面、客观、公正的评价的基础之上，才会克服不良心理的影响。例如，有了对自己的了解，就不再一味地依赖别人，可以不再自卑，面对选择时，也不再矛盾重重。

2. 正确认识就业形势

正确认识就业形势，要实事求是地面对就业竞争的现实，做好从高校毕业生到普通社会求职人的转变，摆正自己的位置，客观冷静地进入求职状态，通过各种途径对自己工作的环境进行全面的了解。例如，如自己的专业和理想职业在社会上的需求量如何，竞争强度如何；自己的理想职业与自己所学的专业是否相符，如果不符合，该如何弥补；用人单位对求职者有何具体要求等。尽可能多地获得一些用人单位的资料和信息，综合考虑以上因素，确立就业目标，就比较符合实际，可以避免过高的心理预期。

大学毕业生求职时，要做到知己知彼。知彼就是要了解择业的社会环境和工作单位，正确认识自己所面临的就业形势，了解社会需要什么样的大学生。知己就是实事求是地评价自己，对自己有正确的认识，要客观、正确地认识自己德智体诸方面的情况，自己的优点和长处，缺点和短处，自己的性格、兴趣、特长。要明确自己想要做什么和能做什么，社会又允许你做什么。只有这样，才能保持良好的择业心态。

3. 摆正心态，了解对方

求职者要克服自卑心理，要有充分的自信，但也要克服高傲心态，克服紧张心理。

此外还要对应聘单位做好心理准备，了解和熟悉应聘单位的面试考核方法，确切了解主试者或约谈者的姓名、职务。

【思考与讨论】在应聘前尽可能地了解招聘单位，有哪些作用？

8.1.2 求职前的资料准备

求职前，除了做好充分的心理准备之外，还要做好资料方面的准备。要付诸实际行动，认真盘点自己学习、实习和工作经历，分析归纳自己的优点、弱点，撰写求职必备的自荐材料，包括就业推荐表、求职信、个人简历、成绩证明、各类证书复印件、公开发表的论文或文章原件及取得的成果等。求职者可以根据不同的用人单位有所侧重，切忌千篇一律。有时候，用人单位还要求填写单位职位申请表。求职者还要携带相关证件，以备招聘单位查阅。所有文件都应平整地放在一个文件袋里，并排列整齐，以免面试需要时到处乱翻，给考官留下坏印象。

求职时可以带上公文包，给人以专业人员的印象。公文包不要求买很贵重的真皮包，但应看上去大方典雅，大小应可以平整地放下 A4 纸大小的文件。

求职前，视具体情况，还可以准备求职信、求职名片或求职博客。

所有的求职资料应准备多份，并根据求职单位和岗位的不同而有所不同。求职者还应准备求职记录笔记本，里面记录参加过求职面试的时间、各公司名字、地址、联系人和联系方法，面试过程的简单记录、跟进记录等。求职记录本应该随时带在身边，以便记录最新情况或供随时查询。

1. 求职简历——敲门砖

【思考与讨论】假如你是人力资源部经理，你认为求职简历最重要的是什么？

1) 求职简历的基本内容

(1) 基本情况：姓名、地址、邮政编码、电话号码，这些一定要填写正确、清楚，以方便准确无误地联络，有照片更好。这方面要求简单、直观、紧凑。

(2) 求职目标(求职意向)：简述你目前的求职目标。如果面临多种机会的选择，最好将它们定为一个概括性的目标，这样就为自己创造了一个广阔的择业机会。这部分尽可能具体，选择和使用地道的词语。

(3) 资格：简述承担你意中职位的资格，写自己成绩时不要吝啬。描述时，不要公开自己的坏消息或劣势，而要择优选用，但不要说假话。

(4) 成就描述：将自己的主要成就列成一览表。具体办法是将自己的成就列成几个小条目，每个条目后附上几个例子。在描绘成就时，可以用以下有一定表现分量的词，如开发、研制、创造、完成、组织、设计、策划、协调、管理、训练、节省、有效等。

(5) 就业经历：这是简历最重要的部分，包括工作经历、社会活动、实习和兼职。先列出最后一份工作，然后依次向前追溯。所列内容包括：每次就业的日期(写出季节、月份即可)、职位、公司名称和工作地点、所从事的工作。对多数大学生来讲，就业经历大多是业余时间打短工或假期勤工俭学的经历。

(6) 教育背景：注明毕业院校、所学专业、主修课程、成绩或排名。列出你所学过的用人单位或雇主可能感兴趣的各种课程，并把它们编组、排序；不一定要将所有课程全部列出；在编组时把最能体现你所选职位的课程列出，然后按与此相关程度的大小依次排列。

(7) 附件：包括履历表、学历证书、培训证书、获奖证书、其他证明材料。如果再附上一些能反映个人特长的近期照片，效果就会更好，照片务必要精心制作和挑选。在求职信的最后，应列出一份附件的清单，以引起招聘人员对附件的注意。

求职简历中，应体现自己的团队精神和沟通能力。如果还是把握不好，可以请教有经验的求职者和就业指导方面的老师，也可以寻求相关专业网站的帮助。

必要时，还需要准备英文简历。

2) 求职简历的具体要求

对于每一位求职者来说，一份好的简历可能意味着成功了一半，马虎不得。那么，怎样预备一份令人过目难忘、留下良好印象的简历呢？其实，简历不一定非要追求与众不同，只要把握好以下 7 个要点，就能够写出一份出色的简历。

(1) 真实。简历最基本的要求就是真实。诚实地记录和描述，能够使阅读者首先对你产生信任感，而企业对于求职应聘者最基本的要求就是诚实。企业阅历丰富的人事经理，对简历有敏锐的分析能力，遮遮掩掩或夸大其词终究会露出破绽，何况还有面试的考验。

一些不甚明智的做法通常包括：故意遗漏某一段经历，造成履历不连贯；在工作业绩上弄虚作假；夸大所任职务的责权和经验；隐瞒跳槽的真实原因，如将被迫辞职说成是领导无方，将公司倒闭描绘成怀才不遇等。任何一个有经验的招聘职员只要仔细阅读分析，鉴别履历的真实性并不难；过分渲染，天花乱坠的描述更令人反感。所以与其费尽心机，不如老老实实，只要有真才实学，总会有属于自己的机会。

(2) 全面。简历的作用在于使一个陌生人在很短的时间内了解你的基本情况，就像是一个故事梗概，吸引他(他们)继续看下去。因此要特别留意内容的完整和全面，以使对方对你尽可能有比较全面的印象。

(3) 简练。招聘人员每天要面对大量的求职履历，工作非常忙，一般在粗略地进行第一次阅读和筛选时，每份履历所用时间不超过 1 分钟。假如简历写得很长，难免遗漏部分内容，甚至缺乏耐心完整细致地读完，这当然对求职者是很不利的。经常有求职者觉得简历越长越好，以为这样易于引起注意，实为适得其反，淡化了阅读者对主要内容的印象。冗长啰唆的简历不但让人觉得你在浪费他的时间，还能得出求职者做事不干练的结论。言简意赅，流畅简练，令人一目了然的简历，在哪里都是最受欢迎的，也是对求职者的工作能力最直接的反映。

(4) 重点突出。对于不同的企业，不同的职位，不同的要求，求职者应当事先进行必要的分析，有针对性地设计预备简历。盲目地将一份标准版本大量拷贝，效果会大打折扣。前面所讲的全面不是面面俱到，不分主次，要根据企业和职位的要求，巧妙地突出自己的优势，给人留下鲜明深刻的印象，但要留意不能简单重复，这方面是整个简历的点睛之笔，也是最能表现个性的地方，应当深思熟虑，不落俗套，写得出色，有说服力，而又合乎情理。

(5) 语言正确。不要使用拗口的语句和生僻的字词，更不要有病句、错别字。外文要特别留意不要出现拼写和语法错误，一般招聘职员考察应聘者的外语能力就是从一份履历开始的。同时行文也要留意正确、规范。大多数情况下，作为实用型文体，句式以简明的短句为好，文风要平实、沉稳、严厉，以叙述、说明为主，动辄引经据典、抒怀议论是不可取的。

有的人写简历喜欢使用很多文学性的修饰语，如“大学毕业，我毅然走上工作岗位”，“几年来勇挑重担，为了企业发展大计披星戴月，周末的深夜，经常还能看到办公室明亮的灯光。功夫不负有心人……”“固然说‘有则改之，无则加勉’，但领导无中生有的指责日甚一日，令我愤懑不已，意气消沉，终挂印而往”，结尾还忘不了加上一句“我热切期待着一个大展宏图、共创辉煌未来的良机”之类的口号。这样的简历，只能让人一笑置之。

(6) 版面美观。一份好的履历，除了以上对内容方面的要求之外，版面设计也是一个非常重要的因素，是真正的“第一印象”。要条理清楚，标识明显，段落不要过长，字体大小适中，排版端庄美观，疏密得当。既不要为了节省纸张，密集而局促，令阅读者感到吃力；也不要出现某一页纸只有上面几行字，留太多的空白。还要留意版面不要太花哨，要有类似公函的风格，这也能体现出求职者的基本职业素养。通常建议使用电脑打印的文稿，假如你的字写得不错，不妨再附上一篇工整漂亮、简短的手书求职信，效果会更好。

(7) 评价客观。简历中通常都会涉及对自己的评价，应当力求客观公正，包括行文中所表现出的语气，要做到 8 个字：诚恳、谦虚、自信、礼貌。这样会令招聘者对你的人品和素质留下良好的印象，而现在已经有越来越多的企业比重视技能和学历更加重视一个人的品行、开拓与合作精神等基本素质。倘若在众多高学历的应聘者的激烈竞争中，这方面的因素更加凸显，也经常是由于这些非技能性的因素使终极的获胜者脱颖而出。总的来说，既不能妄自尊大，也不能妄自菲薄，这一点上，分寸的把握非常重要。特别要留意避免夸夸其谈，适当坦陈自己经验等方面的某些不足，反而更能赢得好感。

预备好这样一份简历可能需要花费不少心思和精力。当你带着自己满意的简历前往用人单位应聘，一定会增添不少的自信。也许，此时新的成功机会已经在向你招手了。

2. 求职信

1) 求职信的格式

求职信的格式和一般书信格式大致相同，即由称呼、正文、结尾、落款和日期等几个部分组成，注意篇幅不要太长。

(1) 称谓。写明收信人的姓名和称谓或职务，如尊敬的某某先生或某某女士或某某经理等。

(2) 正文部分。正文部分主要包括引子，描述对该岗位感兴趣的原因，陈述应聘理由，然后以客套话结尾。

(3) 落款：签名和日期。

案例 8-2

求职信的书写

一、引子部分

“我从 2016 年 11 月 1 日的《× ×晚报》上获悉贵公司正在招聘经理秘书一职，如果公司想寻找一名生气勃勃、充满活力又熟练文字处理的年轻人，我自信能够胜任。”

“刚迈入韶华岁月的我，向往美好的人生，漫漫人生路，我想路在我的脚下，我所盼望的第一步，是能够迈入贵公司的大门。”

二、描述对该职业的理解和感兴趣的原因

“按我的理解，人事经理应当如同企业领导的左膀右臂，具有承上启下的作用，尤其是现代企业所特别强调的团队合作精神中，应当具备一定的组织能力和号召力。当然，现代企业的人事经理，仅有这些基本素质是远远不够的，应当另具备相当的知识技能、良好的人际沟通能力并熟练地掌握人事政策，具有丰富的人事工作经验。”

三、陈述应聘理由

“本人从大学毕业以后，一直从事人事工作，曾先后担任过劳资员、招聘专员、培训主管、人事部经理等职，在长达九年的人事工作生涯中，总结出一套认识管理方案，同时对全套人事运作制度极其了解，并对整个企业如何在短期内建立完整的人事制度特别有经验，自信能够胜任人事经理一职。”

四、结尾

往往是一句客套话，表明自己的诚意，并对公司表示感谢，希望能获得面试的机会。

案例 8-3

求　职　信

尊敬的经理先生：

您好！本人欲应聘贵公司网站上招聘的网络维护工程师职位。我自信符合贵公司的要求。

今年 7 月，我将从× ×大学毕业。我的硕士研究生专业是计算机开发及应用，论文内容是研究 Linux

系统在网络服务器上的应用。这不仅使我系统地掌握了网络设计及维护方面的技术，同时又使我对当今网络的发展有了深刻的认识。

在大学期间，我多次获得各项奖学金，而且发表过多篇论文。我还担任过班长、团支书，具有很强的组织能力。强烈的事业心和责任感使我能够面对任何困难和挑战。

互联网促进了整个世界的发展，我愿为中国互联网和贵公司的发展作出自己的贡献。

随信附有我的个人简历。如有机会与您面谈，我将十分感谢。

此致

敬礼!

李研

2016 年 4 月 3 日

2) 写求职信应注意的问题

(1) 格式和内容符合规范，称谓得当，字迹工整，杜绝错别字。

(2) 实事求是。

(3) 语言简洁，篇幅适度，重点突出、针对性强。

(4) 求职目标、目的明确。

8.1.3 了解应聘单位

1. 需要了解的内容

(1) 应聘单位的性质和规模。

(2) 管理情况。若管理混乱，一般前途不大。

(3) 单位所处行业及业务范围。

(4) 所应聘部门以及岗位的情况，注意是否有特殊要求。

(5) 企业文化。

2. 了解的途径

了解的途径一般分为正式途径和非正式途径。前者如企业的招聘广告等，后者是指从熟人、朋友和前届毕业生那里收集到的信息。通过专业的求职网站，以及相关公司的官网，也是比较好的途径。切莫相信不可靠的途径，避免求职陷阱。

对求职者有益的信息源主要包括：本校毕业生就业机构，毕业生就业市场，新闻传媒，社会实践活动，熟人、亲戚和朋友间的信息交流，或者亲自走出校门，寻找信息。

3. 思考你选择这家单位的理由

首先，要思考这家单位是否符合自己的择业标准，是否了解这项工作的需求，是否准备坦率地回答招聘者的问题，能否对“为何想到我公司来服务”给出满意的答案，能否说服招聘者既了解你的资历背景，又看到你的发展潜力。

其次，要试着从招聘者的角度来考虑，你的专业、经验、资历哪一项符合他的要求。可以准备好相关的问题，并罗列出来。例如，这公司/部门有哪些优势，公司面临的最大问题是什么，公司的竞争对手是谁，这次招聘的主要原因是什么，你要应聘的职位是什么。如果能向从事这项工作的老员工了解一些情况就更好了。

4. 分析公司对应聘者的要求

认真阅读相关招聘广告或信息，分析对求职者的各种要求；研究其对工作的描述，看看自己是否符合，有何优势和不足；研究公司对于求职者素质和技能的要求。

8.2　应聘礼仪和面试沟通技巧

案例8-4

巧妙的求职沟通

阿枫去年参加了某大型国企的校园招聘会，招聘会是在一个大体育场里进行，队伍排到了出口处，每一位应聘者与面试官只有几分钟的交谈时间。如何在这么短的时间里，取得面试官的好感，进入下一轮呢？阿枫放弃了常规的介绍，而是着重给面试官介绍自己完成的一个项目，他还引用了导师的评价作为佐证。由于运用了一点小技巧，阿枫顺利闯过这种“海选”般的面试。

(资料来源：http://www.lz13.cn/zhichanglizhi/11167.html)

8.2.1　注意面试礼仪

在求职中仅靠专业知识和热情是不够的，还必须利用面试这个重要环节，让用人单位喜欢你。面试礼仪是求职者在与招聘单位接触时应具备的礼貌行为和仪表形态规范。

1. 自我形象设计

自我形象设计是一个人对自己的外在形象，主要是对头部、脸部、着装等进行的整体设计。社会心理学家认为，在公众场合，人们总是趋于衣着整洁、仪表大方的人。

1) 男性

男性最好穿西装打领带，西装价格不必太贵，配上色彩协调的衬衫，注意皮鞋和袜子的搭配。如果没有西装，一般流行的夹克、羊毛衫也可以，但衣服必须干净，色调不要刺眼，以冷色为主。头发和指甲必须整洁，胡子应刮净。

2) 女性

女性最好穿套装，适度化妆，注意皮鞋和皮包的搭配。或是浅色的连衣裙配长筒袜。如果穿超短裙或过分暴露的透明衬衫，会使人觉得你不够稳重。

3) 禁忌

男女都不能在面试时穿T恤、牛仔裤、运动鞋。一副随随便便的样子，百分之百是不受人事主管欢迎的一类。如要染发，则注意颜色和发型不可太标新立异。选择平时习惯穿的皮鞋，出门前一定要清洁擦拭。女性一定不要在服饰上给人错误的信号，如过于花枝招展、性感暴露的打扮会让人有别的想法，惹来许多不必要的麻烦甚至性骚扰，对求职本身毫无益处。

2. 面试时的礼仪

(1) 要留出20分钟的富余时间，避免迷路或者堵车。提前5～10分钟到达面试地点，以表示求职者的诚意，给对方以信任感，同时也可调整自己的心态，做一些简单的仪表准备，以免仓促上阵，手忙脚乱。为了做到这一点，一定要牢记面试的时间和地点，有条件的最好能提前去考察一下，这样可以观察、熟悉环境，也便于掌握路途往返时间，以免因一时找不到地方或途中延误而迟到。

【思考与讨论】如果面试迟到了，应该如何补救？

(2) 进入面试场合时，如门关着，应先敲门，得到允许后再进去。开关门动作要轻，以从容、自然为好。见面时要向招聘者主动打招呼，问好致意，称呼应当得体。在主考官没有请自己坐下时，切勿急于落座。同意落座后，要说“谢谢”。坐下后保持良好的体态，切忌大大咧咧，左顾右盼，满不在乎，以免引起考官反感。

(3) 在整个面试过程中，要保持举止文雅大方，谈吐谦虚谨慎，态度积极热情。如果主考官有两位以上时，回答谁的问题，目光就应注视谁，并应适时地环顾其他主考官以表示自己对他们的尊重。谈话时，眼睛要适时地注意对方，不要东张西望，显得漫不经心，也不要眼皮下垂，显得缺乏自信。激动地与主考官争辩某个问题也是不明智的举动。有的主考官专门提一些无理的问题试探耐性，如果“一触即发”，乱了方寸，面试的效果显然不会理想。

(4) 面带微笑，脸上带着愉快轻松和真诚的微笑会使你处处受欢迎，因为微笑会显得和和气气，而每个人都乐于与和气、快乐的人一起共事。应该表现出自己的热情，但不要表现得太过分。

3. 摆脱怯场

【思考与讨论】如何在面试前摆脱或减缓怯场情绪？

(1) 面试过程中注意控制谈话节奏。进入考场后，如果感到紧张就不要急于讲话，而应集中精力听完提问，再从容应答。一般来说，人们精神紧张的时候讲话速度会不自觉地加快，讲话速度过快既不利于对方听清讲话内容，又会给人一种慌张的感觉。讲话速度过快往往容易出错，甚至张口结舌，进而强化了自己的紧张情绪，导致思维混乱。当然，讲话速度过慢，缺乏激情，气氛沉闷，也会使人生厌。为了避免这一点，一般开始谈话时可以有意识地放慢讲话速度，等自己进入状态后再适当增加语气和语速。这样，既可以稳定自己的紧张情绪，又可以扭转面试的沉闷气氛。

(2) 回答问题时，目光可以对准提问者的额头。有的人在回答问题时眼睛不知道往哪儿看。魂不守舍、目光不定的人，使人感到不诚实；眼睛下垂的人，给人一种缺乏自信的印象；两眼直盯着提问者，会被误解为向他挑战，给人以桀骜不驯的感觉。如果面试时把目光集中在对方的额头上，既可以给对方以诚恳、自信的印象，也可以鼓起自己的勇气，消除自己的紧张情绪。

8.2.2 注意交流技巧

在面试交流时应该记住“3P 原则”：自信(Positive)、个性(Personal)、中肯(Pertinent)。回答要沉着，突出个性，强调自己的专业与能力，语气中肯，不要言过其实。同时时要调适好自己的情绪，在介绍自己的基本情况时面无表情、语调生硬，在谈及优点时眉飞色舞、兴奋不已，而在谈论缺点时无精打采、萎靡不振，这些都是不成熟的表现。对于表达，建议求职者可以先找自己的朋友练习一下，也可以先对着镜子练习几遍，再去面试。

1. 语言技巧

(1) 口齿清晰，语言流利，文雅大方。交谈时要注意发音准确，吐字清晰。还要注意控制说话的速度，以免影响语言的流畅。为了增添语言的魅力，应注意修辞美妙，忌用口头禅，更不能有不文明的语言。应避免书面语言的严整与拘束，而应使用灵活的口头语进行组织。切忌使用背诵朗读的口吻，如果那样的话，对面试官来说，将是无法忍受的。还要注意声线，尽量让声调听来流畅自然，充满自信。

(2) 语气平和，语调恰当，音量适中。面试时要注意语言、语调、语气的正确运用。语气是指说话的口气；语调则指语音的高低轻重配置。打招呼问候时宜用上语调，加重语气并带拖音，以引起对方的注意。自我介绍时，最好多用平缓的陈述语气，不宜使用感叹语气或祈使句。声音过大令人厌烦，声音过小则难以听清。音量的大小要根据面试现场情况而定。两人面谈且距离较近时声音不宜过大，群体面试而且场地开阔时声音不宜过小，以每个主考官都能听清你的讲话为原则。

(3) 语言含蓄、机智、幽默。说话时除了表达清晰以外，适当的时候可以插进幽默的语言，使双方谈话增加轻松愉快的气氛，也展示自己的优雅气质和从容风度。尤其是当遇到难以回答的问题时，机智幽默的语言会显示自己的聪明智慧，有助于化险为夷，并给人以良好的印象。

2. 回答问题的技巧

(1) 把握重点、简捷明了、条理清楚、有理有据。一般情况下，回答问题要结论在先，议论在后，先将自己的中心意思表达清晰，然后再做叙述和论证。长篇大论会让人不得要领，面试时间有限，如果因为神经紧张，多余的话太多，就容易走题，进而会将主题冲淡或漏掉。

(2) 主考官提问总是想了解一些应试者的具体情况，切不可简单地仅以“是”“否”作答。针对所提问题的不同，有的需要解释原因，有的需要说明程度。不讲原委、过于抽象的回答，往往不会给主试者留下具体的印象。

(3) 重视案例的作用，回答问题要围绕专业和岗位。在提及优点、特长以及能力的时候，你可以运用自己的经历来证明，也可以适当引用老师、朋友等的评论来支持自己的描述。但都要坚持以事实说话，少用虚词、感叹词之类。自吹自擂一般是很难逃过面试官的眼睛的。至于谈弱点时则要表现得坦然、乐观、自信。要投其所好摆成绩，这些成绩必须与现在应聘公司的业务性质有关。在面试中，你不仅要告诉考官你是多么优秀的人，更要告诉考官，你如何地适合这个工作岗位。那些与面试无关的内容，你要忍痛舍弃。

(4) 面试中，如果对主考官提出的问题，一时摸不到边际，以致不知从何答起或难以理解对方问题的含义，可将问题复述一遍，并先谈自己对这一问题的理解，请教对方以确认内容。对不太明确的问题，一定要搞清楚。这样才会有的放矢，不致所答非所问。

(5) 主考官每年要接待应试者若干名，相同的问题要问若干遍，类似的回答也要听若干遍。因此，主考官会有乏味、枯燥之感。只有具有独到的个人见解和个人特色，以及创新思想的回答，才会引起对方的兴趣和注意。

(6) 面试遇到自己不知、不懂、不会的问题时，一定不要默不作声、牵强附会或是不懂装懂，诚恳坦率地承认自己的不足之处，反倒会赢得主试者的信任和好感。

(7) 适当运用肢体语言。回答问题时候，一定要对对方的谈话表示关注，要表示出你在聚精会神地听。一般表示关注的肢体语言是身体前倾。手心向上，两手向前伸出，手要与腹部等高的肢体语言则表示你愿意与听者接近并建立联系。但是，不能随意摆动身体，不要做过分夸张的动作，也不要有额外的小动作。

3. 随机应变

在面试考场上，经常会出现一些出乎意料的情况。例如，考官问了一些自己没有准备的问题或很离奇的问题等，这时千万不要乱了阵脚，要从容地处理。主考官往往以询问求职者的有关情况作为面试的切入点。这个问题看似简单，其实往往不是所有的人都能应付自如的。有时难免会在主试者出人意料的询问下手足无措、张口结舌。为了检验考生的实际工作能力，面试中往往设置“情景”试题，以测试考生的个性特征、办事效率和应变能力。有的时候主考官的问题看似简单，其实并非表面含义，而是另有用意，所以一定要有随机应变能力。

4. 适时告辞

面试不是闲聊，也不是谈判，是陌生人之间的一种沟通。谈话时间长短要因面试内容而定。招聘者认为该结束面试时，往往会说一些暗示的话语，如“很感谢你对我们公司这项工作的关注”或“感谢你对我们招聘工作的关心”“我们做出决定一定会通知你”等。求职者在听到诸如此类的暗示之后，就应该主动告辞，告辞时应该感谢对方肯花费时间在自己身上。

8.2.3 致谢和总结

1. 礼貌致谢

面试结束后，在接到正式面试结果通知以前，应向某一具体负责人打电话或写信，感谢他为你所花费的时间和精力，感谢他为你提供面试机会，同时表示对应聘岗位的极大兴趣，希望早日能听到对方的回音，能为贵单位的发展做出具体的贡献。这样做，不仅是出于礼貌，也是为自己再争取机会，也许你的一封信或是一个电话会给你带来意想不到的结果。

2. 及时总结

要明白被用人单位拒绝也是一种经验。面试结束后，应该及时地对本次面试进行回顾和总结，尽量回顾面试的过程和细节，找出失误的地方，对面试中遇到的难题重新考虑，如果下一次遇到，该如何更好地回答。万一通知落选，也不要灰心，要虚心地向招聘者请教有哪些欠缺。这样就可以知道自己到底为什么落选，以便在今后改进，为下一次做更好的准备。

8.3 初入职沟通

8.3.1 做一个受欢迎的职场新人

案例 8-5

小宋去年从陕西某信息工业技术学院毕业后，到一家工厂从事技术员工作。进厂后，领导安排他到车间协助老师傅搞一项技术革新，可他却认为这是“大材小用”。下车间后，他仅仅凭着以往在校学得的一些理论知识，看不起那些具有丰富实践经验的老师傅，引起老师傅的不满和反感，大家开始有意疏远他。

为此，小宋感到很委屈，要求调整工作岗位。但调整后，小宋又感到这个班组的领导不器重他，同事间的关系越弄越僵。

(资料来源：佚名. 初涉职场慎处人际关系[J]. 劳动者报，2011，10)

古人云，天时地利人和。对于初入职场的新人来说，天时地利不如人和。刚参加工作的毕业生，由于社会经验较少，加上长期受校园文化的熏陶，往往带着浓厚的学生气。当他们进入新的环境后，如果不能尽快脱下学生气，就会与新环境的许多事情发生碰撞，从而影响到他们对新生活的适应。那么，毕业生参加工作后，怎样才能尽快脱去“学生气”，成为一个受欢迎的企业人呢？

1. 注意第一印象

第一印象在人际交往中所具备的定势效应有很大的稳定性，一个人留给他人的第一印象就像深刻的烙印，很难改变。

(1) 穿着要得体。不同性质的单位，对服饰与仪表有着不同的审美标准和习惯。新进公司的人要根据工作性质、职位选择适宜的服装。以整洁、大方、顺应潮流为好，不要穿过于追逐时尚、过于休闲的服装，相对保守、正规一些的服装会给人留下好印象。

(2) 言谈举止要得体。得体的言谈举止应该表现得亲切、热情、有礼貌、有理智、讲道德、讲信用。待人接物中，一方面切忌“傲气”，另一方面要避免过于“谦卑”，应注意不要过于随便。

2. 尽快了解公司文化、熟悉业务

(1) 尽快了解公司文化。每个公司都有自己的发展史和企业精神，都有一些成文或不成文的规矩，平时要抓紧时间，多翻阅公司的一些材料。多注意观察，会使你少犯错误，少出纰漏。

要想在新职位上脱颖而出，就要跳出部门框架看问题。从公司老板的角度去考虑那些真正与公司整体业务相关的事情。设想如果你是公司的老板，你会怎么做？

(2) 了解公司的组织方针。首先必须了解公司内部的组织，知道每个单位所负责的工作及主管。除此之外，还要了解公司的经营方针，以及公司的工作方法。一旦你对整个公司有了全面认识后，对你日后的工作将大有助益。

(3) 尽快学习业务知识。你必须有丰富的知识，才能完成上司交代的工作。这些知识与学校所学的有所不同，学校中所学的是理论知识，而工作所需要的是实践经验。

3. 多从他人的角度出发考虑问题

毕业生的特点是比较单纯，进入新环境后还以学生的方式行事，以坦率、真诚的态度率性而为，结果得到的是不被理解、不被支持、不被合作。这是因为企业人有他们的思维方式，你认为应该的事情，在他们眼里可能是不应该的，于是就会产生误解和抱怨。建议新入职场的毕业生，学会多从他人角度出发考虑问题，不要一厢情愿，只从自己的角度出发考虑问题，这样才会得到大家的认可。

4. 认真做事，但不要过于苛求

工作要紧张有序。工作刚开始，往往工作量不大，不能坐在那里发呆，要设法使自己忙碌起来。例如，翻阅有关的文件、档案资料，搜集整理一些有关的资料等。至于领导交办的工作，自然应尽心尽力，力争高效、高质量地完成。办公桌要保持光亮整洁，文件摆放要井井有条。

努力做好交办的每一件事。初为上班族，对于老板或同事交办的每一件事，不管大小，都要尽力克服一切困难，力求在最短时间内尽善尽美地完成。只有做好每一件事，才能取得领导、同事的好感与信任。

毕业生新参加工作，往往想一鸣惊人，对上司初次交给的任务，总想高标准完成，以显示自己的实力和才干。结果有时会由于过于追求完美，为自己设定了不切实际的目标，最后使自己陷于被动。其实，做任何事情都有个度的问题，企业强调的是在合适的时间以合适的成本完成工作。建议初入企业的毕业生，要学会了解事情或任务的基线，即它的及格水平，这样就能为自己留出一定的余地，同时不放弃自己的挑战目标，做起事来才能游刃有余。

5. 遇到困难多向老员工请教

新参加工作的毕业生常常争强好胜，在遇到难题时，会碍于脸面，不愿意承认，结果给自己的工作带来不利因素。建议毕业生多向老员工讨教，对不懂的事更要表现出虚心的态度，切不可不懂装懂，这样才能尽快被他人接受。要有一种从零做起的心态，放下架子，尊重同事，不论对方年龄大小，只要比你先来公司，都是你的老师，你只有虚心请教，不断学习加上埋头苦干。

别被失败挫伤。新手初上工作岗位，难免出现差错，下次尽量避免，同时要不断鼓励自己：不论多么伟大的人都会出现差错，这很正常，下次我会做得更好。

6. 尽快融入团队

毕业生容易自恃才高，过于相信自己的能力，而忽视与他人的配合，结果一方面会事倍功半，另一方面会引来他人的“另眼看待”。任何人都是团队的一分子，不能游离于团队之外。建议毕业生尽快熟悉企业文化，认清自己的角色和职责，融入团队，这样才能更多地得到团队的支持，把工作做好。

对于初涉职场的年轻人来说，要学会和人相处，不要太过于自信。要多学习前辈的长处，虚心向前辈请教。无论你到了哪个单位，都不要把自己孤立，尤其是在职场。事情不分我的你的，任务不讲我们你们，都是集体的，协调好关系，才能稳中求胜。

如果新人与单位领导或同事间的关系较为紧张，这就会使自己处于一种莫名的不安状态，感到无助，并因此会引起各种情绪反应，如焦虑、悲伤和愤怒等，甚至会对生活产生失望或无望的卑怯心理。这些对人体的健康都是不利的，严重的还会引起精神分裂，不利于个人健康。

在人际交往的各种冲突中，人人都会经常想到“自己”。但是，如果能够经常想到要自觉地调整好个人行动与社会要求之间的关系，经常想到“自己”与他人的关系，想到“己所不欲，勿施于人，己之所欲，勿损于人”，人际关系就比较好处理了。

另外，要体会、观察别人的需求与感受。由于每个人的动机不同，在人际交往过程中，如果大家都能设身处地地多替别人着想，“将心比心”，势必可以减少很多不必要的误会及不愉快的冲突，这也是维持和谐的人际关系的重要方面。

8.3.2　初入职的忌讳

1. 极不合群

职场上未必都要求你性格过分热情开朗或者为人八面玲珑，但是当然也不希望找一个极不合群的职员。如果刚来上班的时候，不和人打招呼，就没有人知道你是几点来的；下班时候，刚刚人还在，忽然座位上已经没有人了。久而久之，你就会被同事忽略。

2. 太爱表现

太爱表现，很容易引起同事之间的矛盾和嫉妒。而且刚入职场的年轻人做事不一定稳当，还是要听听前辈的意见，只要努力做，总能得到大家的肯定。如果太爱表现，很难与同事相处融洽，最终会变成孤家寡人。职场新人可以通过平时的多点学习和积累来获得别人的认可，而不必过度表现自己。

3. 推卸责任

有的新人不肯承认自己错误，听不得别人批评，总喜欢推卸责任。这是很不受欢迎的。新人开始一两次说自己没经验犯了错没关系，大家都可以谅解，但是一遇到问题就把自己的责任推得干干净净，势必引起旁人反感。在职场中，推卸责任的人本身就不受人尊敬，何况新人与周围的环境还没有完全磨合好，这样如何在职场中建立个人品牌？

4. 行为怪异

有的新人穿着打扮、言行举止怪异，与周围的人格格不入，这样的人很难融入团队。在为人处世上，这些人崇尚简单，有时直奔主题，让同事无法接受。在穿着上，他们一切从简，不讲究生活品位，甚至有些不修边幅，男的满脸胡子，显得一脸沧桑；女的则经常几天不洗头，显得十分不协调。

5. 敷衍了事

有的新人来到公司，对于本职工作以及同事或上级交代的事情不认真完成，敷衍了事。新人总是要从基本的工作开始做起，在慢慢适应的过程中了解并熟悉整个工作环节的流程。虽然有的工作可能比较单调，有的工作比较困难，但是无论哪一种情况，敷衍了事都是职场新人的忌讳。

6. 不拘小节

有的新人特别讲究个性，如有的男生，戴耳钉，头发染黄，牛仔裤上剪几个大洞，电脑包斜挎在身上，走起路来松松垮垮，做事明显带有自我标签，而且喜欢跟随潮流。如果这样的打扮和公司文化不一致，很容易引起同事和领导的反感。

有的新人很不懂礼貌。进门自己先进、出门自己先出。领导、同事和新人说话时，作为新人第一时间要站起来，这些都是很基本的礼仪，可是一些职场新人，往靠垫上一靠，二郎腿一跷，很没有教养。

7. 缺乏主动

很多新人就像算盘一样，拨一拨动一动，不拨就不动，人家不来教他，他也就不学了，就在那儿等别人来教。有些新人应聘的时候说自己什么都会干，进入公司之后做错事情却说公司没有培训。作为大学生进入企业之后要不断学习，保持知识方面的更新，同时保持自己在职场上、行业内的竞争力。

在企业里一定要让自己处在不断学习的状态，学习别人的经验、学习别人好的处事方法和态度，还有知识方面的更新，要比较多地了解自己所处的行业和所在的企业将会用到的知识。

8. 过于稚气

一些新人经历太少，一遇到状况就六神无主。他们依赖心很强，仍旧把自己当成一个学生或者孩子。

刚刚从学校进入企业，总会碰到这样或那样的不适应，新人在这样的时候，不能还像在家里和学校里那样任性、娇气，要听得进善意的批评。

8.3.3 掌握与同事相处的一些原则

对公司来说，同事之间气氛越好，大家的心情自然越好，工作效率自然越高，领导自然高兴。问题是“一样米养百样人”，人是很复杂的，同事之间要永远一团和气，不过是奢望而已。那么，同事之间应如何处理关系呢？

1. 亲密但不能无间

要想在公司工作下去，自然不能把同事关系搞得一团糟，保持友好关系是必需的。但是同事之间毕竟存在竞争，也就是说有利益冲突，那就是不能“无间”。否则，别人自然了解你的长处与短处，甚至掌握你的隐私，关键时候就有可能击败你。人往往在没有利益冲突时可以称兄道弟，一旦有利益纷争，就可能反目成仇。

2. 不要与同事形影不离

同一战壕的战友，往往容易“同仇敌忾”，一个人开口骂领导，抱怨工作太多，待遇又差，同事大多随声附和。对公司有消极影响的事情，最好要三思而后行，除非你不想在这家公司继续工作。正确的做法是对领导提出自己的见解，如果你的想法独特可行，对公司有利，这样对提高你的威信会产生积极的作用。

3. 维护自己的成绩

要靠成绩来证明你的出类拔萃，这并不代表牺牲同事来突出自己。你要得到你真正应得的赞赏。要知道，在下一次你得到提升时，身边最要好的同事圈子也可能散伙，你只能做到问心无愧。

思 考 题

1. 求职沟通要做好哪些准备？
2. 谈谈求职礼仪的要求。
3. 初入职的新人要注意什么？
4. 初入职新人如何尽快融入团队？

实训项目

一、角色扮演

甲(或老师或多人)扮演面试官，乙扮演应聘者，设定场景进行表演。其余同学点评应聘者的表现，指出其表现良好的地方，纠正其表现不当的地方。

二、面试真题

以下这些问题是很多银行、企业订单班来浙江金融职业学院招聘时常见的面试问题，该如何回答比较合适呢？分小组讨论并仔细分析这些问题所隐含的意图，并恰当地回答下列问题。

1. 你希望得到多少薪水？
2. 谈谈你自己吧。
3. 如何评价你的优缺点？
4. 你的兴趣爱好是什么？
5. 你为何想到本公司工作？
6. 你的老师和同学对你的评价如何？
7. 你对以后有什么打算。
8. 谈谈你的家庭情况。
9. 你最崇拜的是谁？
10. 你的座右铭是什么？
11. 谈谈你的缺点。
12. 谈谈你的一次失败经历。
13. 对这项工作，你有哪些可以预见的困难？
14. 如果我录用你，你将怎样开展工作？
15. 与上级意见不一致的时候，你将怎样做？
16. 我们为什么要录用你？
17. 你是应届毕业生，你缺乏经验，如何胜任这项工作？
18. 你希望和什么样的上级共事？
19. 你在前一家公司离职的原因是什么？
20. 你有哪些想了解的本职位或本公司的信息？

项目 9 平行沟通

知识目标

1. 掌握平行沟通的意义和作用；
2. 掌握平行沟通的障碍及其克服方法。

能力目标

掌握平行沟通的基本技能。

案例 9-1

不受同事欢迎的职场行为

一、费力不讨好型

小夏是个能干的姑娘，公司办公室秘书，工作认真负责，但她就是有个小毛病。一次，小夏刚把经理送走，正专注地打一份报告，人事部小王来盖章。小夏不得不停下手中的工作，一边看着需要盖章的报表，一边"咣"地打开抽屉，还嘟噜着："上午不是盖过了吗，怎么又要盖章？以后把报表凑到一起再来盖，真烦人！"说完，把盖好章的报表往桌上一放，就去忙自己的了。这时，策划部的小张要用会议室，请小夏把门打开，刚刚坐下的小夏不耐烦地说："说过多少次了，用会议室要提前打招呼，怎么就是记不住。"说着把登记簿往小张面前一扔，自己拿着钥匙去开门了。小王和小张对视了一下，摇摇头没吱声，但到年底评议的时候，小夏的分数比较低。

二、恶意伤人型

老陈对同事小菲说："你看小骆才干了不到一年时间，就蹦了三个台阶，也太快了吧？像你这样工作能力强、业务精的人怎么就不提拔，还不是因为你只会干工作，让那些不如你的人钻了空子。"本来一向沉默、内心平静的小菲，被老陈这么一说也激得义愤填膺了："没办法，人才好用不能用。一般有才能的人都有些脾气，不好控制。哪个领导不喜欢乖乖听自己话的。我早就看透了，无所谓。"老陈看到小菲激动的样子，继续煽风点火："别生气，好人难做，无论你怎么努力，也胜不了旁门左道，除非你也练邪门歪功。"小菲愤愤道："咱经理整个一'岳不群'。"

三、眼红嫉妒型

去年，公司里有个出国进修的名额，这是很多人梦寐以求的。可名额只有一个，最后落到了公关部赵娜的名下。身为赵娜部下的许营对赵娜有了敌意，尽管赵娜从来没得罪过她。许营总是一有机会，就有意无意地打赵娜的"小报告"，或者趁赵娜出差之际，找出各种借口频频向经理汇报工作，以显示自己的工作能力。那次，她趁赵娜出差，又跑到经理那儿汇报工作："经理，您看这份定单的数据有问题。"经理问："是谁统计的。""可能是赵部长吧。"一次，她趁赵娜不在办公室，偷偷拿走了一份重要文件，然后跑到总经理那儿，问这个文件是不是经理的。总经理一看，这不是公司刚刚研究过开发某一市场的策划书吗？他问许营是从哪儿发现的，许营说：“是从走廊上捡的。”事后，赵娜因为管理失误，受到公司的通报批评，出国进修的事也泡了汤。后来，许营又装着很同情地向赵娜解释：“赵部长，我捡到这份文件后，本来想给你送去的，可正好碰到总经理，他问我呢，我就顺手给他了。没想到却给你带来麻烦，真对不起。”

四、扰乱情绪型

尽管宁宁知道对桌的老杜是个情绪“污染源”，也深深感到受污染的危害，时间长了还是避免不了老杜对自己的影响。渐渐地，宁宁竟然也或多或少地相信老杜的某些言论了，看事情开始往坏处想了。

那次，老杜又有板有眼地对宁宁说：“你知道吗，这次部门副经理的位置本该是你的，可就因为那个会‘发嗲’的小文，经常去老总那儿告你的黑状，这个副经理的位子才落到小文手里的。”宁宁半信半疑，却不知怎的，越看越觉得小文的举动挺像老杜说的那样。于是，宁宁处处找茬儿，与小文作对。

(资料来源：http://www.people.com.cn/GB/shenghuo/78/113/20021231/899346.html)

【思考与讨论】遇到案例中的各种现象，你认为应该如何应对比较妥当？如何避免重蹈上述案例中的覆辙？

9.1 平行沟通的作用和流程

平行沟通，又称横向沟通或水平沟通，指组织内同层级或部门间的沟通，同僚、同事之间就跨部门事务工作进行协商、协调，大多属于平行沟通。

9.1.1 平行沟通的作用

平行沟通处理得好坏，直接影响到企业的运行和个人在职场上的发展。良好的平行沟通有着积极的作用，主要体现在以下几方面。

(1) 它可以使办事程序、手续简化，节省时间，提高工作效率。

(2) 它可以使企业各个部门之间相互了解，有助于培养员工的整体观念和合作精神，克服本位主义倾向。

(3) 它可以增加员工之间的互谅互让，培养员工之间的友谊，满足员工的社会需要，使员工提高工作兴趣，改善工作态度。

但是如果平行沟通处理不好，就会造成部门之间、同事之间的相互扯皮，易造成混乱。此外，平行沟通也可能成为员工发牢骚、传播小道消息的一条途径，造成打击团体士气的消极影响。

案例9-2

两个部门间冲突的顺利解决

某公司老总发现公司的财务部和营销部长期缺乏沟通，两个部门因为一些事情长期扯皮，影响了公司的声誉。

一天，他召集两个部门的经理，与他们推心置腹地沟通才了解问题的症结所在，原来是因为两个部门的下属背地里说对方部门的坏话，才使双方部门长期存在隔阂。财务部说营销部是“烂好人”，总把客户直接带到财务部讨债。财务部为了能把公司的流动资金多周转一次，对外谎称公司账户上暂时没有钱，而营销部的人却故意拆他们的台，说公司账户上明明有钱，让他们马上给钱。

两个部门的经理通过老总细心调解，都进行了自我批评，相互赔礼道歉，表示要严格管束部门下属，团结一致，努力让公司的产品在市场上有个好销量。关于客户付账等涉及两部门流程的问题也会坐下来好好商讨并制定相应的流程规则，防止冲突再次发生。

从这以后，这两个部门经常密切沟通，工作也逐渐协调了起来。

(资料来源：崔佳颖. 360度高效沟通技巧[M]. 北京：机械工业出版社，2010)

可见，一个公司如果平行沟通做得不好，不仅影响员工之间的合作和员工的工作兴趣，而且不利于公司的形象声誉甚至公司的长远发展。而良好的平行沟通带来的好处则要远远大于为沟通所付出的努力。

9.1.2 平行沟通的流程

平行沟通以互通有无、争取配合为主要目的，并且在企业内部进行，不同于公关，不同于谈判，应该直截了当，简明扼要。当然这会受到企业文化的影响和制约。只有诚信为本、求真务实的企业文化才能让员工之间做到直言不讳。规范化管理的平行沟通流程如下。

1. 沟通从工作出发

如果需要沟通，一定是自己感到对方对正在进行的工作重视不够，或是对上级的安排理解不透，妨碍了工作顺利进行。如果你认为只要和对方进行一次沟通就能解决问题，应该首先选择互相沟通，以求得问题的迅速、圆满解决；沟通失败，才考虑报告上级。因此，沟通一定要着眼于工作。同事间因工作产生误会而进行沟通也是为了工作。

2. 沟通遵循制度和流程

为什么要遵循制度和流程呢？就是说一定要找准沟通的对象。你正在进行的工作遇到了阻碍，问题出在哪个环节，谁是这个环节的负责人，公司的制度或流程一定是有规定的。我们必须遵循各司其职、各负其责的原则开展工作。如果找一个不相干的人进行沟通，一是对方会认为你无事找事，二是你的目的根本达不到。

3. 沟通开宗明义

明确了沟通对象，首先征询对方是否有空。如果对方手中正忙于上司交办的一个紧急工作，或是正在思考一个创意方案，贸然打断别人，会让对方感到突兀。一旦确定对方时间上方便，就可以直截了当地提出自己的沟通议题、自己的期盼，然后等候对方回应。这里特别要注意的是不要转弯抹角、废话连篇，浪费自己时间不说，也给对方一个不好的印象：他不忙，还有时间闲聊。

4. 征询对方意见

既然找对方沟通，一定是自己觉得对方在解决问题上举足轻重，那就必须虚心听取对方的意见，了解对方对沟通的工作不配合的原因或存在的困难，或者是对方有了更好的完成任务的创意，正等着你来商议。内部工作沟通不必转弯抹角，但必须尊重他人！听取对方意见时，不宜随意打断对方，以免分散对方注意，影响对方表达。同时要注意，如果你是工作上的佼佼者，更不可盛气凌人，一定要放低身段。

5. 提出个人建议

待对方陈述个人意见之后。如果你觉得对方言之有理，除了完全接受之外，别忘了表示感谢。沟通目的达到，工作可以继续进行。如果对方提出的建议，在你看来只有部分可取，那也是一个不错的开端。即便对方的建议在你看来没有一条可行，也不可怕。你陈述自己的理由就是了。

6. 听取对方反馈

在提出与对方不同意见之后，要特别强调指出：“你看看在我提议的基础上你有什么补充？”一是让对方把思路调整到你的建议上来，二是在情感上表达对对方的尊重，让对方对转变观念、接受你的建议有心理准备。对方的反馈必须耐心听取。

7. 双方求同存异

由于所处的位置不同、个人经历经验不同，同事间在工作方式上存在不同态度、不同观点是再正常不过的事情。第一，不必大惊小怪，第二，换个角度从对方的立场考虑，也许你也会有改变。在这一点上我们应求同存异，只要工作能够正常进行就可以。不一定是一方说服另一方，或者是完全迁就对方，以保一团和气。这都是不可取的态度和行为。

8. 问题解决为宜，否则报告上级

是不是所有的沟通都能圆满解决？显然不是。碰到本位主义严重的，很简单的问题都可能被复杂化。万一碰到脑筋不转弯的、以自我为中心的人，沟通不畅的时候，除了保持冷静之外，还必须立即报告你们共同的上级，由他来协调。注意，企业内部有分歧很正常，没有分歧才不正常，此其一；其二，那些不合作、不配合他人的个人英雄只有两条路选择：要么他改变，要么他走人。企业绝对不会给他第三条路走。

沟通以诚待人，以搞好工作为目的，以提高效率为宗旨。

9.2 平行沟通的障碍

平行沟通促进了各部门的交互作用并影响全体，但随着组织扩大范围及复杂性的增加，尽管发展出许多传达信息的工具，整个组织中真正的团结与合作，还有赖于人们对于信息所含意思的了解能力、分享各种想法的意愿以及对其同事的尊重等。

9.2.1 障碍的来源

平行沟通的障碍来自于两个方面：

(1) 部门化。这是平行沟通的最大障碍，要应付的人和信息增加，员工为了资源、职位和认可互相竞争；部门为目标奋斗，无视于对其他部门或整体组织造成的影响。

(2) 员工之间的个人摩擦冲突。

平行沟通中遇到的障碍的特征及表现见表 9-1。

表 9-1 平行沟通障碍的具体特征和表现

特　征	具 体 表 现
没有共同的目标	组织中每个人各有各的目标，对组织的目标不关心，更不用说去努力实现组织的目标
不愿意共享交流	在组织中，平行成员之间很少谈与自己工作有关的话题，生怕与别人交流多了，言多必失；说出自己的经验会被别人学去，总是互相提防

续表

特　征	具 体 表 现
本位利益的考虑	在存在业务竞争的组织中尤为明显，甚至会导致部门的员工之间相互保密、互相攀比
失去权利的强制	在指挥链中，同级的员工或领导者处于水平位置，相互之间除了平等的沟通之外，不能用命令、强迫、批评等手段达到自己的目的，只能通过建议、辅助、劝告、咨询等方法进行沟通
转移责任给别人	大家经常“踢皮球”，缺乏整体的意识，不能从组织的利益出发，都不愿承担责任，导致工作没效率

9.2.2 障碍的克服

要实现有效的平行沟通，必须要做到以下几点。

1. 沟通从自我做起

只有尊重对方，对方才会给予同样的回报，彼此尊重，这样才能进行有效的平行沟通。凡事由自己先做起，率先走出第一步，就会达到自己想要的结果。

2. 不要只考虑本部门的利益

设身处地地站在对方的立场考虑。分工是为了合作，彼此同心协力才能提升组织的整体业绩。

3. 做到互利互惠

在沟通时基于互利互惠的原则，强调自己的责任，增加责任感，双方保持平等互惠的原则，力求大家都好才方便沟通。

4. 促进了解

用诚意来促进对对方的了解，在现实中，做一个生活的有心人，注重平时的联系，才能促进彼此的了解，达成有效的沟通。

5. 真诚做人

可以圆通但不能过于圆滑，不要给人造成没有诚意的印象，这样就很难达到理想的效果。

案例 9-3

桌子与沟通

美国一家公司非常重视员工之间的相互沟通与交流。公司管理层发现，公司各个部门的员工，如技术研发、市场营销等部门的员工，在工作中关注专业分工，缺乏对其他部门信息的了解，容易导致部门之间的隔阂，组织整体信息被人为分化。

于是，他们想出一个办法，把公司餐厅里4人用的小圆桌全部换成长方形的大长桌。这是一项重大的改变，因为用小圆桌时，总是那4个互相熟悉的人坐在一起用餐，而改用大长桌情形就不同了，一些彼此陌生的人有机会坐在一起闲谈了。

如此一来，研究部的职员就能遇上来自其他部门的行销人员或者是生产制造工程师，他们在相互接触中，可以互相交换意见，获取各自所需的信息，而且可以互相启发，碰撞出“思想的火花”。

更重要的是，各部门能够了解其他部门的相关信息，从而做到换位思考，求同存异，避免了不应该的冲突。公司的经营得到了大幅度的改善。

(资料来源：崔佳颖. 360度高效沟通技巧[M]. 北京：机械工业出版社，2010)

从案例 9-3 中可以看到，对桌子的小改动带来了部门之间交流的增多，相互接触时间长了，人们就会增进彼此了解，找到更多共同感兴趣的话题，形成团队意识。

9.3 平行沟通的技巧

对于组织而言，平行之间沟通是组织的顺畅运行的关键，平行沟通之间沟通合作，没有“应该”和“必须”，只有相互帮忙和愿意帮到什么程度、尽多大力。

对于个人而言，同事之间既是合作关系又是竞争关系，平行沟通要体现出关爱、谅解和互助，言语表达要准确、流畅和生动。要根据不同的人、不同场合选择恰当的沟通方式，使大家相互愉悦接纳，和谐共事、增进友谊。

因此平行沟通应该本着主动、双赢、协作、关心、谦让、体谅的原则并掌握必要的技巧。

9.3.1 主动表达善意

平级的管理者之间在组织机构中处于同等位置，不能用命令、强迫、批评等手段达到自己的目的，只能通过建议、辅助、劝告、咨询等方法进行沟通，类似于普通人之间的日常交往。

人与人之间在刚开始交往的时候，都免不了心存一点戒心，担心被别人算计，这是十分正常的。部门之间也是如此，虽然都在一家企业里工作，但各部门也有自己的利益，总怕被别的部门先占了便宜，抢走了头功。

这个时候，心胸开阔、有远见的管理者通常会主动表达善意，减少或者打消对方的顾虑，使双方形成良好的互动沟通。

对于新同事，如果手头的工作不甚熟悉，当然很想得到大家的指点，但是心有怯意，不好意思向人请教。这时，我们最好主动去关心帮助他们，在他们最需要得到帮助之时，伸出援助之手，往往会让他们铭记终生，打心眼里深深地感激你，并且会在今后的工作中更主动地配合和帮助你，切不可自以为是，把新同事不放在眼里，在工作中不尊重他们的意见，甚至叱责，这些态度都会伤害对方，从而使对方对你产生恶感。

9.3.2 不旁观，不错位

在足球场上，每位球员都要积极主动地相互配合，队友防守出现漏洞时要及时补上，同时还要照看好自己的位置，不能随便改变自己和队友的角色身份。

企业组织的各部门在协调沟通的过程中，也要像足球比赛一样，见到空位及时主动补救，不能袖手旁观。如果需要别人配合，最好自己先提供协助，别人才会愿意反过来配合你、协助你。所以平时就要主动、有意识地给别的部门提供方便或帮助，自己先制造一些对别人的贡献，然后再要别人来配合自己，共同谋求一个双赢的结果。

要做到不旁观、不错位，管理者平时就要去了解其他部门经理的工作目标，了解其他部门经理在自己部门管理当中的重要性，了解自己部门对其他部门的影响，还应该了解自己部门怎样配合，其他部门才能满意。这样，才会知道对方有什么需求，知道自己部门有什么资源，也会知道运作到什么程序，对方需要什么样的支持。如果有了这样基本的认知，我们就会清楚，自己应该怎样和他人去配合，沟通就会变得积极主动和恰到好处。

案例 9–4

树立强烈的补位意识

在一次项目完工的剪彩仪式，有一家房地产公司邀请了总公司五位领导前来剪彩，当五位领导被请上台后，项目经理发现台下还有一位相当级别的老领导也来了，于是硬把这位领导拉上台，让他也一道剪彩。下面的员工看在眼里，急在心里，眼看就要出洋相了。

说时迟，那时快，公司办公室主任迅速地从大衣口袋里拿出一把剪子递了上去，一字排开，六位领导喜气洋洋地剪完了彩。所有的人皆大欢喜。一位老员工在小惊之后，顿生敬佩之情，随即问办公室主任：“你怎么知道还会叫一个人上去？”

“如果老总再叫一个，我这边口袋还装着一把呢。”

“你小子，还真行。”

人在职场，我们不但要把自己的工做到位，而且还要善于“补位”，想他人所未想，你才能随时应对可能发生的各种问题，你才能把“泥饭碗”变为“金饭碗”，这样的人一般是不会“下课”的，因为别人的需要就是自己生存的最好条件。

所谓“补位”，就是在有人“缺位”的情况下，主动把看似分外的工作暂时承担起来，避免因别人的“缺位”而造成工作上的损失。这既是团队精神的生动体现，也建立了平级部门之间互助互利的友好合作关系。

所谓“不错位”，就是严格遵守职责分工，绝不无故超越自己的职权去干那些本来不该管、不能管的事情，导致“种了别人的地，荒了自家的田”，甚至还可能被说成“狗拿耗子多管闲事”。

9.3.3 求同存异建交情

俗话说：“物以类聚，人以群分。”不管是做什么工作，只要有共同的话题和兴趣，比较投缘，就可以产生交情，成为朋友。同级领导者之间都既是天然的“合作者”，又是潜在的“竞争者”。这是一种微妙的人际关系，必然会产生既渴望“合作”，又警觉“竞争”的复杂心理。如果各部门在工作中都考虑到他人的特殊利益，齐心协力促进企业发展，那么组织中的平级沟通就会更为顺畅。

做到求同存异，要求管理者要有宽容博大的胸怀和长远发展的眼光，对平级部门非原则性的不同观点不予过多纠缠，主要精力放在扩大双方都感兴趣的方面，通过增加共识，建立牢固的友谊与合作关系。

案例 9–5

小郑的“霸道”

小刘是局办公室的“资深”女秘书，因为工作性质的关系，曾经经常和办公室主任组织以及参加局里来自上级主管部门和兄弟单位的各种检查和接待活动。最近她和丈夫准备生一个孩子，因此考虑再三，终于下决心跟主任和局长表达自己希望在办公室内部调换岗位的意向。

经过讨论，主任和局长同意了小刘的要求，并安排办公室前年招考公务员时进来的小郑接替小刘原先负责的接待工作。小郑是个小伙子，在小刘的印象中，这是一个嘴巴很甜、很会套交情的年轻人。但自从接替小刘的接待工作后，小刘却开始感到小郑的“底气”和以前很不一样了。或者是经常跟主任一起与局领导“处”在一块的原因，小郑明显比以前“牛气”了很多，有时要小刘配合做一些事情，不经意间就会再现出十足的“指挥”派头。

办公室里别的同事看到小郑这种做派，都很气愤，私下商量要找机会“治治”他。小刘对此自然都是一笑了之。

但最近的一件事，却很让小刘“闹心”。在小刘所负责的工作中，有一项是主任以前指派的，即担负局里日常开销和常规接待费用的签单，大宗的费用一般是主任自己签单，但还有一些不大不小的，通常都会叫小刘来签。

小刘发现，小郑拿来要自己签的单，有一些开支不明不白，虽然额度都不是很大，但日积月累，一年下来也将是一笔不小的数目。小刘对此心里没底。刚开始几次，她还就要不要签犹豫的时候，小郑就会在旁边很不耐烦地催促，说财务那边催得很紧，要小刘赶快签。

有一次，小郑拿来一些发票要小刘签单，小刘审核了一遍，发现其中夹有几张超市的购物发票，上面写的名称是诸如日用品、洗发水甚至不粘锅、电饭煲一类的东西，小刘就拿出来问是怎么回事。小郑非常不耐烦地说：“问这么多干吗？你签就是了。”但小刘这次下决心不做这不明不白的事，就很坚决地只签了她认为没问题的票，而留下那几张超市购物发票。

小郑恼羞成怒，逼着小刘一定要签，小刘说：“我不想签！”小郑最终没了耐心，他拍着小刘，恶狠狠地说：“你要为你的行为付出代价的！你要知道这是主任交代要我办的！”说完，拂袖而去。

(资料来源：崔佳颖. 360度高效沟通技巧[M]. 北京：机械工业出版社，2010)

在案例9-5中，小郑接替小刘的工作后，两人还是同级关系，小郑并没有权力对小刘的工作说三道四。应该说，小刘的决策是明智的，因为面对一些说不清楚用途的购物发票，小刘签了，就要承担相应的责任。小郑因为小刘的质疑而大发雷霆，解决不了什么问题，反而使自己与同事的人际关系更加恶化。

在平行沟通中，要做到要人人都好，十分不容易，必须把握好自身一言一行的分寸，注意以下几点。

(1) 说话语气平和，用词恰当。常言道，“说者无心，听者有意。”作为一名管理者，必须时刻注意自己的措辞，表达意思的时候，尽量多用“请”“谢谢”等中性词或褒义词，少用“你给我……”等命令式语句；表示不同的意见或批评要委婉表达，切忌直接否定或嘲讽。

(2) 为人低调，不要自吹自擂。平级之间通常都过高看重自己的价值，而忽视其他人的价值；有功劳，大家都去抢，遇到问题，则尽可能把责任推给别人，这些做法都不利于沟通。要敢于承认自己的不足，从对方的成功中学习经验，聪明的管理者要善于学习别人的长处。对同级部门的支持配合要表示真诚的感谢，有时一个眼神，一声问候，拍一下肩膀，表示一下谢意，都是非常重要的。

(3) 不要随意与同事唱反调。与同事谈话，发表个人见解是可以的，但不能一味地唱反调以示聪明。有这种习惯的人，朋友、同事多半会疏远他，没有人肯向他提建议，更不敢进忠告。也许他本来是很不错的一个人，可不幸的是养成了爱与人抬杠、唱反调的习惯，结果别人都不喜欢他。当同事提出一个意见时，即使不能表示赞同，也要表示可以考虑，不可马上反驳。

(4) 适当恭维一下同事。在与同事进行语言沟通时，恭维的话说的适当，不仅能加强与同事的关系，还可以避免是非，甚至化解是非。爱听恭维话是人的天性。当人们听到对方的吹捧和赞扬时，心中会产生一种莫大的优越感和满足感，自然也就会高高兴兴地听取对方的意见了。与同事相处，能发现每个人的特长和喜好，恰到好处地恭维，可以起到融洽关系的作用。

9.3.4 相互补台不拆台

俗话说，“宁在人前骂人，不在人后说人。”意思是，别人有缺点或不足之处，你可以当面指出，令他改正，但是千万别当面不说，背后乱说。这样的人，不仅会令被说者讨厌，同样也会令听者讨厌。

平级沟通也很忌讳当面不说，背后乱说。在背后说同事坏话的人，肯定没有好的人缘，因为他的话很容易传出去，他今天说这个同事不好，明天说那个同事不行，凡是有点头脑的人，都会这么想：这次你在我面前说别人的坏话，说不定下次你就可能在别人面前说我的坏话。这样一来，他就成为不可信任的人。

“互相补台，好戏连台；互相拆台，一起垮台。”同级部门之间合作的机会要远远多于竞争，按照博弈论的说法，他们合作的收益要大于不合作的收益。决定他们是否能合作的关键在于双方最初的善意举动，如果一开始双方就相互拆台，破坏彼此之间的信任关系，那么他们就会继续争斗下去，直至两败俱伤；如果双方一开始就表示出合作的态度，逐渐增加彼此的信任感，那么他们就会越来越团结合作。

补台不拆台，要做到“面对面批评，背对背支持”，应从以下 3 点培养自己。

(1) 不随意批评同事，这是与同事达到友好沟通的首要原则。不得不批评的时候，要出于善意，说话要婉转，对其中有错误的地方应该指出，但做得正确的地方也应该加以赞扬，这样对方就会心悦诚服。

(2) 严于律己，宽以待人。不斤斤计较个人得失，对人要忠厚、宽让。

(3) 真诚待人，为对方着想。不要动辄以教训的口吻指责同事，要注意维护对方的自尊。

9.3.5 不要显示太强的优越感

在日常工作中，有人虽然思路敏捷，口若悬河，但总令人感到狂妄，因此别人很难接受他的观点和建议。这种人多数是因为太爱表现自己，总想让别人知道自己很有能力，处处想显示自己的优越感，获得他人的敬佩和认可，结果却往往适得其反，失掉了在同事中的威信。

在社会交往中，人与人之间理应是平等和互惠的，正所谓“投之以桃，报之以李”。那些谦虚豁达的人总能赢得更多朋友，而那些妄自尊大的人会引得别人反感，最终使自己走到孤立无援的地步，别人都敬而远之，甚至厌恶。在交往中，任何人都希望得到别人的肯定，都在不自觉地维护自己的形象和尊严。如果谈话对手过分显示出高人一等的优越感，那么无形之中是对他人自尊和自信的一种挑战和轻视，排斥心理乃至于敌意也就不自觉地产生了。

9.4 同事之间的情感沟通

作为职场人士，有很大一部分时间要和同事共同度过。来自工作的最大快乐非关金钱、权力或地位，而是与人相亲，能与人相遇、联络感情、建立友谊，以及分享心中的想法、感受、希望与恐惧，这也正是工作引人之处。同事之间既存在竞争，也存在合作，更存在情感。

情感沟通是职场沟通不可或缺的一部分。那么如何做好同事之间的情感沟通呢？

9.4.1 尊重他人，建立“同情”

所谓“同情”指针对他人在某种情境里能涌现的情绪和感受，能有所揣摩。这样，就知道该加强什么，又该回避什么。在关心同事时，不要让他觉得你看不起他。

同事间，最容易得理不饶人，疾言厉色咄咄相逼。如果发生在公开场合，那么怨恨可能就相当深远了。为人应该宽容，能给人余地，自己也安乐，况且沟通讲究和颜悦色，说理应说清楚，语气用字却不宜带有情绪，否则难免伤人，留下怨恨。

中国人常说“不在其位，不谋其政”，这是尊重人家安全空间、尊重人家生存权的一种方式，亦代表和平共存的宣示，能这样，别人安乐，自己也安乐。不过人际关系十分微妙，所谓“不谋其政”也有广义的解释，同事间有时候一些无意的动作或甚至基于善意的行为，都可能因为彼此职位处于竞争状态，而被解读为“恶意的出发”。

9.4.2 不要侵害同事的正当权益

在工作岗位彰显自己的专业风采或道德风采，原本无可厚非，但若涉及他人权益，最好先行协同，否则就是“侵权”行为了。

例如，某公司老板体恤员工经常加班到深夜，决定征询大家的意见讨论加班费发放标准，开会时偏偏就出现“马屁精”，发言指出员工们自动自发加班是基于对公司的向心力，并不介意有无加班费，更何况当前景气不佳，公司不减薪已难能可贵，哪还奢求其他福利呢？

职场上这样的人必定不受同事欢迎。

9.4.3 善于应对“小人”

职场上难免遇到“小人”，所以如何相处是一门学问。“小人”的一个特征，就是他们都喜欢炫耀自己，专门择人之不为而为之，是自私和虚荣心的一种体现，他们永远把自己摆在第一位，会为了一己私利，做出任何有损集体和个人的事情。假如你不幸遇上“小人”，就会让你工作无趣。

职场中常见的“小人”有三种，要学会妥善应对。

1. 表里不一，口蜜腹剑型

其实表面上不好接近的人，倒未必是真的不好打交道；最可怕的则是表里不一，看不透他心里究竟在想什么的那一类人。如果这类人还有着亲切又有耐心的外表，那么你很有可能没法在短时间内看出他的真面目，只有经过长期的观察和了解，才能最终分辨。

建议：与这种心态的人物交往，要灵活变通。由于他们嘴上一套，心里一套，所以和他们打交道，既不能不听他们说的，又不能完全相信他们说的。如何交往，运用什么策略，采用什么方式，回答什么内容，要根据当时情况灵活变通。与这类人交往，首要的任务是根据各个方面的信息，分析出他的真实内心，然后再对症下药，巧妙引导。

2. 除了挑剔，啥都不会型

有这么一种人，让他自己干，他什么都不行，但看着别人干的活，他却处处都能挑出刺来。抱怨这个同事不好，那个同事有问题，问问他有什么建设性意见呢，他要么一问三不知，要么摇头摆手说这不是我的职责。

实际上一个团队里，每个人都有自己的长处和短处，如果拿着放大镜看，谁在工作上都不可避免出差错。但一个健康的团队成员，应当带着善意提醒、改善，而不是恶意指责、攻击，除了制造负面情绪，毫无用处。

建议：这类人用语恶毒，正是要挑起你的怒火。你如果被这些刻薄的挑剔给激怒了，进一步让情绪影响到工作状态，再进一步在工作内容上出错，那么你就中计了。如果你能够抛开他过分的用词，听一听他究竟在哪些方面进行挑剔，说不定真的可以让你的工作质量有所提升。当你变得更强大的时候，你也就有足够力量无视他了。

3. 搬弄是非，挑拨离间型

爱打小报告，制造紧张气氛，夸大其辞，在你面前讲一套，在别人面前又说另一套。这种人为达到某种目的，可以用离间法去挑拨同事间的感情，制造他们之间的不和，以便从中获利。“八卦”这种东西，职场上难免。但这类人的可怕之处是，带着不可告人的目的，制造些真真假假的“八卦”，让人防不胜防。

建议：对于这类人，一旦沾上便说不好什么时候就会有是非惹上身来了。最简单的应对方法就是，不听、不说、不答。实在躲不开，被问到面前来时，哈哈哈笑一声或说句“是吗”就打发过去，不要表露出任何赞同或不赞同的态度。

9.4.4 相互帮助

相互帮忙是人际间的常情，在同事休假时接手对方的工作，如此善行通常有益于维系工作上的友谊。

但若是你休假时请人代班，就必须要先把自己紧急的工作先处理好，而不是丢下自己无法处理的事情，要代理人来伤脑筋，久而久之别人会不愿意帮你的忙，而且会对你的评价大打折扣。

如果不是自己分内的工作就不去碰，但看到可以帮助人的地方，马上主动去询问是否需要帮忙，并且施以援手，这样的人，人缘极佳，受人敬重。

9.4.5 增加人际敏感度

在与人相处时应以多听、多观察的态度多加学习，应时时注意，何时适合与人交谈，何时该默默走开，何时该开玩笑，何时又该严肃正经。

由于个人生活与专业工作常难以截然划分，同事偶尔会谈到家庭琐事，不妨也留神倾听或主动关心同事的近况，若过程中有涉及隐私应尽量避免，让他认为你是在关心他，而不是在打探他什么。

增加人际敏感度，本质上就是真诚地关心他人。

9.4.6 幽默处事

幽默常是建立关系的绝佳妙方，人人都乐意与会令自己张口大笑的人相处，因此幽默不但是打破僵局的好方法，也是自我解危的妙方，在沮丧烦躁之际若能自嘲一番，必能解除不少压力。

但值得注意的是千万别以揭人疮疤为笑话题材，不然笑话不但不可笑，反而易于伤人，破坏人际间的和谐关系。

思考题

1．什么是平行沟通？平行沟通的作用是什么？
2．平行沟通的障碍有哪些？怎样实现有效的平行沟通？
3．平行沟通的技巧有哪些？

实训项目

一、设计沟通方案

你在“成智诚心”公司担任发展部主管，项目部主管秦叶松和你私交不错。又一次，他的一个项目计划希望与“盛源”公司开展合作；恰好该公司老板与你非常熟悉。于是他请你做中间人向这位老板游说一番，你该怎么做？请为此设计一个沟通方案。

提示：如何才做到公私分明、职责分明，维护公司利益的同时不损害友情？

二、案例分析

案例9-6

同事为何不同心

小张刚上任部门主管，是个心直口快的人，说话从不含蓄委婉，所以经常得罪同事。一次，饮水机没水了，他对同事小刘说：“帮个忙换桶水吧，就你闲着。”小刘一听不高兴了：“什么就我闲着？我在考虑我的策划方案呢。”小张碰了一鼻子的灰。

有一天，小张跑到销售部，说：“吴经理，你给我把这个月的市场调查小结写一下吧。”吴经理头也没抬，冷冷地说：“刚当上部门主管，说话就是不一样。”显然吴经理生气了。小张想，我也没说什么呀。他顺手拿起打印机旁的一份《客户拜访表》，问：“这是谁制的表？”吴经理的助理夺过表格：“你什么意思！”

当天，几个同事在一起谈话，让小张说一说对公司管理的看法。于是小张“竹筒倒豆子”，噼里啪啦一吐为快，说：“我认为目前我们公司的管理非常混乱，有令不行、有禁不止，简直是一个乡下企业。”大家不爱听了，认为小张话里有话，似乎同事们都是坏人，就他一个人是好人。

一会儿同事小汪问小张，某某事情可不可以拖一天，因为手头有更重要的事在做。“有这么做事情的吗？”小张声色俱厉地说，“你别找理由了，这可是你分内的事，反正又不是给我做，你看着办！”小汪也不甘示弱，说：“喂，请注意你的言辞。你以为你是谁呀？我就是没时间！”小张气得发抖，说道：“我怎么了？本来就是这么回事嘛，我不过实话实说。”

不久以后，由于小张与周围同事都相处不好，无法完成上级下达的任务，被降职了。小张不能接受这个事实，于是提出了辞职。临走的时候，他还是想不明白，自己到底怎么得罪了这些同事。

【思考与讨论】小张的问题主要出在哪里？

项目 10 上行沟通

知识目标

1. 掌握上行沟通的意义和作用；
2. 掌握上行沟通的障碍及其克服方法。

能力目标

掌握上行沟通的基本技能。

案例 10-1

做自己的事

丽塔为老板工作了 11 年。一天喝完咖啡，她的朋友萨拉问她："为老查理工作怎么样？"丽塔回答道："我想还可以，他经常不管我，我或多或少可以做些自己的事情。"然后萨拉说，"哦，你在同一份工作上干了 11 年，你做得怎样呢？你可能会被提升么？如果你不介意的话，我想说我没有看到你做的事情与公司的运作有关。"丽塔回答道，"首先，我确实不知道我做得怎样。查理从来没有告诉过我，但是我一直抱着没有消息就是好消息的态度。至于我做的是什么以及会对周围的运作有什么贡献，当我开始做些对公司运作很重要的工作的时候，查理会含糊不清地说一说，但是仅此而已。我们从来没有很好地交流过。"

(资料来源：http://www.wenku.baidu.com)

【思考与讨论】

1. 丽塔应该如何做好上行沟通？
2. 这个案例给我们以后的工作带来什么启示？

10.1 上行沟通的目的和作用

上行沟通是指组织中的成员、群体通过一定的渠道与决策层进行的信息交流，如下级向上级定期或不定期的汇报工作，进行情况或问题的反映，征求意见等，即自下而上的沟通。

上行沟通的目的就是要有一条让管理者听取员工意见、想法和建议的通路。同时，上行沟通又可以达到管理控制的目的。

上行沟通可以起到以下作用。

(1) 向员工提供参与管理的机会。

(2) 减少员工因不能理解下达的信息造成大的误失。

(3) 营造企业民主管理文化，提高企业创新能力。

(4) 缓解工作压力。有效的上行沟通尽管有很多途径，诸如意见箱、小组会议、反馈表等，但这些途径真正发挥的作用关键在于营造上下级之间良好的信赖关系。

案例10-2

与公司总经理的错误交流

2015年12月，作为分管公司生产经营副总经理的我，得知一较大工程项目即将进行招标，由于向总经理电话简单汇报未能得到明确答复，使我误以为被默认，而在情急之下便组织业务小组投入相关时间和经费跟踪该项目，最终因准备不充分而成为泡影。事后，在总经理办公会上陈述有关情况时，总经理认为我“汇报不详，擅自决策，组织资源运用不当”，并当着部门面给予我严厉批评，我反驳认为是“已经汇报、领导重视不够、故意刁难，是由于责任逃避所致”。由于双方信息传递、角色定位、有效沟通、团队配合、认知角度等存在意见分歧，致使企业内部人际关系紧张、工作被动，恶性循环，公司业务难以稳定发展。

(资料来源：http://www.wenku.baidu.com)

案例10-2从上行沟通的角度来分析，作为生产经营副总经理的“我”存在着以下问题。

第一，忽视了正确定位原则，作为分管副总经理，没有努力地争取上级总经理的全力支持，仅凭自己的主观意见和经验，而没有采取合理有效的分析，拿出具体的实施方案获得沟通批准，使总经理误以为抢功心切，有越权之嫌疑。

第二，没有运用好沟通管道。对结果没有与总经理提前进行面对面及时有效的沟通和总结，而是直接在总经理会议上表达自己的想法，造成总经理在不知情的情况下言语误会，慢慢地通过领导者的影响力导致了企业内部的关系紧张。

无论在上行沟通、平行沟通还是下行沟通中，我们都应该运用彼得·F.德鲁克(Peter F. Drucker)提出的4项基本沟通原则。

(1) 沟通是理解力。在沟通时，无论采用任何媒体，第一个必须回答的问题是：这个沟通在接收者的理解范围之内吗？他能收到它吗？只有被接收到并被理解了的信息才能被沟通。

(2) 沟通是期望。人们喜欢听他们想听的话。他们排斥不熟悉和具有威胁性的语言。有效沟通只有通过理解听众的兴趣和期望，才能使他们接受或者从新的角度来看待某个问题。

(3) 沟通创造要求。沟通的目的总是要求接收者成为某种人、做某些事、相信某些话。换句话说，发信者通常请求接收者给予注意、理解、支持、信息和其他反馈。最重要的是，沟通需要时间，这是许多人最有价值的商品。因此，在沟通前，你必须问自己：我为什么要在这上面花时间？是什么使别人把他们最宝贵的时间送给我？在结束时他们相信物有所值吗？

(4) 信息不等于沟通。信息和沟通是不同的。在人类历史上有过大量的沟通，但留下的信息却微乎其微。而今天，或许正相反，大量的信息使人们不知所措。你何时需要沟通？想披露什么信息？对泛滥的信息怎样区分主次？

10.2 上行沟通的障碍及改善措施

10.2.1 上行沟通的障碍

在管理实践中，信息沟通的成败主要取决于上级与下级之间全面有效的合作。但在很多情况下，这些合作往往会因下级的恐惧心理而形成障碍。传统中，由于官僚权威常常胜过了参与、授权的力量，造成上行沟通被抑制、严重误用，或者干脆被管理层忽视，所以员工通常害怕进行上行沟通。一方面，如果上级过分威严，给人造成难以接近的印象，或者缺乏必要的同情心，不愿体恤下级，都容易造成下级人员的恐惧心理，影响信息沟通的正常进行。另一方面由于下级自身心理畏惧，向上沟通时可能会“知而不言，言而不尽”，影响信息沟通。上行沟通的具体障碍如下。

(1) 在上行沟通的过程中，下级因地位、职务的不同有一定的心理距离和障碍。

(2) 下级往往害怕领导打击报复，致使下级不愿反映真实情况。

(3) 管理层次过多，下级的意见不能及时反映到上面。

(4) 上行沟通的渠道不畅通，下级缺乏下情上达的机会与途径。

(5) 领导作风不民主，存在压制下级意见、打击报复、官僚主义等恶习，致使下级敢怒而不敢言。

(6) 下级和下属的权威性人格使其缺乏参与感。

10.2.2 改善上行沟通的措施

上行沟通的特点是非指示性的，自由、参与、授权等方式能促进有效的上行沟通。上行沟通系统面临的主要挑战就是，鼓励员工提出自己的想法。为了更好地鼓励上行沟通，国内外很多知名的优秀企业都想方设法，制定了各式各样的“沟通政策”，用于保证有效的上行沟通。例如，制定完善的投诉程序；高层领导的开门政策、座谈会或热线电话；电子邮件或音频、视频对话；咨询、态度问卷和离职访谈；正式或非正式地参与决策；授权策略创造开放信任；外聘独立的调查员。下面，我们重点讨论 5 个具体的措施。

1. 提问

管理者可以通过提出一些有意的问题来鼓励上行沟通。这一措施向员工表明管理层对员工的看法感兴趣，希望得到更多的信息，重视员工的意见。问题有很多种形式，但最常见的是开放式和封闭式。开放式问题引入一个广泛的主题，给人们以不同的方式反应的机会。相反，封闭式问题聚焦于一个较窄的主题，请接收者提供一个较为具体的答案。无论是开放式的问题还是封闭式的问题，都能很好地推动上行沟通。

2. 倾听

积极的倾听并不是简单地听，它不仅要用耳，而且要用心。有效的倾听有两个层次的功能——帮助接收者既理解字面意思，也理解对方的情感。好的倾听者不仅听到对方说的内容，而且了解对方的感受和情绪。有效倾听的管理者发出一个重要信号：他们关心员工。虽然许多人并不是富有技巧的倾听者，但可以通过训练提高倾听技能。

3. 与员工会谈

实现上行沟通的一个有效办法是与员工小组会谈。在这样的会议上，鼓励员工发言，让他们谈论工作中的问题、自己的需要，以及管理中的促进或阻碍工作绩效的做法。这些会谈尝试深入探究员工内心的问题。由此，加上相应的跟进措施，员工的态度会得到改善，辞职率会下降。

4. 开放政策

开放政策是指鼓励员工向他们的主管或更高管理层反映困扰他们的问题。通常，员工们被鼓励首先找自己的主管。如果主管不能解决他们的问题，可以诉诸更高管理层。此政策的目的是去除上行沟通的障碍，但实施起来并不容易，因为在管理者和员工之间常常有真实的和想象的障碍。虽然管理者的门是打开的，但员工心理的和社会的障碍依然存在，使员工不愿意进门。

对管理者来说，更有效的开放政策是走出自己的房间，与员工打成一片。这种做法以强有力的社会线索强化了开放政策。管理者可以此了解比以往坐在办公室里更多的信息。这种做法可描述为走动式管理，管理者以此发起与大量员工的系统性接触。通过走出办公室，管理者不仅从员工中得到重要的信息，并利用这一机会建立支持性的氛围。这种做法使双方都受益。

案例10-3

惠普公司的沟通政策

惠普公司的办公室布局采用美国少见的“敞开式大房间”，惠普公司的每个人，包括最高主管，都是在没有隔墙、没有门户的大办公室里工作的。尽管这种随时可以见到的做法也有其缺点，但是惠普公司发现这种做法的好处远远超过其不利之处。“开放式管理”政策的目标是惠普管理哲学的不可分割的一部分。而且，这个做法鼓励并保证了沟通交流不仅是自上而下的，而且是自下而上的。同时，为了打消企业内部的因为等级差异而产生的沟通障碍，惠普公司要求对内不称头衔，即使对董事长也直呼其名。这样有利于沟通，有利于创造无拘束和合作的气氛。

(资料来源：崔佳颖. 360度高效沟通技巧[M]. 北京：机械工业出版社，2010)

5. 参加社团活动

非正式的临时举办的娱乐活动可以为非计划性的上行沟通提供绝好的机会。这些自发的信息交流比绝大多数正式沟通都能更好地反映真实情况。各种活动部门的联欢会、运动会等活动中，上行沟通并不是主要目的，但却是它们产生的宝贵的“副产品”。

案例10-4

沃尔玛公司的“特色聚会”

沃尔玛公司的股东大会是全美最大的股东大会，每次股东大会公司都尽可能让更多的商店经理和员工参加，让他们看到公司全貌，做到心中有数。创始人萨姆·沃尔顿(Sam Walton)在每次股东大会结束后，都和妻子邀请所有出席会议的员工约2500人到自己的家里举办野餐会，在野餐会上与众多员工聊天，大家一起畅所欲言，讨论公司的现在和未来。为保持整个组织信息渠道的通畅，他们还与各工作团队成员全面收集员工的想法和意见，通常还带领所有人参加“沃尔玛公司联欢会”等。

萨姆·沃尔顿认为让员工们了解公司业务进展情况，与员工共享信息，是让员工最大限度地做好其本职工作的重要途径，是与员工沟通和联络感情的核心。而沃尔玛公司也正是借用共享信息和分担责任，适应了员工的沟通与交流需求，达到了自己的目的：使员工产生责任感和参与感，意识到自己的工作在公司的重要性，感觉自己得到了公司的尊重和信任，从而积极主动地努力争取更好的成绩。

(资料来源：崔佳颖. 360度高效沟通技巧[M]. 北京：机械工业出版社，2010)

10.3 上行沟通的技巧

在企业管理的实践中，人们发现，能够得到重用和提拔的经理人，往往不一定是企业中最能干的人，但却一定是最能得到上级领导信任的人。怎样与上级进行沟通，得到上级的信任和重用呢？

10.3.1 尊重权威

领导要有威信，没有威信，就不能实行真正的领导。领导者的威信，当然主要源自他的人格魅力，但下级对他的尊重，也是提升其威信的一个重要方面。

有的下属经常自以为比别人聪明，在与上司的沟通中，自觉或不自觉地流露出某种优越感，动辄与上司称兄道弟，或随便揭露他的短处，让上司感到很没面子，这种上行沟通效果之差可想而知。

案例 10-5

“同人不同命，成败皆沟通”——朱元璋的两个朋友

明朝开国皇帝朱元璋，少年时家里很苦，常和一些穷孩子放牛砍柴。后来朱元璋做了皇帝，他从前的一些穷朋友还过着很苦的日子，大家听说儿时的伙伴做了皇帝，都想找朱元璋沾点儿光，弄个一官半职。其中有两个与朱元璋小时候相处时间较长的朋友结伴而行，来到南京皇宫中见到了朱元璋。

第一位穷朋友当着朱元璋的文武官员的面开口说：“还记得我们一起割草的时候吗？有一天，我们在芦苇里偷了些蚕豆放到瓦罐里去煮，没等煮熟你就抢豆子吃，把瓦罐都打破了，豆撒了一地，你抓了一把撒在地上的豆就往口里捂，却不小心连红草叶子也送进嘴了，结果一根草棒卡在喉咙里，卡得你直翻白眼，还是我出的主意，弄了一把青菜叶子放在手上一拍，塞到你嘴里叫你硬咽下去，才把草棒子吞了下去，不然，哪有今天啊！”

朱元璋一听，顿时变了脸，连忙喝叫武士把他推出去斩首。可怜他官没做成，却成了刀下之鬼。

朱元璋杀完那个穷朋友，又问同来的另一位穷朋友：“你有什么说的？”

那人连忙答道：“想当年，微臣跟随陛下东征西战，一把刀斩了多少‘草头王’。陛下冲锋在前，抢先打破了‘罐州城’，虽然逃走了‘汤元帅’，但却逮住了‘豆将军’，遇着‘草霸王’挡住了咽喉要道，多亏了‘菜将军’帮忙，不然，哪有今天啊！”

朱元璋听了，顿时心花怒放，夸奖道：“这才是寡人的功臣哩！”随即降旨封他做了将军。

(资料来源：崔佳颖. 360度高效沟通技巧[M]. 北京：机械工业出版社，2010)

10.3.2 服从

作为一名员工，首先要有服从的态度。下级服从领导，是上下级开展工作、保持正常工作关系的前提，是融洽相处的一种默契，也是领导观察和评价自己下属的一个尺度。一个团队中，如果下属不能无条件地服从上司的命令，在达成共同组织目标的过程中，就会产生一些不必要的障碍。所谓服从，也就是说，上级的命令必须服从，下级没有权力判断上级指令的对错，上级的对错只能由上级的上级来裁定。员工绝不能自作聪明，认为上级的指令不正确、不合理，就不去执行(明显违法违规不在其列)。

上级领导的命令或决定有问题，下属去执行了，即使做错了，上级领导也不一定会责怪；但反过来情形就不一样了，如果下属没有按照上级领导的指示去做，即使做好了，也一定会让上级领导不满意。

案例 10-6

张秘书哪里做错了？

“糟了！糟了！”王经理放下电话，就叫了起来：“那家便宜的东西，根本不合规格，还是原来林老板的好。”狠狠捶了一下桌子：“可是，我怎么那么糊涂，写信把他臭骂一顿，还骂他是骗子，这下麻烦了！”

“是啊！”秘书张小姐转身站起来：“我那时候不是说吗？要您先冷静冷静，再写信，您不听啊！”“都怪我在气头上，想这小子过去一定骗了我，要不然别人怎么那样便宜。”王经理来回踱着步子，指了指电话：“把电话告诉我，我亲自打过去道歉！”

秘书一笑，走到王经理桌前：“不用了！告诉您，那封信我根本没寄。”“没寄？”“对！”张小姐笑吟吟地说。“嗯……”王经理坐了下来，如释重负，停了半晌，又突然抬头：“可是我当时不是叫你立刻发出吗？”“是啊！但我猜到您会后悔，所以压下了。”张小姐转过身，歪着头笑笑。“压了三个礼拜？”“对！您没想到吧？”“我是没想到。”王经理低下头去，翻记事本：“可是，我叫你发，你怎么能压？那么最近发南美的那几封信，你也压了？”

“我没压。”张小姐脸上更亮丽了：“我知道什么该发，什么不该发……”“你做主，还是我做主？”没想到王经理居然霍地站起来，沉声问。张小姐呆住了，眼眶一下湿了，两行泪水滚落。颤抖着、哭着喊：“我，我做错了吗？”“你做错了！”王经理斩钉截铁地说。

张小姐被记了一个小过，是偷偷记的，公司里没人知道。但是好心没好报，一肚子委屈的张小姐，再也不愿意伺候这位“是非不分”的主管。

她跑去孙经理的办公室诉苦，希望调到孙经理的部门。“不急！不急！”孙经理笑笑：“我会处理。”隔两天，公司果然做了处理，张小姐一大早就接到一份解雇通知。

(资料来源：http://www.wenku.baidu.com)

一个自作主张的职员，哪怕有时是对的，也很难得到主管的欣赏。案例 10-6 中的张秘书，自认为“我知道什么该发，什么不该发”，自作主张地去评判上级领导的各项决策。甚至在自己领导面前说：“我那时候不是说吗？要您先冷静冷静，再写信，您不听啊！”这种口吻是典型的下行沟通的语气，言语中不经意地流露出“自己比领导还要更高明，还要更有远见”的自负心态。

张秘书已经犯了沟通的大忌。从一开始，王经理就已经被她的自作聪明触怒，而张秘书还不自知，领导的气愤情绪在升级，她依然自说自话。她的语言，伤害了领导的自尊心；她自作主张的行为，影响了领导决策的执行力。难怪王经理非常生气，斩钉截铁地说："你做错了！"

执行上级领导的决策，并不表示就是一个毫无主见的下属，也不表示将失去工作中的活力。下属表现在工作上的活力与冲劲，一定要符合上级领导的理想与要求。否则上级领导会认为你不够成熟，做事情不思考，自然也不敢把重要的工作交给你。在案例 10-6 中，虽然张秘书按照自己的想法处理了信件，替公司挽回了损失，但是她不遵从上级领导的决定，没有统一的大局观念。如果公司员工都像她一样没有制度的约束，做什么事情都是各人随心所欲，用不了多长时间这个公司就会垮掉。

10.3.3 把握沟通时机

孔子说："言未及之而言，谓之躁；言及之而不言，谓之隐；未见颜色而言，谓之瞽。"用现在的话说就是：话还没说到那儿，你就出来发表意见了，这叫毛毛躁躁；话题已经说到这了，你本来应该自然而然地往下说，可你却吞吞吐吐，遮遮掩掩，这叫有话不说；不看别人的脸色，上来就说话，这就叫"睁眼瞎"。

沟通的合适时机指已经具备沟通的客观环境条件，且双方都愿意进行对话的时候。尤其是与上司进行沟通，更要注意找准时机。例如，一位公司职员向老板要求加薪，但当时老板刚丢了一笔生意，心情不好，于是婉言拒绝了他的要求。由于该职员再三坚持自己的主张，老板寸步不让，结果导致一场激烈的争论，最后该职员不得不辞职离开。因此，在上司情绪低落时，千万不要去打搅他；也不要赶在吃饭的时间去讨论，因为这时他易于分散精力和匆忙地做出决定；上司准备去度假或者度假刚回来，也最好不要去打扰。

把握沟通时机有以下 3 个关键之处。

(1) 祝福要在当场传达。当上司达成某种成果时，最好当场坦率地加以称赞。如果你想"现在很忙，以后再说吧。下次见到他的时候，再告诉他吧！"把赞美延后，你会被视为嫉妒他人的成功、没有自信的人。错过时机的恭喜，不仅无法传达你的心意，甚至会被当做是讽刺或社交辞令。

(2) 道歉要在事发当天。如果你与上司出了问题，即使你认为自己没有错，但是在下班回家的时候，只要一句道歉："今天给你添麻烦了"，第二天，你们的关系就会大为不同。如果你闹意气，把这件事情放着不管，你就错过和好的机会了。

(3) 反馈要比期限还早。有些事情确实是要花时间去做的，但是迅速地响应，会提高上司对你的信赖。听到电话留言，或是收到传真的时候，应该回复一句"我知道了，详细情况明天再谈"，只要尽早给上司答复就可以了。

10.3.4 主动沟通

作为下属，不仅工作态度要认真，更重要的是有良好的沟通能力，要争取让自己的才能得到上司的认可，受到上司的器重。通过主动沟通充分展示自己，让上司对你"刮目相看"，这样可以轻松打通你与上司之间良好关系的路径。

案例10-7

受三任领导喜欢的安静

某公司有位女员工安静，不显山、不露水，只是公司一位重要领导时常过来找她聊聊天。这位领导虽不直接领导安静，但他是公司董事局的成员，他的意见可以直接影响到每一位员工的去留。因此，安静一直稳稳当当、令别人无法顶替地做着一份工作。这份工作的唯一缺点就是不太能显出安静的精明，并且让别人在背后说些她与那位领导的“小道消息”。

后来，那位领导因为个人原因离开了公司，有些人便傻乎乎地认为安静这下没人“疼”了。事实证明根本不是那么回事，不管别人背后说什么，新领导上任3个月，便对安静青睐有加，大会、小会一通的表扬。安静是聪明人，自从得到第一次表扬后，她总是能在楼道里、饭厅里适时地与领导巧遇，看似有一搭、无一搭地说些工作上的想法什么的。安静从不多说一句话，反正领导喜欢她，是谁都看得出来的，因为领导一见了她就显得心情特别好。安静工作上的成绩确实也是有目共睹的，当然是不是就真的到了领导表扬的那么杰出的程度不好说；反正安静不仅得到了公司年度的最高奖励，并且领导有意让她升为中层领导。安静没答应。结果一年后，这任领导又走了。第三任领导走马上任了，征求了一些人的意见，安静就升了部门主任。因为前任领导的部属都给安静说好话。这第三任领导跟前两任一样，见了安静就忍不住地高兴。有些人背后说安静能得到政见不同的三任领导的共同“喜欢”是性格所致。因为安静有“女人味”。这话背后的意思也许不那么高尚，但是那些不服的人从此就不得不服了，让所有的领导都喜欢，人家安静能做到，你能吗？这是“智慧”。谁都知道安静的业务是不错，但不错的不只是她一个人，为什么领导偏偏信任她呢？因为她会审时度势，会制造机会让领导了解自己，进而信任自己。

(资料来源：http://www.wenku.baidu.com)

中层干部是一个单位里担任着重要职责的人，他要上传下达，要承担领导交给的任务，还要领导本部室的人往前冲，要替“自己”的人谋求“好处”，总之是件挺累心的工作。所以，中层干部尤其应该多与上级领导交流、沟通，应该让上级随时都知道自己和自己的部室在做些什么，进展到了什么程度、做得好不好，所以，常常跟领导“唠嗑儿”几乎可以看做他们的主要工作内容，而不仅仅是“拍马屁”那么简单。即便是作为一个普通员工，在见到领导的时候，多说一说工作上的事情，告诉领导你想了些什么、想怎么做，一来是表明你对工作很上心，领导自然会认为你是个敬业的员工；二来他可能给你一些意见和建议，这也对你的工作很有好处。毕竟，在一个以市场为导向的单位里，他能做到领导的位置，就表明他有过人之处，值得学习。

另外，作为下属在主动沟通时应该注意以下问题。

(1) 讲真话。马克思有句名言：“说真话的人，才叫忠诚。”我们必须明白，上司最终爱听的始终是真话。因为上司是那个需要对业绩负全责的人，他所追求的是结果。只要对提高团队业绩有好处，即使是反对意见，上司从心底也是接受的。

和上司之间的关系应该坦诚，不能只拣顺耳的话跟他说。这样表面上看起来不得罪上司，但实际上却很难得到上司的信任。作为一个下属，要让上司买你的账，就是要在关键的时候说出你的判断。

有些人害怕惹上司不高兴，总是采取默不作声的态度。只有那些忠诚而有魄力的人，敢于与上司论理，这样对上司的决策会有帮助，通常这种下属也会有不同常人的前程。

(2) 敢于承认错误。有些人怕上司不满意，对自己的错误遮遮掩掩，这样的人是很难取得上司的信任的。长此以往，上司会认为你失职，并且觉得你是一个不能承担责任的人。你只要这样做过一次，他就会对你的诚实产生怀疑。

(3) 及时汇报坏消息。有坏消息时，不要隐瞒上司。如果发现有问题，就要勇敢地提出来。不要采取事不关己的态度，可以将你的补救措施告诉上司，和他共同商讨解决问题的方法。

10.3.5 化解上司的误会

当下，随着工作节奏的加快及生存压力的增大，在职场中站稳脚跟变得越来越不易。而在职场中生存，作为下属，或许在不经意之间，你就可能被上司误解了。被上司误解是件尤其令人郁闷的事。遇到这样的情况，如何消除上司对自己的误解呢？案例 10-8 中小韩的做法值得大家借鉴。

案例 10-8

小韩如何消除上司的误解？

小韩在5年前还是基层车间的一名钳工。后来厂宣传部调来了一个姓方的部长见小韩文笔不错，便顶着压力将小韩调进了宣传部当宣传干事。从此，小韩对方部长的知遇之恩一直铭记在心。两年后，小韩在厂办当了秘书，成了厂办王主任的部下，精明的小韩很快就得到了王主任的喜欢。

没过多久，小韩忽然感到方部长和他渐渐疏远了。一了解，才知现在的领导王主任和从前的领导方部长之间有私人恩怨，因而，方部长总是怀疑小韩倒向了王主任那边。

其实，引发方部长对小韩误解的“导火索”很简单：在一个雨天，小韩给王主任打伞，没给方部长打伞。这还是很久以后方部长亲口对小韩说的，而事实上小韩从后面赶上给王主任打伞时，确实没有看见方部长就在不远处淋着雨，误解就此产生了。

一气之下，方部长在许多场合都说自己看错了人，说小韩是个忘恩负义的人，谁是他的上级，他就跟谁关系好。小韩其实根本不是这样的人，他也浑然不知发生的这一切。直到方部长在人前背后说小韩的那些话传到小韩耳里，小韩才感到事情的严重性。

对此，小韩自有他的处理原则。

一是让时间做公证。

正所谓“路遥知马力，日久见人心”，方部长在气头上说自己是忘恩负义的人，一定是自己在某一方面做得不好，现在向方部长解释自己不是那样的人，方部长肯定听不进去，自己到底是个什么样的人，还是让事实来说话，让时间来检验吧！

二是遵循“解铃还须系铃人”的法则。

方部长误解了自己，还得自己向方部长解释清楚，自己既是“系铃人”也是“解铃人”，要化干戈为玉帛，还要靠自己用心努力去做才行。

有了解决问题的原则，小韩采取了以下6个方法努力消除方部长对他的误解。

(1) 极力掩盖矛盾。每当有人说起方部长和自己关系不好时，小韩总是极力否认根本没有这回事，他不想让更多的人知道方部长和自己有矛盾。小韩此举的目的是想制止事态的扩大，以利于缓和矛盾。

(2) 公开场合注意尊重领导。方部长和小韩在工作中经常碰面，每次小韩都是主动和方部长打招呼，不管方部长爱理还是不理，小韩脸上总是挂着微笑。有时因工作需要和方部长同在一桌招待客人，小韩主动说自己是方部长一手培养起来的，自己十分感激方部长，小韩此举的目的是表白自己时刻没有忘记方部长的恩情，又怎是忘恩负义之人？

(3) 背地场合注重褒扬领导。小韩深知当面说别人好不如背地褒扬别人效果好。于是，小韩经常在背地里对别人说起方部长对自己的知遇之恩，自己又是如何感激方部长。当然，这些都是小韩的心里话。如果有人背地里说方部长的坏话，小韩知道后则尽力为方部长辩护。小韩此举的目的是想通过别人的嘴替自己表白真心，假如方部长知道了小韩背地里褒扬自己，肯定会高兴的，这样更有利于误解的消除。

(4) 紧急情况“救驾”。平时工作中，小韩若知道方部长遇到紧急情况，总是挺身而出及时前去“救驾”。例如，有一次节日贴标语，方部长一时找不到人，小韩知道后，主动承担了贴标语任务。类似事情，小韩一直是积极去做。小韩此举的目的是想重新博得方部长好感，让方部长觉得小韩没有忘记他，仍是他的部下，有利于方部长心理平衡，消除误解。

(5) 找准机会解释前嫌。待方部长对自己慢慢有了好感以后，小韩利用同方部长一同出差外地开会的机会，与方部长很好地进行了交流。方部长最终还是被小韩的诚心打动，说出了对小韩的看法以及误解小韩的原因——“雨中打伞”的事。小韩闻听再三解释当时自己真的没看见方部长，希望方部长不要责怪他。方部长也表示不计前嫌，要和小韩和好如初。小韩此举的目的是利用单独相处机会弄清被误解的原因，同时让方部长在特定场合里更乐意接受自己的解释。

(6) 经常加强感情交流。方部长对小韩的误解烟消云散之后，小韩不敢掉以轻心，而是趁热打铁，经常找理由与方部长进行感情交流。或向方部长讨教写作经验，或到方部长家和他下棋打牌。久而久之，方部长更加喜欢这个昔日部下了。小韩此举的目的是通过经常性的感情交流增进与老领导之间的友谊。

功夫不负有心人。在小韩的不懈努力下，方部长对小韩的误解彻底没有了，反倒觉得以前说的话有点对不住小韩。从那以后，方部长逢人就夸小韩是好样的，两人的感情与日俱增。

(资料来源：http://ch.gongchang.com)

10.3.6 巧妙应对问责

在沟通过程中，有时我们也会向上司发表反对意见。但是，说“不”需要巧妙表达。喜剧大师卓别林曾说：“学会说‘不’，生活将会美好得多。”因为不好意思明确表示拒绝，态度暧昧易让人产生误解，甚至取得适得其反的效果。因此，需要指正上司过错时态度要明确，有时可以直截了当，有时需要委婉表达，完全因人因事而定。

案例 10-9

晏子智劝齐王

齐景公酷爱打猎，非常喜欢喂养捉野兔的老鹰。一天，因侍臣烛邹不当心，逃走一只老鹰。景公知道后大发雷霆，命令将烛邹推出去斩首。晏子知道此事后，急忙上堂对景公说：“烛邹有三大罪状，哪能这么轻易就杀了呢？等我公布完他的罪状后再处死不迟。”景公点头同意了。晏子指着烛邹说道：“烛邹，你为大王养鹰，却让鹰逃走了，这是你的第一条罪状；你使得大王为了鹰的缘故要杀人，这是你的第二条罪状；把你杀了让天下人都知道大王重鸟轻士，这是你的第三条罪状。”宣布完三大罪状后，晏子对景公说：“好啦，大王，请处死他吧！”景公听了满脸通红，半天才说，“不杀了，我懂你的意思了。”

晏子要坚持不能滥杀无辜的原则，如果选择很直接的批评方式，很可能达不到目的。晏子先是顺着景公的思路，宣布杀烛邹的理由，然后将不能杀烛邹的道理正话反说，娓娓道来，其高超的思维和语言艺术使景公幡然猛醒，并采纳了他的意见。

以下 6 个句型，在遇到上司问责时经常会用到。

(1) 以最委婉的方式传递坏消息句型：“我们似乎碰到一些状况……”你刚刚才得知，一件非常重要的案子出了问题；如果立刻冲到上司的办公室里报告这个坏消息，就算与你无关，也只会让上司质疑你处理危机的能力，弄不好还惹来一顿骂，把气出在你头上。此时，你应该以不带情绪起伏的声调，从容不迫地说出本句型，千万别慌慌张张，也别使用“问题”或“麻烦”这一类的字眼；要让上司觉得事情并非无法解决，而“我们”听起来像是你将与上司站在同一阵线，并肩作战。

(2) 上司传唤时责无旁贷句型：“我马上处理。”冷静、迅速地做出这样的回答，会令上司直觉地认为你是名有效率、听话的好部属；相反，犹豫不决的态度只会惹得责任本就繁重的上司不快。夜里睡不好的时候，还可能迁怒到你头上！

(3) 表现团队精神句型：“安琪的主意真不错！”安琪想出了一条连上司都赞赏的绝妙好计，你恨不得你的脑筋动得比人家快；与其拉长脸孔、暗自不爽，不如偷沾对方的光。方法如下：趁着上司听得到的时刻说出本句型。在这个人人都想争着出头的社会里，一个不嫉妒同事的部属，会让上司觉得此人本性纯良、富有团队精神，因而另眼看待。

(4) 说服上司帮忙句型：“这个报告没有你不行啦！”有件棘手的工作，你无法独力完成，非得找个人帮忙不可；于是你找上了那个对这方面工作最拿手的上司。怎么开口才能让上司心甘情愿地助你一臂之力呢？送高帽、灌迷汤，并保证他日必定回报；而上司为了不负自己在这方面的名声，通常会答应你的请求。不过，将来有功劳的时候别忘了上司。

(5) 巧妙闪避你不知道的事句型：“让我再认真想一想，3点以前给您答复好吗？”上司问了你某个与业务有关的问题，而你不知该如何作答，千万不可以说“不知道”。本句型不仅暂时为你解危，也让上司认为你在这件事情上头很用心，一时之间竟不知该如何启齿。不过，事后可得做足功课，按时交出你的答复。

(6) 不着痕迹地减轻工作量的句型：“我了解这件事很重要；我们能不能先查一查手头上的工作，把最重要的排出个优先顺序？”有些工作你干不了，不如当下就推辞。首先强调你明白这件任务的重要性，然后请求上司的指示，为新任务与原有工作排出优先顺序则不着痕迹地让上司知道你的工作量其实很重，若非你不可的话，有些事就得延后处理或转交他人。

思 考 题

1．什么是上行沟通？上行沟通能起什么作用？
2．上行沟通的障碍有哪些？如何改善上行沟通？
3．上行沟通的技巧有哪些？
4．如何化解上司的误会？

实 训 项 目

一、自我测试

1．你的上行沟通能力

下列问题在于测试你和主管进行的沟通是否积极，包括正式沟通及非正式沟通。根据你面临的实际情况并依照你同意的程度，进行选择。同意程度：1分——非常不同意，2分——不同意，3分——无意见，4分——同意，5分——非常同意。

1. 尽管没有重要的事，我也会频繁地和主管沟通。
2. 我会时常忙于和老板进行交谈。
3. 我时常赞美主管。
4. 我会关切主管的私人生活。
5. 我常和主管分享笑话及有趣的事情。
6. 我将主管视为自己的朋友一样对待。
7. 在社交聚会中，我会制造和主管互动的机会。
8. 我曾经和主管一同分享我们过去的经验。
9. 当主管遇到难题，我会给主管鼓励并一起讨论。
10. 我曾询问主管对我在组织中工作的观点及看法。
11. 我会和主管分享我未来的生涯规划。
12. 即使不需要，但我还是会找主管来帮忙。
13. 我常和主管沟通工作上的事务。
14. 我在工作上遇到困难时，会寻求主管的帮助。

2. 你说服上级的能力

下列行为测试你说服领导的技巧。“一贯如此”得3分，“经常如此”得2分，“很少如此”得1分。

1. 自始至终保持自信的微笑，并且音量适中。
2. 选择领导心情愉悦、精力充沛的时候作为谈话时机。
3. 已经准备好了详细的资料和数据以支持我的方案。
4. 对上级将会提出的各种问题胸有成竹。
5. 语言简明扼要，重点突出。
6. 和上级交谈时亲切友善，能充分尊重上级的权威。

3. 自我测试参考答案

(1)“你的上行沟通能力”答案及评分标准。

50分以上：说明你的上行沟通积极性很高，能够非常主动地与上级进行沟通。

30～50分：说明你的上行沟通积极性一般，有时能够与上级主动沟通，但更多的时候是被动地等待上级与你沟通。

30分以下：说明你的上行沟通的积极性不佳，不善于与上级进行沟通。

(2)“你说服上级的能力”答案及评分标准。

14～18分：你能在工作中自觉地运用沟通技巧，你是一个非常受欢迎的人，你的上级很赏识你。

7～13分：你已经掌握了很多沟通技巧，并已经尝试着在工作中运用。你的上级认为你是一个有潜力的人，但还需不断加紧努力。

0～6分：你应该抓紧时间学习一下和上级的沟通技巧，因为你现在和上级的关系很不融洽。适当地改善沟通技巧，可以帮助你充分发挥自己的才能，去争取更为广阔的发展空间。

二、案例分析

案例10-10

这样的上行沟通存在什么问题？

李明是一家公司的销售分公司经理。很长一段时期以来，李明的分公司总是达不到计划的要求，销售员人均销售收入低于公司平均水平，而且李明每月的报告总是迟交。等到年度中期报告后，总公司的总经理决定找他谈谈，并约定了时间。因为分公司离总公司很远，所以李明为了节约时间，选择了电话沟通。

在双方约好的电话沟通时间，总经理打来了电话，然而电话持续了没多久，李明的部属就来找他处理销售部的紧急事务，他不得不挂了电话。等他回来的时候，已经是两个小时后，给总经理再打去电话，之前的谈话内容已经无法接上，沟通的效果很不好。

【思考与讨论】案例中的上行沟通存在哪些问题？该如何改善？

项目 11 下行沟通

知识目标

1. 掌握下行沟通的意义和作用；
2. 掌握下行沟通的障碍及其克服方法。

能力目标

掌握下行沟通的基本技能。

案例 11-1

松下幸之助吃牛排

素有“经营之神”之称的松下幸之助有一次在一家餐厅招待客人，一行 6 个人都点了牛排。等 6 个人都吃完主餐，松下让助理去请烹调牛排的主厨过来，他还特别强调：“不要找经理，找主厨。”助理注意到，松下的牛排只吃了一半，心想一会的场面可能会很尴尬。主厨来时很紧张，因为他知道请自己的客人来头很大。“是不是牛排有什么问题？”主厨紧张地问。

“烹调牛排，对你已不成问题。”松下说，“但是我只能吃一半。原因不在于厨艺，牛排真的很好吃，你是位非常出色的厨师，但我已 80 岁了，胃口大不如前。”主厨与其他的 5 位用餐者困惑得面面相觑，大家过了好一会才明白怎么一回事。“我想当面和你谈，是因为我担心，当你看到只吃了一半的牛排被送回厨房时，心里会难过。”

如果你是那位主厨，听到松下先生的如此说明，会有什么感受？是不是觉得备受尊重？客人在旁听见松下如此说，更佩服松下的人格并更喜欢与他做生意了。

(资料来源：http://www.wenku.baidu.com)

11.1 下行沟通及其障碍

11.1.1 下行沟通常出现的问题

下行沟通(downward communication)，指的是对下级提供指导、控制，对业绩进行反馈、解释政策和程序等。由于在公司中的职位不同，领导可能与员工的观点不一致，这是两者相互沟通的严重障碍。沟通双方的地位很大程度上取决于他们的职位，地位的高低对沟通的方向和频率有很大的影响。

案例 11-2

史蒂芬·盖瑟的教训

盖瑟很早就获得了成功，可谓少年得志。20 世纪 80 年代末期，刚刚大学毕业，他就任职于一家大规模投资公司的主管。他在洛杉矶西区拥有住宅，又开着一辆奔驰轿车，而他当时不过 25 岁。他说："当时我自认为呼风唤雨，应有尽有，而且我在人前毫不掩饰这种自大的态度。"

"但是，1990 年以后美国经济开始萎缩，有一天老板叫我进去对我说：'史蒂芬，你的能力没话讲，可是问题出现在你的态度上。公司没有人愿意与你配合，我恐怕不得不请你离开公司。'"

"真是晴天霹雳，像我这样的成功人士，居然被开除了。我以为'此处不留爷，自有留爷处'，要找一个高薪的主管位置不难。但是我大错特错了。迎接经济萧条吧！"

"经过几个月求职的挫折，以前那种自大的态度已不再存在，现在只剩下厚厚的一层恐惧了。生命中第一次我感到缺乏自信，恐惧紧紧地包围着我。既然以前我以那种态度待人，当然也就无人可倾诉。我当时是完全孤独的。"

从那以后盖瑟才学会应该对他人感兴趣。他开始聆听，开始关心除了自己以外的人。他渐渐地了解自己的问题所在，并开始帮助处境比他还糟糕的人。他打开心怀，变得比较有人情味，更可爱，更能共事。

他回忆道："我换了一种态度去待人。我觉得自己变了。我的忧郁减轻了，心胸开阔了，我周围的人也注意到了。我的生活品质提升了，即使我已不再拥有宅第与轿车。"

"3 年后我又回到高层主管的职位，只不过这一次，我周围的同事都真正是我的朋友了。"

(资料来源：http://gg.qefeng.com)

下级不应是宣泄的对象，也不是鄙视的目标，而是你并肩作战的伙伴。但是在职场上，下行沟通常常出现问题。领导者在处理各种矛盾时候，谴责、贬斥、误解下级，或者以"我是领导我怕谁"的态度对待下属，都会把事情弄僵。案例 11-2 中的史蒂芬·盖瑟的教训就是很好的例子。

11.1.2 下行沟通的障碍

在一家企业中，下行沟通通常存在五大障碍。

1. 高高在上，目空一切

许多领导在与下属沟通时，作为上司最容易犯的毛病就是高高在上。本来上司和下属之间就存在地位、身份上的不平等，有些做上司的还有意无意地扩大这种不平等效应，导致下属在上司面前唯唯诺诺，有话不敢讲，影响了上下级的顺畅沟通。有一个老板，办公室将近 200 平方米，大班桌是最大的，大班椅也是最高的，可是在他的办公桌前只放着一把小座椅，下属每次来汇报工作或请示问题，都要毕恭毕敬地端坐在那里，这种俨然"审问"的环境很明显影响沟通效果。

在老总办公室常见到许多老板对待部属在沟通时心不在焉、摆架子，这些都是高高在上、居高临下的表现。高处不胜寒，居高临下，便失去了不同的声音和见解。

2. 自以为是，不以为然

领导总觉得自己的思想和决策是对的，每每对待一个问题自己已经有了一定的想法和见解，这时候就很容易关上自己的心门，不愿意甚至拒绝接受别人的意见。而当听到部属不同的意见和建议的时候，即使口头应承，可内心却根本不当回事，不以为然，我行我素。

3. 先入为主，先声夺人

常见到许多领导同部属沟通时，只见他面对部属如发表演讲滔滔不绝，口若悬河，容不得部属讲。同时，在沟通时对部属本身的能力存有成见，对部属的能力常产生怀疑，因此，部属的好建议便被阻止了。

4. 领导不善倾听

倾听是沟通过程中最重要的环节之一，良好的倾听是高效沟通的开始。倾听不仅需要具有真诚的同理心，还应该具备一定的倾听技巧。居高临下，好为人师；自以为是，推己及人；抓耳挠腮，急不可耐；左顾右盼，虚应故事；环境干扰，无心倾听；打断对方，变听为说；刨根问底，打探隐私；虚情假意，施舍恩赐。以上种种都是影响倾听的不良习惯，要注意避免。

5. 缺乏反馈和双向交流

反馈交流是沟通过程中或沟通结束时的一个关键环节。领导者如不注意、不重视或者忽略了反馈和交流，沟通效果便大打折扣。没有反馈的沟通，就不是双方沟通，就无法达成共识。

其实下行沟通并不难，以下是成功沟通的 3 个基本点。

(1) 对沟通要怀有真诚的心态。

(2) 对下级保持开放的态度。

(3) 主动创造沟通的良好环境。

11.2 下行沟通的技巧

11.2.1 关心下属、尊重下属

企业经营者注重善待员工，把对人的管理放在首位。资方不再把工人简单地当做劳动力的出卖者，而是当做为完成共同目标只是分工不同的合作者，让他们积极参与公司的工作和重大决策，尊重他们的人格，只有这样，劳资双方才能在维护公司利益上取得共识。

人是企业中第一宝贵的因素。钞票没有了可以赚回来，机器坏了可以换回来，但如果失去了职工的向心力，只怕千金也买不回来。只有赢得了人心，才能使“士为知己者死”，从而最终赢得企业的成功。

由此可见，领导者只要真正关心、尊重、理解下属，并为其提供成长发展的机遇，就能换来下属对自己的一片赤诚。

1. 微笑

一些领导常常以一种君临天下的姿态对下属耳提面命、指手画脚。有的领导一见到下属便面色端正，不苟言笑，担心自己如果“平易近人”了，会让下属“得寸进尺”，使自己的“威信”打折，影响自己的“权威”地位，因而不对下属“笑一笑”，不让下属“乐一乐”，自己似乎“威风凛凛”，而下属当然只能正襟危坐，不敢多说，不敢多想，主动工作不敢做，创新工作怕出错。

其实，领导工作态度与下属的工作效率息息相关，倘若领导始终能带着微笑与下属相处，用自己的笑容去影响、感染和激发下属的积极情结，领导和下属就可以共同创造愉悦和谐、自主宽松、民主平等、积极向上的工作环境，工作效率就会与时俱增。因此，一个好的领导一定会带着微笑去见下属，用自己的笑容去关注每一个下属，肯定每一个下属，使下属的潜力得到充分的释放，能力得到更大的发挥，领导与下属的合作进入最佳状态，切实提高工作效率。

2. 叫出他们的名字

记住下属的名字，甚至“外号”，使其有种被关注感、重视感。

案例 11–3

罗斯福叫出机械师的名字

克莱斯勒汽车公司为罗斯福制造了一辆轿车，当汽车被送到白宫的时候，一位机械师也去了，并被介绍给罗斯福，这位机械师很怕羞，躲在人后没有同罗斯福谈话。罗斯福只听到他的名字一次，但他们离开的时候，罗斯福寻找这位机械师，与他握手，叫他的名字，并谢谢他到华盛顿来。

当然，记住下属的姓名，并不是一件轻而易举的事，需要下一点功夫，还得有一套方法，一般能记住大量名字的人的方法，主要有如下几点。

(1) 当对方介绍姓名时，要聚精会神，并记在心里。

有的人虽主动问对方“尊姓大名”，但对方介绍时又心不在焉，对方还未走，就已经忘记了他是谁，哪里还谈得上下次见面？有的人记忆力强，有的人记忆力差一点，这是事实。如果记忆力差，可以运用拿破仑三世的方法，可以说：“对不起，我没有听清楚。”让他再说一遍，加深记忆。还可以在逐字听的时候，一边用每个字造成一个词或者一个词组，来加深记忆。例如，你的下属名叫马胜长，不就是“马到成功的‘马’，胜利在望的‘胜’，长命百岁的‘长’吗？”这就使人印象深刻多了。

(2) 记住每个人的特征。

人有许多方面的特征，有外形的特征，如眼睛特别大，胡子特别多，前额很突出等；有职业上的特征，如他最擅长某一技术，在某一技术、学识上有受人称道的雅号等；名字上的特征，有的名字故意用些生僻的字，或者很少用来作名字的字，有的名字与某几个人的名字完全相同，这本来是没有特征的，但可以把“同名共姓”作为一个特征，再把他们区别开来，就容易记忆了。

(3) 备个人名本。

如果是尊贵的客人，切不可当面拿出人名本来，只能背后再记。但对下属，你可以说：“我记忆力差，请让我记下来。”下属不但不会讨厌，还会产生一种自重感，因为你真心实意想记住他的名字。为了防止以后翻到名字也回忆不起来，除了记下名字以外，还要把基本情况如单位、性别、年龄等记下来。这个人名本要经常翻一翻，一边翻一边回忆那一次会见此人的情景。这样，即使很长时间以后再碰到此人，你也可以叫出他或她的名字来。

(4) 多与下属接触。

百闻不如一见。有不少的老板，一有时间就深入基层，同他的下属一起干活，或者一起玩乐，或促膝谈心，或共商良策。这样的老板，不但能叫出下属的名字，连下属在想什么都能说得出来。

3. 对能干的下属给予肯定

与有成绩的下属分享荣耀，虚心听取他们的意见，生活中多聊天，关心他们的身体、家庭，适当参与集体娱乐活动，工作中耐心地指导、帮助、关心与爱护他们，给予精神与经济上的支持，使其意识到自己的每一次成功和失败、进步与退步，你都在默默关注。

案例 11-4

鸭子只有一条腿

某王爷手下有个著名的厨师，他的拿手好菜是烤鸭，深受王府里的人喜爱，尤其是王爷，更是倍加赏识。不过这个王爷从来没有给予过厨师任何鼓励，使得厨师整天闷闷不乐。有一天，王爷有客从远方来，在家设宴招待贵宾，点了数道菜，其中一道是王爷最喜爱吃的烤鸭。厨师奉命行事，然而，当王爷挟了一鸭腿给客人时，却找不到另一条鸭腿，他便问身后的厨师说："另一条腿到哪里去了？"厨师说："禀王爷，我们府里养的鸭子都只有一条腿！"王爷感到诧异，但碍于客人在场，不便问个究竟。饭后，王爷便跟着厨师到鸭笼去查个究竟。时值夜晚，鸭子正在睡觉。每只鸭子都只露出一条腿。厨师指着鸭子说："王爷你看，我们府里的鸭子不全都是只有一条腿吗？"王爷听后，便大声拍掌，吵醒鸭子，鸭子当场被惊醒，都站了起来。王爷说："鸭子不全是两条腿吗？"厨师说："对！对！不过，只有鼓掌拍手，才会有两条腿呀！"

(资料来源：http://www.511abour.com)

案例 11-5

清洁工的单纯动机

韩国某大型公司的一个清洁工，本来是一个最被人忽视、最被人看不起的角色，但就是这样一个人，却在一天晚上公司保险箱被窃时，与小偷进行了殊死搏斗。事后，有人为他请功并问他的动机时，答案却出人意料。他说：当公司的总经理从他身旁经过时，总会不时地赞美他扫的地真干净。

要使人们始终处于施展才干的最佳状态，唯一有效的方法，就是表扬和奖励，没有比受到上司批评更能扼杀人们积极性的了。在下属情绪低落时，激励奖赏是非常重要的。身为管理者，要经常在公众场所表扬佳绩者或赠送一些礼物给表现特佳者，以资鼓励，激励他们继续奋斗。一点小投资，可换来数倍的业绩，何乐而不为呢？

4. 创造良好的工作环境

整洁、富有吸引力、团结、合作的空间，使人心情舒畅，乐于工作。下属在工作中，偶尔会出一些小问题，如果采取严厉责备的态度，就会造成双方的对立，员工心里受了委屈，对立的情绪很难消除，在今后的工作中心理上就有了排斥情绪。对下属没有了起码的尊重，上司和下属的关系就只有命令和无奈的接受，充满火药味的工作关系迟早会爆发危机。

案例 11-6

曹操的赏赐

三国时期，曹操为了统一北方，决定北上征服塞外的乌桓。这一举动十分危险，许多将领纷纷劝阻，但曹操还是率军出击，将乌桓打败，基本完成了统一北方的大业。班师归来，曹操调查当时有哪些人不同意北伐计划。

那些人认为要遭到曹操严惩了，一个个都十分害怕。不料，曹操却给了他们丰厚的赏赐。大家很奇怪：事实证明劝阻北伐是错误的，怎么反而得到赏赐呢？

曹操说："北伐之事，当时确实十分冒险。虽然侥幸打胜了，是天意帮忙，但不可当做正常现象。各位的劝阻，是出于万全之计，所以要奖赏。我希望大家以后更加敢于发表不同意见。"之后，大家更加尽心尽力地为他效劳了。

对部下的建议，要听之，善之。实践证明自己错了，应当实事求是承认错误，绝不可文过饰非，诿过于人。

当领导，要扬人责己，以功归人，这样做才能众望所归，才能聚集天下英才。这样才能真正营造一个和谐的议事环境，维护团队团结，增强战斗力和凝聚力。

5. 宽恕其缺点，并给予帮助

案例 11–7

巴甫洛夫的批评和鼓励

一天，一个学生哭丧着脸走到著名生理学家巴甫洛夫跟前，汇报自己一次重要的动物实验失败了。巴甫洛夫说："从你上次实验取得成功时那种神气，我就知道你这次肯定要失败！"巴甫洛夫严肃地批评了这个沮丧的学生，同时还语重心长鼓励他："你还年轻，别让骄傲控制了你。"巴甫洛夫还说："当我第一篇科学论文发表时，与其说是高兴，倒不如说有点沉重，因为我想到：在科学的崎岖小路上，要想取得即使一点点的前进，也是不容易的。"

6. 归功于下属

归功于下属就能换来信任与真诚，占取功劳，就会导致离心背德，声名狼藉。管理者是组织者，无论成败都脱不了责任与关系，应与下属共享荣誉，要敢于承担责任，敢于承认自己的失误与错误。

7. 尊重下属

让下属有参与感。工作的计划、实施、改进，直到完成都应尽可能让大家参与其中，将他们当做主角，尊重他们的意见和建议，让他们尽可能地去实施。目的是要让他们产生"我很重要"的责任感、使命感、荣誉感，从而使其全力以赴去工作。

8. 在生活上予以关心

关心体贴下属的生活，一是了解下属的一些具体困难并尽力帮助解决，以增加下属的归属感；二是让下属明白你对他没有恶意，不要把你信赏必罚的措施想歪了，让他知道，衡量一切的标准，就是工作好坏，没有别的标准。

11.2.2　激励下属

下属需要被肯定和激励。人都渴望被赞赏，一个人受到激励后，其心理处于兴奋状态，就会由被动转化为主动，由“要我做”转化为“我要做”。了解下属的需要，并针对情况予以激励，可以收到很好的效果。

案例11-8

“我唯一可依靠的财产就是——你们”

1860年，林肯作为美国共和党候选人参加总统竞选，他的对手是大富翁道格拉斯。道格拉斯租用了一辆豪华富丽的竞选列车，车后安放了一尊大炮，每到一站，就鸣炮30响，加上乐队奏乐，声势之大，史无前例。道格拉斯得意洋洋地说：“我要让林肯这个乡巴佬闻闻我的贵族气味。”

林肯面对此情此景，一点也不惧怕，他照样买票乘车，每到一站，就登上朋友们为他准备的耕田用的马拉车，发表这样的竞选演说：“有人写信问我有多少财产。我有一个妻子和三个儿子，他们都是无价之宝。此外，还租有一个办公室，室内有办公桌子一张，椅子三把，墙角还有一个大书架，架上的书值得每个人一读。我本人既穷又瘦，脸蛋很长，不会发福，我实在没有什么可以依靠的，唯一可依靠的就是你们。”

选举结果大出道格拉斯所料，竟是林肯获胜，当选为美国总统。

(资料来源：http://www.szstudy.cn)

1. 激励的类型

激励可以分为物质激励和精神激励，更具体地划分，有以下7种激励方式。

(1) 薪酬激励。指以物质利益为诱因，通过调节下属的物质利益来激励下属的方式与手段。

(2) 荣誉激励。把工作成绩与晋级、提升、选模范、评先进联系起来，以一定的形式或名义标定下来，主要的方法是表扬、奖励、经验介绍等。

(3) 工作激励。满意于自己的工作是最大的激励。工作激励包括工作的适应性、工作的意义与工作的挑战性、完整性等。

(4) 关怀激励。主要是给下级以生活上的关照。

(5) 目标激励。根据人们物质和精神利益的正当需求，设置一定的目标作为一种诱因，作为人们对未来的期望，鼓励人们去追求、进取。

(6) 参与激励。以让下级参与管理为诱因，调动下级的积极性和创造性。

(7) 竞争激励。利用人们普遍存在的争强好胜的心理，结合工作任务，组织各种形式的竞赛，鼓励竞争，进而激发员工的兴趣和热情。

2. 激励员工士气的十大法则

(1) 亲自向员工的杰出工作表现表示感谢，一对一地亲自致谢或书面致谢。

(2) 花些时间倾听员工的心声。

(3) 对个人、部门及组织的杰出表现提供明确的回馈。

(4) 积极创造一个开放、信任及有趣的工作环境，鼓励新点子和积极的主动性。

(5) 让每一位员工了解公司的收支情形，公司的新产品和市场竞争策略，讨论每位员工在公司所有计划中所扮演的角色。

(6) 让员工参与决策，尤其是那些对其有影响的决定。

(7) 肯定、奖励及升迁等，都应以个人工作表现及工作环境为基础。

(8) 加强员工对于工作及工作环境的归属感。

(9) 提供员工学习新知及成长的机会，告诉员工在公司的目标下，管理者如何帮助其完成个人目标，建立与每位员工的伙伴关系。

(10) 庆祝成功：无论是公司、部门或个人的优秀表现，都应举办士气激励大会或相关活动。

11.2.3 宽容大度，善于纳谏

作为领导，不仅要对下属予以认可，而且要向他们显示自己的大度，尽可能原谅下属的过失。对于那些无关大局的事情，不要同下属锱铢必较，这是制造向心力的重要方法之一。

案例 11-9

曹操烧书信

公元 200 年 10 月，官渡之战刚刚结束。曹操的军队在清理战利品时，发现了一大捆信件。一个官员抱着这些信件匆匆来向曹操汇报；“丞相，袁绍仓皇逃跑的时候，扔下了不少东西。其中有一批信件，是京城和我们军营中的一些人暗地里写给袁绍的。曹操接过来看了看，这些信大都是吹捧自己的敌人袁绍的，有的还表示要离开曹营投奔袁绍。

曹操手下的亲信十分生气，向曹操建议说：“这还了得！应该把他们抓起来治罪。”

曹操微微一笑，说：“去把这些信统统烧掉。”

众人一听，都愣了。有人轻声地问：“那就不查了？”

“不查了。请你们想想，当时袁绍的兵力比我们强那么多，连我都感到不能自保，何况大家呢？”

于是，根据曹操的命令，那些信全部被烧光了。过去那些暗通袁绍的人才放了心，而且暗自惭愧，决心今后更加忠心于曹操而不怀二心。

作为一个出色的领导者，就应该有从谏如流的气量，不光能听取不同意见，而且还能鼓励下属敢于提出不同意见，这于己于人都有好处。如果一味地固执己见甚至刚愎自用，那不可能与下属处好关系，整个团队也就无法步调一致。

从领导角度来说，善不善于听取下属的建议对于调动一个团队整体积极性很重要。善于听取下属意见，下属才乐于、敢于进言献策。否则不会有下属或者说很少有下属会顶着领导的压力，冒着被领导穿小鞋的风险去献言献策。

11.2.4 恰当批评

1. 批评是一门艺术

工作中，下属偶尔犯一些错误，给团队带来一定的影响，管理者当然要进行批评、指正，甚至追究责任，给予处分。但是“拉弓未必真放箭”，在批评下属时应该掌握一定的方法与技巧。可是不少领导不懂这一点，下属犯了一个小小的错误，他就在众下属的面前随便批评人。大家知道，这种做法的效果通常是适得其反的。被批评的人不仅听不进批评的内容，反倒会因当众被斥而感到屈辱，在这种屈辱感的强烈作用下，内心会愤愤不平。在这种情况下，是不可能平心静气地进行反省的。

其实，批评的目的是在适当的场合、通过适当的方式促使对方发生转变，而当着众人的面对其进行批评，是与批评的目的极不相符的，也根本不可能达到批评的目的。当对方受到这样的批评时，只会认为这是上司在有意给自己难堪，而且在某种程度上还会伤害下属的自尊心。

当你确实要批评下属时，必须注意当时的场合和氛围，在不伤和气、又给人面子的情况下语重心长地批评，注意批评的言辞不可过于激烈。这是管理者作为领导者应该采取的批评原则和方法。

案例 11-10

克利曼的批评方式

一天，克利曼照常来到公司，看到桌子上放着一份文件，文件上有很多错别字，而且办公室里很多东西放得很乱，同往常大不一样，明显是秘书没有尽到责任。这种事情出现以后，假如你是当时的克利曼，你会怎样做呢？是批评还是扣她的奖金，或是炒他的鱿鱼？当然，处理这个问题有很多种方法，让我们看一下克利曼是怎样做的。

克利曼对这个秘书一没有批评，二没有扣奖金，他只是用极温和的口气说："平时你在整理文件时做得非常好，而且好像从来没有出现过错别字，办公室里的工作也做得非常好，这一切使我感到非常满意。但是今天好像有点不如从前了！"

只是这么简简单单的几句话，问题便解决了。第二天，办公室里的一切都变得非常有秩序，甚至比原来的还要好。

事后，克利曼了解到，事发的当天，秘书与她的家人发生了口角，心情不好，因此影响了工作。但通过克利曼一说，她心里有些内疚，明白家里的事情不应该影响到工作。克利曼这一招足以使员工认识到自己的错误，不会让同样的事情再次发生，从而体现了克利曼对员工的关心，也使员工对克利曼充满了感激之情。

(资料来源：http://www.ceolearn.com)

从这个小事例中，我们看到克利曼巧妙地运用对比的方法批评下属的错误。管理者在遇到此类情形时，不妨借用一下克利曼的"对比"方法，效果一定不错。

2. 有效的批评方式

经过大量的实践检验，以下是7条颇有艺术性的批评方式，领导者应加以灵活运用。

(1) 暗示式。如领导发现某位员工迟到了，就指着对方的手表问道："帮我看一下现在几点了？"这就是典型的暗示式批评。

(2) 模糊式。如在员工大会，领导为了整顿劳动纪律，便说："最近一段时间，我们单位的纪律总的来说是好的，但也有个别同志表现较差，有的迟到早退，有的上班吹牛聊天……"这里就用了不少模糊语言，如"个别""有的"等。这样既照顾了一些人的面子，又指出了问题所在。

(3) 说服式。也就是说，领导者在批评别人时，应设身处地地替别人着想，如要考虑对方的实际情况和具体情况，同时，需要注意的是，对新员工的要求与老员工也要有所不同，对年轻员工的工作失误也不应只以自己的经验、能力去衡量。

(4) 请教式。如领导者对一位下属说道："如果按你这种做法，那这个计划都得重新制作吧？"这个时候，被批评者大多会自动修正自己的错误。

(5) 安慰式。

案例 11-11

大师的批评艺术

一次，年轻的莫泊桑向著名作家布耶和福楼拜请教诗歌创作，两位大师一边听莫泊桑朗读诗作，一边喝香槟酒。布耶听完后说："你这首诗，句子虽然疙里疙瘩，像块牛蹄筋，不过我读过更坏的诗。这首诗就像这杯香槟酒，勉强还能吞下。"批评既严厉，却又给了莫泊桑相应的余地。

(6) 三明治式。先表扬，再批评，最后再鼓励，这种方式被称为三明治式批评，这种方式会使受批评者愉快地接受批评。这种现象就如三明治，第一层是认同、赏识、肯定、关爱对方的优点或积极面，中间这一层夹着建议、批评或不同观点，第三层又是鼓励、希望、信任、支持和帮助，使之回味无穷。这种批评法，不仅不会挫伤受批评者的自尊心和积极性，而且还会积极地接受批评，并改正自己的不足方面。

案例 11-12

三明治式批评

某企业老板鉴于给大客户提供的产品质量合格率下降的情况，找到生产部门的相关负责人谈话。以下是采用"三明治"式的批评方式进行的谈话内容。

以前产品质量合格率都在98.7%以上，而且公司以你为榜样。但是，近来大客户的3个大订单，都只有80%的合格率，这种合格率将使客户抛弃我们。这些客户虽然现在只占我们10%的销售额，但在未来的半年之内，可能会增加到30%，甚至达到公司整个销售额的半壁江山。因此，如果这些客户抓不住的话，两年以后，公司的整体销售额可能只能维持在今天的状况，而且没有其他的新的客户来。

所以，我希望你回去好好检讨一下，为什么质量合格率会这么低。我相信，以你从前的那种精神和作风狠抓质量，合格率一定会上升的。

(7) 启发式批评。这是一种间接的批评，不直接批评人或事，而是针对错误用例证讲明道理，把批评寓于道理之中，让被批评者心领神会，意识到自己的问题，达到批评的目的。

3. 批评中的忌讳

(1) 切忌恶语伤人。每个人都有自尊心，领导者批评下属同样应在平等的基础上进行，态度上的严厉不等于言语上的恶毒，切记只有无能的领导才去揭人疮疤。因为这种做法除了让人勾起一些不愉快的回忆，于事无补；而且除了使被批评者寒心外，旁观的人也一定不会舒服。同时，恰当的批评语言，还表现出了一个领导的心胸和修养。所以，批评下属时绝不可恶语相向，不分轻重。

(2) 切忌捕风捉影，主观行事。上面已经谈到，上级批评下级，要使下级达到心悦诚服，没有以权压人，以势压人之感，很重要的一条就是要做到实事求是。所以，上级批评下级，切忌捕风捉影，主观行事。这就要求领导者必须心胸豁达，最忌讳神经过敏、疑神疑鬼、听信流言、无中生有，必须牢记"没有调查就没有发言权"。

(3) 切忌喋喋不休，没完没了。有效的批评往往能一针见血地指出问题的实质，使下属心悦诚服，而絮絮叨叨的指责却会增加下属的逆反心理，而且即使他能接受，也会因为你缺乏重点的语言而抓不住错误的症结。所以，如果下属能自我反省，承认错误，就不应太过苛求。

(4) 切忌针对个人，伤及自尊。这条非常重要。正确的批评应该做到“对事不对人”，这也是一条被无数事例所验证的法则。虽然错误与犯错误的人也是密不可分，但对事不对人的批评却更容易为下属所接受。

11.2.5 离职沟通

1. 离职沟通的重要性和原则

离职沟通即与要离职员工进行的沟通。离职沟通的重要性在于：一方面可以更清楚地了解员工离职的原因，以便以后加强、改善企业管理；另一方面，以真诚友好的方式与离职员工交流，能够改变员工对企业的看法，以致离职后不会对企业进行负面宣传，破坏企业形象。

做好离职员工的沟通是很有必要的，因为离职无外乎两种，一种是被公司辞退，另一种是因对公司不满而离开。

被公司辞退的员工，大部分是因为他不适合在公司工作，因此做好沟通工作很必要，可以指出其在工作中的不适因素，并对其突出表现加以表扬肯定，鼓励他在以后的工作中扬长避短，努力工作；对于自愿离开公司的员工，大多会在离职后抱怨发泄对公司的诸多不满，甚至诋毁公司的声誉，这样必定会给公司造成一定的名誉损失。

如何做好员工离职前的沟通工作呢？首先，要做好面谈的准备，要选择轻松、明亮、愉快的空间，准备好离职人员的基本材料、考核记录，并事先与该员工周围的同事进行沟通，以便正确掌握离职的真正原因，并确定企业挽留员工的底线与方案。其次，掌握面谈的技巧，一般而言，离职者会忐忑不安，一定要营造缓和的气氛，才能与其进行真正的沟通；面谈过程中，应该随时察言观色，设法表示对离职者观点的同情，专注倾听其所抱怨的人或事，我们要多听少说，适当时提问，并做出必要的解释，适当时表达希望挽留人才，当其产生防卫心理时，应及时关心他的感受，不要唐突地介入问题，并真诚地感谢他的建议；要将面谈的重要点记下来，便于以后的分析管理。最后，做好面谈的分析与改进，针对离职者提出的建议和离职原因提出改进措施和建议，并向领导汇报，以便管理者制定相应的人力资源管理策略。

2. 注意事项

(1) 切忌“恋人”变仇人。当员工在企业服务时，企业、员工双方关系良好，甚至可以像恋人一样亲密无间；但是一旦员工离职，有些企业就想方设法尽可能地克扣员工，并有意甚至故意设立种种障碍，想一解心头之恨，导致最终企业与员工之间的关系像是仇人一样，完全没有了昔日的美好。

(2) 规避离职员工对企业的负面影响力。据调查，一个人的社会关系可以延伸到250人。如果企业视一个离职员工像仇人一样，该员工还会对这个企业心存感激之心吗？如果员工离职后，都不愿意再谈起这个雇主，不愿意与原企业接触，这不是很失败吗？他可能会劝说亲朋好友不要去消费。因为离职员工和企业已经没有利益关系了，又深入了解企业，所以说法有很强的说服力。

(3) 重视离职档案管理。企业必须建立规范的员工档案并进行分类管理、保密管理，以便定期维护。或许这个员工仍会成为企业的有用资源。

(4) 离职沟通不能走形式。这样尽最大努力可以确保员工离开之后不损害企业的利益。

11.3 调节下属之间的矛盾

人与人之间的矛盾是普遍存在的。在一个单位里，员工之间的冲突必然会对工作带来严重影响。处理下属之间的矛盾，是一个领导者经常遇到的事情，也是管理的一部分。那么应该如何处理下属之间的矛盾呢？

11.3.1 不偏不倚

在处理具体矛盾时，领导者必须做到冷静公允、不偏不倚。

单位的领导者是下属间矛盾的最后仲裁者，这个仲裁者要保持权威，必须以公平的面目出现。偏袒会使另一方产生成见，不偏不倚才能团结所有的人。

当然，不偏不倚是建立在维护公司利益的基础上的，公司的利益就是衡量谁是谁非的最高标准。对于下属间的观点分歧，作为单位领导最好保持超然态度。

11.3.2 折中调和

领导者在处理下属的矛盾时，常常有这样的情况：矛盾双方都有道理，但是失之偏颇，很难明确判断谁是谁非。此时调和、息事宁人是最好的解决方法。

案例 11-13

鲁迅讲的故事

鲁迅曾经讲过一个故事：大家都闷在一个黑屋子里，一部分人无法忍受，扬言要掀掉屋顶，而另一部分人坚决反对，认为与其挨雨淋，还不如维持现状，于是大家最后妥协了决定开一个窗户。

11.3.3 “冷处理”与“调离”

处理下属的矛盾，需要很高的水平，处理得好，可以化干戈为玉帛；处理不当，矛盾会升级白热化，此时领导者就会感到非常棘手。

1. 保持镇静

下属出现摩擦时，领导者首先自己要保持镇静，如果风风火火，火冒三丈，无异于火上浇油。不妨进行“冷处理”，不紧不慢之中给人以此事不值一提的感觉，人们更相信你会秉公处理，效果比较好。

2. 处理公事纠纷，先稳定下属情绪

如果下属因为公事而发生矛盾，此时不能急于同时向两人问话，因为此时双方矛盾正处于顶峰，此时来谈，双方一定会在你面前大吵一顿，让你也卷入“战争”。很可能谁先说一句话，就会造成争论不休。细节问题也难以确定谁是谁非。不妨倒上两杯茶，请他们坐下喝完，让他们先回去，然后分别接见。

分别接见时，请他平心静气地把事情始末讲述一遍，最好不要插话，也不要妄加批评，着重在淡化事情上下功夫。细节上也不必证明谁说的对，不可明确支持某一方。

不妨这样说："事情嘛，我已经清楚了。双方没有必要吵得这么凶，事情过去了就不要再提了，关键是你们要从大局出发，以后不计前嫌，精诚合作。"经过一段时间冷静之后，双方都有所收敛。这么说，双方就有了台阶可以下。

3. 处理私事纠纷，也慎重处理

如果矛盾纯属私事，也应该谨慎处理，切不可袖手旁观，因为私事上的矛盾也会影响工作。也要分别召见双方，但是和公事应该不同。对于私事本身，没必要明察秋毫。因为许多私事，看似简单，实际什么微妙，越处理越复杂，甚至会牵扯进来很多旁人。

不妨这样说："我不想知道你们之间的那些事情，但基于工作我要你们通力合作，不允许工作受到私事的影响，希望你们清楚这一点。"有时可以把他们调离，不见面时间长了，矛盾自然会减弱甚至消失。

处理这样的问题，切忌偏袒和自己私人关系较好的一方，一定要公私分开。只有这样才能显示你的公平，赢得下级的信任。

思 考 题

1. 什么是下行沟通？下行沟通的作用是什么？
2. 如何激励下属？如何批评下属？
3. 下行沟通的技巧有哪些？
4. 如何调解下属之间的矛盾？

实 训 项 目

测试你是否是独裁型领导

请对以下问题回答"是"或"否"。

1. 对于咖啡、餐厅这一类的生意你是否喜欢？

2. 把决定或政策付诸实施之前，你认为有向员工说明其理由的价值吗？

3. 在领导部属时，与其一方面部属工作，一方面监督他们，还不如从事计划、草拟细节等管理性工作。

4. 你的部属最近录用了一个新人，你不介绍自己而先问他的姓名。

5. 你让部属追求流行风气吗？

6. 你一定把目标及方法在部属工作之前就对他们进行提示。

7. 你认为与部属过分亲近会失去部属的尊敬，所以还是远离他们比较好，对吗？

8. 你知道大部分的人都希望星期三去郊游，但是从许多方面来判断你认为还是星期四去比较好，但你认为这个不要自己做主。

9. 无论你想要部属做一件多么小的事情，你一定自己先以身作则，以便他们跟随你做。

10. 你觉得把一个人撤职是件很轻松的事情。

11．你认为越能够亲近部属，就越能够好好领导他们，对吗？

12．你的部属挑你做的一个解决问题方案的毛病，而这个方案是你花了不少时间来拟定的，你虽然并不生他的气，但是对于问题依然没有解决而觉得坐立不安。

13．你赞成充分处罚犯规者是防止犯规的最佳方法的看法吗？

14．当你对某一情况的处理方式受到批评时，你认为与其宣布自己的意见是决定性的，不如说服部属请他们相信你来得强。

15．部属为了他们的私事而自由与外界的人员去会晤，你是否允许这样？

16．每个部属都应该对你抱忠诚之心，你是这样认为的，对吗？

17．你认为与其自己亲自解决问题，不如任命解决问题的人，对吗？

18．在一个团体中会发生不同意见是正常的，你赞成这个看法吗？

评价标准

如果1、4、7、10、13、16道题选择的“是”最多，说明你有成为独裁型领导的倾向。
如果2、5、8、11、14、17道题选择的“是”最多，说明你有成为民主型领导的倾向。
如果3、6、9、12、15、18道题选择的“是”最多，说明你有成为放任型领导的倾向。

项目 12 客户沟通

知识目标

1. 掌握客户沟通的意义和形式；
2. 掌握客户沟通的原则；
3. 掌握客户沟通的禁忌。

能力目标

1. 掌握客户沟通礼仪的运用能力；
2. 掌握客户沟通的技巧。

案例 12–1

李朋超以诚待客拓市场

李朋超是浙江金融职业学院市场营销专业 13 届毕业生，2012 年当他还是在校生的时候，就创办了“校中店”——“音乐之声”琴行。他一直秉持“顾客是我们真挚的朋友”的宗旨，把生意做得红红火火。毕业后他在杭州下沙高教园区创办了“品忆琴行”，主要经营乐器的销售和培训业务，生意越做越大。

李朋超的第一家店开在下沙某高校附近。琴行刚开业的时候，生意特别好，于是有竞争对手采取恶意竞争的手段，对客户夸大承诺。

有一天，李朋超不在店里，让店员照料生意。不久来了一个顾客说想学吉他，还说另一家琴行承诺学一期可以达到 6 级水平。店员为了让这个顾客留下，就给人家承诺一期学下来可以达到 8 级水平。晚上李朋超回去的时候得知了这件事，非常生气，说：“一期学怎么能够达到 6 级或 8 级？正常也就达到 4 级水平。你自己教吉他难道不知道吗？怎么能够采用这样不真诚的方式进行营销呢？”李朋超还说：“顾客是我们真挚的朋友。你把他们看成朋友，真诚地给他实实在在的沟通和讲解，他们会相信你、会相信‘品忆’，会在我们这里消费的。”店员认识到了自己的错误。

从此以后，不论竞争对手采取何种策略，店员都是以真诚的态度对待客户，绝不夸大其词。结果生意越来越好，超过了很多竞争对手。

【思考与讨论】这个故事对你有什么启示？

12.1 客户沟通概述

12.1.1 客户沟通的意义和形式

客户沟通，是指与客户之间的沟通，不但包括业务沟通，而且包括个人的情感沟通。客户沟通并不只是企业领导、销售人员和客户服务人员的工作，也是公司每一个员工的本职工作。与客户建立真诚、信任和尊重的关系，有利于公司的发展，也有利于自身的发展。而我们和客户之间的桥梁是沟通。懂得倾听客户的话语，从客户的话语中可以得知对方是否真正理解了我们说话的意思；懂得如何说，使客户的尊严得到了维护，并且拉近与客户之间的距离。

1. 客户沟通的意义

客户沟通的意义主要体现在以下几个方面。

(1) 沟通是为了销售或促进销售。

(2) 沟通是为了更好地了解客户需求。

(3) 沟通是为了更好地化解与客户之间的矛盾。

(4) 沟通是为了更好地巩固客户及开发客户。

(5) 沟通是为了更好地与客户建立永久性合作关系。

2. 客户沟通的形式

(1) 电话沟通。这是最常见又经济实惠的沟通方式。业务上的电话沟通不要过长，控制在4～6分钟为佳。一定要让人留下印象，又要能说明事情，又不能让客户觉得烦。电话沟通一定要文明礼貌，用词到位。文明礼貌能让客户感到温馨，又容易接受你所提的问题。用词要到位，过则伤及客户，无法达到你所要的效果。没有特别原因，电话沟通一般不要谈与工作无关的事。与客户电话沟通时应让客户先挂电话，这是基本的商务礼仪。

(2) 上门回访沟通。这是最有效的沟通方式之一。上门回访要注意的是个人形象。形象体现了对回访的重视程度、回访人的品格及专业度。要学会倾听。因为客户需要忠实的听众，而且有问题才会有需求，有需求才会有销售。要体现一个人的人格魅力。沟通其实是在推销自己。要让客户觉得你是一个有智慧，有才学，受尊重的人。只有让客户接受自己，才有沟通。

(3) 活动沟通。这是最有人情味的沟通，如打打篮球，组织游泳，举办公司联谊活动，登山等。

(4) QQ沟通或微信沟通。这是最休闲的沟通。

(5) 电子邮件沟通。这是成本最低廉而又高效的沟通方式，有的情况下可以代替当面沟通。

(6) 礼物沟通。包括送贺年片、日历以及其他的一些小礼物。

按照不同的标准，沟通又可分为：工作沟通、思想沟通和情感沟通。工作沟通包括产品介绍、谈判等；而思想沟通是通过交流达到某种共识、认可，影响客户的思想、转变客户对自己不利的行为，把原有的劣势逐渐转变成优势；情感沟通则是通过情感的交流让客户对我们有一个全面的了解，和客户的距离变得更近，让客户心情愉快地销售我们的产品。由以前的被动销售变成主动销售，由不愿销售变成快乐销售。让客户感觉到我们和他是同呼吸共命运、同舟共济、共同发展的。

12.1.2 不同客户的沟通需求

1. 老板和高管

老板一般比较务实。他与你沟通纯粹是工作上的沟通。除身份对等或个人工作魅力以外，一般他不想在你身上浪费太多的时间。

高管往往是企业中实力派的代表，所以他不仅有学历而且有经验、有能力。他看重的往往是物超所值这个原理，所以你一定要做到让他觉得“物超所值”。这在企业管理中叫做三赢，三得利——企业双方得利，还有他个人得利。

2. 事业单位与私营单位

从性质上客户可以分为：事业单位客户与私营单位客户。

事业单位客户：重人际。他在乎你的身份和地位，他一旦认为你是一个不起眼的角色，他就不想和你交往，不想再和你沟通。

私营企业单位客户：重实务。因为他工作的临时性，所以他们一般看重眼前。如果你让他们觉得除了眼前的工作以外，没有别的利益，他们的工作积极性就会下降，沟通就变得困难。

客户不同，客户的需求就不同，沟通的导向也不同，沟通方式自然也就不同。

12.1.3 沟通立体化

由于不同的人有不同的时间安排，不同的人有不同的生活习性，有的人不喜欢接电话，有的人喜欢聊微信或QQ，有的人喜欢运动，而有人的可能更喜欢面对面地聊天。

这就要求我们在适合的时间，以正确有效的方式与客户进行沟通，多渠道、变方式、立体化地与客户进行沟通。这样才能让我们与客户更快更好地建立关系，成为终身的客户，成为真正的朋友。

12.2 与客户沟通的原则

与客户打交道免不了要进行交流，因为彼此有利益往来，所以必须要注意交流的方式。初次见面，应尽量给对方一个良好的印象，自我介绍也要得体，所用的语言要符合本人的身份，既不能自我炫耀，又不能自我贬低，而是要保持自我本色。

12.2.1 语言表达简明得体

与客户交流时，语言简明得体很重要，语言简明会使对方有兴趣和耐心听你讲话，如过分啰唆则容易使对方产生厌烦感。除了语言简明，说话得体也同样重要，不得体的语言会使对方不高兴，甚至造成尴尬的局面。

案例12-2

外长失言

本杰明·富兰克林(Benjamin Franklin)卸任后，托马斯·杰斐逊(Thomas Jefferson)担任了美国第三任总统，这之前他曾是驻法大使。一天，杰斐逊去法国外长的公寓拜访，他们见面之后相互介绍了一番。外长看了看杰斐逊，不假思索地说："听说您原来是美国驻法大使，现在代替了富兰克林先生当了总统？"

"是接替他，没有人能够代替得了他。"杰斐逊很不高兴地回答。

"是接替，很抱歉。"外长知道自己说错了，急忙纠正。

很显然，不得体的话语很容易使人不高兴，造成尴尬局面。为了能够与客户进行成功的交流，我们一定要注意语言的表达方式。

12.2.2 制造轻松和谐的谈话气氛

在与客户交谈的时候，由于双方关系的特殊性，常常导致双方的谈话气氛僵硬，缺少轻松、和谐。这时，完全可以寻找其他话题。例如，以一些怪诞的奇闻、惊心的事件当做话题，这样既活跃了气氛，又淡化了彼此的陌生感。

另外，也可以用一些周围的事物作为话题，也就是说与日常生活有关的普通话题，如孩子上学、妻子上班等。家常话并不都是一般的寒暄，它更能引起人与人之间心灵上的共鸣，进而使双方达到心灵上的沟通。

12.2.3 在客户面前要不卑不亢

在人际交往中，说话恭敬、对人客气是一种美德，但是过分的客气和过分的恭维往往会令对方反感。对客户也是这样，即使你想套近乎，也要不卑不亢，才能有好的效果。

1. 切忌过分的恭维

在客户面前，缺乏诚心、千篇一律的客气话，并不能引起对方的好感，特别是听惯了恭维话的大人物，更是如此。他们早已听腻了久仰大名之类的话，你的恭维绝不会增加他对你的好感。

如果你不多加思考，一见到特殊人物就忘乎所以，什么话好听说什么，极尽吹捧之能，恨不得把对方捧到天上，那么你就犯了大忌了。

听惯了恭维话的人早就不把这些话放在心上了；相反，对于过分恭维他的人还会产生一种轻视感，认为对方"不值钱"，从而影响了你在对方心目中的形象，降低了你在对方心目中的地位。

2. 巧用幽默破解僵局

与客户交往的过程中，难免意见不合，发生分歧，双方都坚持自己的立场不肯迁就对方，于是就出现了僵持的局面。这是我们谁都不愿看到的事情。

既然发生分歧是与客户交往时避免不了的，我们就应该试着去化解分歧。在双方因分歧而僵持不下时，不妨说个笑话，来段幽默，缓和一下紧张的气氛。僵局是谁也不愿意发生的，多数时候，客户是愿意见好就收的，破解僵局是双方都渴望的。

3. 显得稳重而有风度

我们大家都知道，给客户的印象很重要。你的言谈举止能透露出你的文化素质、知识程度及品格情操等。因此，在与客户交往的时候，要特别注意自己的言谈举止，应尽量显得稳重而有风度。稳重会增加客户对你的信任，风度会增加客户对你的好感。

4. 时刻不忘自己的身份

客户是一种很特殊的交往对象，它与朋友、同事等都不同。要想搞好与客户的关系，必须时刻注意在客户面前的特殊身份，该说什么话，该做什么事，都不能任意妄为，否则你就可能失去客户。

客户是与我们的事业密切相关的，与客户沟通的成功与否，将直接影响到我们的事业发展。因此，我们有必要多动脑筋，掌握与客户沟通的最佳方式与原则，从而更好地与客户沟通。

12.3 客户沟通的礼仪

12.3.1 称谓上的礼仪

无论是打电话沟通还是当面交流，彼此之间都需要相互称呼，这就产生了称谓上的礼仪要求。称谓千万不要出错，这是客户沟通的基本要求。

有人认为一个简单的称谓不用讲究什么礼仪，其实不然。如果首先在称谓方面就使对方产生了不悦，那么接下来的沟通就很难产生积极的互动作用。因此，你必须熟悉并掌握与客户沟通时在称谓方面的礼仪。

1. 熟记客户姓名

至少在开口说话之前要了解客户姓名的正确读法和写法。读错或者写错客户的姓名，这看起来可能是一件小事，却将使整个沟通氛围变得很尴尬。如果在见面之前对客户的姓名存有怀疑，则最好认真查一下字典，确定准确无误的读音之后再与客户联系。如果对客户名片上印着的客户姓名不能确定，不妨有礼貌地直接向客户询问，而不要想当然地瞎猜。

2. 了解清楚客户的职务、身份

案例12–3

失当的玩笑

一位销售代表走进一家老客户的公司时，看到客户的办公室里有一位年届五十的中年人。当时办公室里的人都称呼该中年人为“老杜”，而且其他客户以为这位销售代表见过此人就没有进行介绍，因此在向“老杜”敬烟时，这位销售代表半亲密半开玩笑地说：“老杜同志其实不老嘛！太年轻有为了！”

说完这话时，一位与该销售代表比较熟悉的客户使了一个眼色。后来，销售代表才明白，原来那位“老杜”是客户公司从外地挖来的部门经理，因为与其他部门经理年龄相差悬殊，所以大家都叫他“老杜”。虽然这种叫法不会令“老杜”感到尴尬，可是销售代表的说法却触动了他的敏感神经。

(资料来源：http://www.px199.com/index.asp)

任何时候，如果不能确定客户的职务或身份，你可以通过他人介绍或者主动询问等方法弄清这一点。当你把客户介绍给他人，或者与客户进行沟通时，还需要在了解清客户职务、职称的基础上注意以下问题。

(1) 称呼客户职务就高不就低。有时客户可能身兼多职，此时最明智的做法就是使用让对方感到最被尊敬的称呼，即选择职务更高的称呼。

(2) 称呼副职客户时要巧妙变通。如果与你交流的客户身处副职，大多数时候可以把“副”字去掉，除非客户特别强调。

12.3.2 握手时向客户传达敬意

握手作为一项最基本的社交礼仪，其传达的意义可以非常丰富，可是如果不掌握握手的礼仪与技巧，那就只能代表一种程式化的程序。利用握手向客户传达敬意，引起客户的重视和好感，这是那些顶尖高手经常运用的方式。要想做到这些，需要注意如下4点。

1. 握手时的态度

与客户握手时，必须保持热情和自信。如果以过于严肃、冷漠、敷衍了事或者缺乏自信的态度同客户握手，客户会认为你对其不够尊重或不感兴趣。

2. 握手时的装扮

与人握手时千万不要戴手套，这是必须引起注意的一个重要问题。

3. 握手的先后顺序

关于握手时谁先伸出手，在社交场合中一般都遵循以下原则：地位较高的人通常先伸出手，但是地位较低的人必须主动走到对方面前；年龄较大的人通常先伸出手；女士通常先伸出手。

要注意的是，无论客户年长与否、职务高低或者性别如何，都要等客户先伸出手。

4. 握手时间与力度

原则上，握手的时间不要超过30秒。如果面对的是异性客户，握手的时间要相对缩短；如果面对的是同性客户，为了表示热情，可以紧握对方双手较长时间，但是时间不要太长，同时握手的力度也要适中。作为男性，如果对方是女性客户，需要注意3点：第一，只握女客户手的前半部分；第二，握手时间不要太长；第三，握手的力度一定要轻。

12.3.3 名片使用讲究多

名片虽小，但是在与客户沟通过程中的影响却不容你忽视。如果不注意使用名片时的种种讲究，那么本来可以起到“自我延伸”作用的名片就可能会成为横在你与客户之间的一堵厚墙。而在接客户的名片时，一些人不讲究礼仪的做法常常会令客户感到严重不满。使用名片时的讲究看似细微，可是良好的客户关系往往就在这些细节中微妙地得以体现。

要把与客户交换名片看做是一件很重要的事情，因为你的稍许懈怠可能都会被客户理解为自己不被重视。

除了人们通常了解的双手向客户奉上名片、使客户能从正面看到名片的主要内容、双手接住客户递过的名片、拿到名片时表示感谢并郑重地重复客户姓名或职务之外，与客户交换名片时，还应该注意一些其他事项。

1. 善待客户名片

最好事先准备一个像样的名片夹，在接到客户名片后慎重地把名片上的内容看一遍，然后再认真放入名片夹中。既不要看也不看就草草塞入皮夹，也不要折损、弄脏或随意涂改客户名片。

2. 巧识名片信息

除了名片上直接显示的客户姓名、身份、职务等基本信息之外，你还可以通过一些“蛛丝马迹”了解客户的交往经验和社交圈等。例如，客户名片上印有的公司电话号码前是否有区号，如果没有，那么很可能说明他们通常只在本区域内活动；如果客户公司的电话号码前有区号，但没有“86”这一代表我国的国际长途区号，那就说明客户的业务往来大多属于国内范围。

通常客户的名片上不会印有住宅电话，如果上面有住宅电话，不妨用心记住，这将有助于今后更密切地展开联系。

3. 对名片进行分类

这主要包括两方面的工作。

(1) 对自己的名片进行分类。这主要是针对身兼数职的你而言的。如果属于你的头衔较多，不妨多印几种名片，面对不同的客户选择不同的名片。

(2) 对客户的名片根据自身需要进行分门别类。这既可以在你需要时方便查找，也会使你的名片夹更加整齐、有效。

12.3.4 不可忽视地方风俗和民族习惯

如果你要去拜访外地的客户，或者知道客户不是本地人，那就需要了解清客户所在地是否具有某种特别的礼仪要求，或者客户所在地的风俗习惯或所属民族的特殊习惯如何等。例如，如果得知客户是回族，那在谈话时就尽量不要提他们特别忌讳的事情，吃饭时要尽可能地选择清真饭店。

12.3.5 以客户为谈话的中心

一定要把客户放在你一切努力的核心位置上。时刻以客户为中心，摆正自己与客户之间服务与被服务的关系。不要以你或你的产品为谈话的中心，除非客户愿意这么做。

这是一种对客户的尊重，也是赢得客户认可的重要技巧。此时，你必须要摆正自己的位置，即明确自己扮演的角色和行动目标——满足客户的需求，为客户提供最满意的产品或服务。

这就需要你在与客户沟通的任何时候都务必以对方为中心，放弃自我中心论。例如，当你请客户吃饭的时候，应该首先征求客户的意见，他爱吃什么，不爱吃什么，而不能凭自己的喜好，主观地为客人点菜。

如果客户善于表达，那就不要随意打断对方说话，但要在客户停顿的时候给予积极回应，如夸对方说话生动形象、很幽默等。如果客户不善于表达，也不要只顾着自己滔滔不绝地说话，而应该通过引导性话语或者合适的询问让客户参与到沟通过程当中。

12.3.6 相互交流时的礼仪

与客户进行交流时，要注意说话和倾听的礼仪与技巧，无论是说话还是倾听都要全神贯注，说话时要关注客户的反应，倾听时要注意客户传达的信息。要在说与听的同时，让客户感到被关注、被尊重。

1. 说话时的礼仪与技巧

(1) 说话时始终面带微笑，表情要尽量柔和。

(2) 沟通时看着对方的眼睛。

(3) 保持良好的站姿和坐姿，即使和客户较熟也不要过于随便。

(4) 与客户保持合适的身体距离，否则距离太远显得生疏，距离太近又会令对方感到不适。

(5) 说话时，音高、语调、语速要合适。

(6) 语言表达必须清晰，不要含糊不清。

(7) 想要引起客户特别注意的地方要加以强调。

(8) 如果客户没听清你的话，应耐心加以解释，并为自己没有说清表示歉意。

2. 听客户谈话时的礼仪与技巧

(1) 客户说话时，必须保持与其视线接触，不要躲闪也不要四处观望。

(2) 认真、耐心地聆听客户讲话。

(3) 对客户的观点表示积极回应。

(4) 即使不认同客户观点也不要与之争辩。

12.4 客户沟通的技巧

12.4.1 给客户留下良好的印象

在现实生活中，人们都有一种共识，就是喜欢和有修养、会说话、会办事、有分寸的人打交道。在与客户交流时，如果能给客户留下良好的印象，自然就容易沟通了。与客户沟通就要给客户留下良好的印象。那么，怎样才能给客户留下良好的印象呢？

1. 仪容整洁

与客户交流，仪容整齐清洁是关键。保持整洁的仪容会使客户对你产生好感，同时也会让自己心情舒畅，信心百倍。

2. 衣着大方

见客户时，穿着打扮一定要得体大方，给人以耳目一新的感觉，不要奇装异服，男性一般以西装为主。其他配饰(皮包、手套、耳环等)不要过于华丽或寒酸。

有一位著名企业家对职场着装总结出 10 条建议，不妨参考一下。

(1) 业务员应当穿西装或轻便西装。

(2) 业务员的衣着式样和颜色，要保持大方稳重。

(3) 切忌佩戴一些代表个人身份或宗教信仰的东西。

(4) 不要戴太阳镜或变色镜，这样是不礼貌的装束。

(5) 可以佩戴代表公司的标记，使客户相信公司的信誉。

(6) 可以携带一个大公事包，使客户相信你的言行和能力。

(7) 带上一支比较高级的圆珠笔或钢笔和一个精致的笔记本。

(8) 不要脱去上装，以免削弱你的权威和尊严。

(9) 见客户时，忌食辛辣及气味不好的食物。

(10) 可以喷洒一些淡雅的香水，会给人一种舒服的感觉。

3. 言谈得体

得体的言谈可以弥补一个人外表的欠缺，尤其在和客户沟通时，要注意谈话应速度适中、语音适量、身体略微前倾，面带微笑，这样才能给人一种亲切、谦虚的感觉。可遵循以下原则。

(1) 进门之前，先按门铃或轻轻敲门，得到允许才能进屋。

(2) 看见客户时，点头微笑。

(3) 客户未坐定前，自己不要先坐。

(4) 递送名片时，要用双手。

(5) 切忌随手摆弄客户名片。

(6) 谈话时态度温和而又积极。

(7) 坐姿端正，身体略微前倾。

(8) 认真倾听客户讲话，眼睛要看着对方。

(9) 客户起身离席时，要同时起身致意。

(10) 与客户初次见面时，应先向对方表示打扰的致意；告辞时，感谢对方的交谈和指点。

4. 保持风度

与客户沟通时要保持良好的君子风度。

(1) 不与客户起争执，让客户感觉自己的是对的。

(2) 不主动贬低同行推销人员、公司或产品。

(3) 始终保持笑容和耐心。

(4) 举止文雅。

与客户交往时，要保持良好的卫生习惯，不乱丢果皮、纸屑，不随地吐痰；不在客户面前擦鼻涕、掏耳朵、修指甲、打呵欠、跷二郎腿等。

12.4.2 首次和客户接触的技巧

案例 12-4

失败的推销

业务员小王早早地来到了一家烟酒店，希望能拜访一下这家店的老板。由于第一次相见，小王很不熟悉店老板，进店之后，小王与老板寒暄了几句，说明了来意，顺便花了 3 分钟时间介绍了公司的产品，本来还想继续说下去，但是看到老板很不耐烦的样子，也就不好意思再说了。于是，小王赶紧接着说："老板，我这次来拜访您，主要是向您推荐一下我公司的最新产品，价位 88 元，零售可以卖到 98～108 元，而且公司还有促销，力度很大，买一箱赠送价值 50 元的可乐，您看，要不来一箱，试试看？"老板只是轻描淡写地说了一句："哎呀，现在业务员比顾客还要多呀，温度比酒度还要高啊！你看，我这哪有地方摆放啊？等有地方再说吧！"说完，指指堆满白酒的货架，示意小王自己去看。小王看了一眼，的确是这样，到处都是酒啊！无奈之下，小王向老板告辞后，走出了这家烟酒店……

【思考与讨论】小王沟通失败的原因是什么？

1. 自我介绍

在作自我介绍时不要怯场，态度不卑不亢，既要有自信，又要尊重对方。自信是成功的关键。

自我介绍时要介绍自己的全名，不可给自己冠之以先生或女士等称呼，也不能介绍自己的头衔，可以告诉对方自己从事的职业。鉴于中国的国情，如果你想让对方了解你的职务情况，以便于对方称呼，可以通过递送名片的方式来解决。

不能只介绍自己的名字，还要向客户提供有用的信息，这样双方就比较容易接续下面的话题，不至于太尴尬。同时这些信息还可以向客户起到暗示作用，为将来的业务交往作铺垫。如“张总，您好！我是××银行的张小盛，一直从事客户服务工作。这是我的名片。”简洁明了，表意清晰，给人以干练、清新的感觉。

2. 确定适合的谈话主题

要根据以往对客户信息资料的了解，确定一个谈话的主题。客户一般处于被动交流的地位，因此，你要尽快把谈话的主题引到客户感兴趣的事情上来。

要避免过多谈论具体产品，那样很容易给别人造成推销的印象。可以自己的职业为主线，选择一些相关的话题。

可以就地取材。客户案头上的东西就很有用，它能够泄露主人的性格、爱好和个人风格。悄悄留意一下上面摆放着什么，摆放的位置等，对你选择一个合适的话题会有很大的帮助。

要避开敏感性话题。敏感性的话题很容易引起争议，会破坏和谐的气氛，造成客户心理上的抵触。不要谈论关于宗教和哲学方面的问题。更不可谈论涉及客户隐私的话题，如客户的身体状况、年龄、收入等。

最好选择一些容易引发评论和讨论，并能拓宽别的领域的话题。

3. 与客户第一次交谈的技巧

1) 学会说套话

套话是较为陌生的人见面后，为避免冷场而作的过渡，如“今天的雪真大，车子不敢开太快”，既利用套话作了很好的开场，又解释了自己此刻才到达的原因，还让客户意识到自己是冒雪而来，对这种执着的精神表示认可。如果是通过别人介绍认识的，在第一次见面时，谈论双方共同熟悉的人是一种效果最好的套话，如：“王齐正让我代他向您问好。”双方很快就有了共同的话题，不至于因陌生而无话可说。

2) 少说多听

通过有意识地引导，让客户多说，自己做一个倾听者。不要打断客户的话，与客户交谈的时候，眼睛注视对方的鼻翼处，切忌东张西望。

3) 善于提问

在倾听的过程中，不时向客户提问，提出的问题要新颖且易于回答，激发客户谈话的动力，表示你对客户的谈话很感兴趣。例如，当客户提到自己是杭州人时，你可以问：“西湖一定很美吧？我还从来没有去过那里呢。”客户有可能会兴致勃勃地向你介绍他的家乡，这对他来说应该如数家珍。

4) 不要泛泛空谈

与客户谈论忌说大话空话，不要泛泛空谈实际的主题，应表现诚恳、稳重的风格，给客户以踏实的感觉。

5) 不要就某一问题谈得太深入

如果谈论的话题太深入，会给自己带来不利影响，一是有可能暴露自己对这一问题的知识匮乏；二是有可能造成与客户对问题看法的不一致；三是有可能偏离自己的最终目的。

6) 不要固执己见

与客户意见有分歧时，可以选择巧妙地引开话题，切忌与客户斤斤计较，甚至发生争执。

7) 谈话方式要与客户的个性和情绪相适应

有的客户比较保守，你就不要表现得很随便。对较为外向的客户，可以适时表现一点幽默，但切不可过分，因为这只是认识阶段，而不是要马上建立友谊。

4. 向客户告别的技巧

一般第一次会面时间不要太长，选择恰当的时候和方式向客户告别，会给客户留下好感。

(1) 当客户有其他客人到来的时候提出告别。

当客户有其他客人来访时，除非你与客户的交谈非常紧急和重要，否则即使你与客户的话题没有谈完，也应立即向客户告别。同时不要忘记向客户的新客人微笑致意以示礼貌。

(2) 当与客户的话题结束时，应主动提出告别。

在与客户的话题结束时，应主动提出告别，防止出现谈论的空白，同时也避免客户提出新的话题令你措手不及。

(3) 当对方有倦怠情绪时，应提出告别。

当你感到客户不再想继续话题的时候，要及时提出告别，不论是什么原因导致客户倦怠，这样做都是恰当的。

(4) 与客户告辞时不要拖泥带水。

告别时的语言要简捷。对客户的起身送别表示感谢，并婉阻客户送出室外。

12.4.3 推销时的开场白

要达到接近的特定目的，最重要的首先是讲好开场白。推销人员与客户的接触中，最难的就是开篇一席话，既要创造良好的推销气氛，又要尽可能多地了解对方，洞察对方的内心世界，有针对性地开展推销活动，这实在是交际中的难点。下面是优秀营销人员常用的10种开场白。

1. 用利益吸引对方

人们在购买某种商品时首先考虑的是能给自己带来什么利益。因此，用利益吸引对方很容易奏效。利益接近法符合客户购买商品时的求利心理，直接告诉客户购买推销品所能获得的实际利益或经济利益，诱发客户的兴趣，使推销会谈顺利进行。

但营销人员必须实事求是，讲求推销信用，不可浮夸，更不能无中生有，欺骗客户。

2. 真诚地赞美

“常胜”营销人员，要先经过大脑的思考，再开口赞美。不但要有诚意，而且要选择与推销产品有关的主题与目标。赞美之词是对推销成功的铺垫。赞美之词应该发自内心，符合实际，才能达到应有的效果。

3. 自我介绍法

这种方法是营销人员通过自我介绍来接近客户。自我介绍，主要是通过自我口头介绍及出示身份证件或递上名片来达到接近客户的目的。

其作用在于以求得对方的了解和信任，消除其戒心，为推销会谈创造宽松的气氛。尽管此方法不能使客户对推销的产品感兴趣，但与对方初次见面时却是不可缺少的。

4. 提及有影响力的第三人

这是一种迂回战术，因为每个人都会“不看僧面看佛面”。大多数客户对亲友介绍来的营销人员都很客气。这种方法尽管很管用，但是一定要确有其人其事，不能瞎编。否则一旦暴露，结果会很尴尬。为了取信于客户，最好能出示推荐人的名片或推荐信。

5. 用产品吸引客户

这是营销人员直接利用推销产品引起客户的兴趣和注意进而转入面谈的一种接近方法。这种方法的最大优点就是让产品做自我推销，让客户接触产品，通过产品自身的吸引力，引起客户的注意和兴趣。

6. 列举著名的公司或人

列举著名的公司或人，可以壮大自己的声势，尤其是当所举之例中的人或企业正为客户所熟悉、所喜欢、所敬仰或羡慕时，效果就会更显著。

7. 问题接近法

运用这种开场白时，所问的问题必须能跟客户的兴趣直接有关，并能够导入你的推销活动。在运用问题接近法时，所提问题应是对方最为关心的。

提问必须明确、具体，不可含糊不清、模棱两可，否则便难以达到接近的目的。

8. 好奇接近法

这是利用客户的好奇心理达到接近目的的方法。在与客户见面之初，营销人员可通过各种巧妙的方法来唤起其好奇心，引起其注意和兴趣，然后把话题转向推销品。

现代心理学表明，好奇是人类行为的基本动机之一，人们的许多行为都是由于好奇心驱使的结果。好奇接近法正是利用了人们的好奇心理，引起买方对推销品的关注，促使推销面谈顺利进行。

9. 实地演习展示

这是一种最能引起客户注意的方法，在商品展览会上经常使用。实地展示实际上是把产品示范过程戏剧化，以增加对客户的吸引力，使之产生兴趣，为推销会谈铺平道路。

10. 做客户的参谋

营销人员要受到客户的欢迎，就要经常动脑筋、出主意、想办法，为客户提供一些新奇的建议和设想。也就是所谓的“高招”“点子”，这样会赢得客户的尊敬。当然，在为客户提供建议和设想时，如果能够巧妙地把客户的需要和本企业的产品连在一起，促成交易，就更好了。

如果你对行业的知识非常熟悉，那优势就更明显了。因为这样你就更容易得到客户的尊敬与好感，还可以成为客户的参谋。

12.4.4 妥善处理客户的异议

俗话说，“挑剔的顾客才是真正的买主。”客户难免会提出这样或那样的不同意见。面对客户提出的种种异议，该怎样做呢？

1. 认真倾听法

案例12-5

打断客户是大忌

我们来看下面的一段对话。

营销人员：“×××先生，通过观察贵厂的情况，我发现你们自己维修花的钱比雇用我们干还要多，是这样的吧？”

客户：“我也认为我们自己干是不太划算，我承认你们的维修服务不错，但是毕竟你们缺乏电子方面的……”

营销人员：“对不起，请允许我插一句……不过有一点我想说明一下，任何人都不是天才，修理汽车需要特殊的设备和材料，比如真空泵、钻孔机、曲轴……”

客户：“是的，不过，你误解了我们的意思，我想说的是……”

营销人员：“我明白您的意思，就算您的部下绝顶聪明，也不能在没有专用设备的条件下干出有水平的活来……”

客户：“现在等一下，×××先生，只等一分钟，让我只说一句话，如果您认为……”

在这段对话中，营销人员几次三番打断客户的述说，这是推销中的一大忌。如果采用上述这种对话方式，推销是根本没有希望的。

(资料来源：张铁成. 你是能说会道的人全集[M]. 北京：新世界出版社，2008)

必须记住：让客户充分表达他的异议，即使你知道他下一句要说什么，也不要试图打断他。对客户要有礼貌，要认真听他所说的，尽力做出反应，给予巧妙的而非狡诈、装腔作势的回答。没有一个买主会喜欢自作聪明的营销人员，除非营销人员表现出对买主及其问题有兴趣，否则他永远不会赢得买主的信任。

运用认真倾听法时，营销人员可以在适当的时候，以恰当方式提出异议。记住：千万不要打断客户的话，让客户更清楚地陈述自己的意见。然后，再诚恳地解答对方提出的问题。

2. “是的，但是”法

当营销人员聆听完客户的购买异议后，可以用“是的，但是”或“是的，不过”来作答。这种方法又叫迂回否定法，它是先肯定对方的异议，然后再诉说自己的观点，毫无疑问它是使用最为广泛的方法，因为它比其他方法都更适合于各种不同的情况和各种不同的可能买主。

这种方法的理论依据是，几乎所有的人都讨厌听到“不对，我根本看不出你的话有什么道理”，或“这你可说错了”，或“在你看来可能是那样，但事实毕竟是事实”，或“根本不是像你讲的那样”这一类的话。几乎所有的人都讨厌他人对自己的观点进行直截了当的反驳。

经验表明，大多数客户在提出反对意见时，都多少带有些偏见，其看法有一定的片面性，或者干脆就是为了表现自己，以证明自己有许多观点和看法。但是，无论如何，营销人员对客户的这种看似无理的异议也不能迎面进行攻击，而应先肯定对方的看法，使客户的相关需求得到满足。你可以说："您讲得相当正确，经常都是这样，但是，这种情况有点特殊……"你也可以说："您讲的话一点也不假，但您是否想到了另一层……"或"我毫不奇怪您最初会产生这种感觉，我当初也是这么想的，但后来我又仔细地研究了一段时间，这才发现……"

3. 问题引导法

问题引导法是指在客户提出异议后，营销人员并不以陈述句的形式摆出事实，而是通过向客户提问题，引导客户自己排除自己的疑虑，自己找出答案。

营销人员在提问时，可以采取"5W1H"起头，即"why、what、where、when、who"与"how"，也就是问"为什么、是什么、何处、何时、何人"及"怎么样"这6个方面，按当时情形斟酌使用，这可以说是应付异议的又一良方。

有人说，在营销人员使用的词汇当中，有一个词最有价值，这就是"为什么"。因为"它可以迫使潜在买主说话，它能带给你消息；它可以迫使你仔细听对方说话；它可以迫使你摆脱困境，给你提供考虑问题的时间；它可以迫使潜在买主认真验证自己提出的理由"。

有许多常见的异议都可以用"为什么"来对付。

假设你推销的是打字机，当客户提出异议："你的机器的确妙不可言，我也想得到它，但就是觉得花500美元买打字机太不值得。"你可以反问："您怎么会这么想？"或问"这东西的利润率每年超过100%，不知您为什么不愿意为它投资500美元？"

若推销的是吸尘器，当客户提出异议："你的机器太重！"你可以反问："您为什么说它太重呢？"

若推销的是丝袜，客户提出异议："我想我妻子可能不太喜欢这种丝袜。"你可以反问："为什么她会不喜欢呢？"

营销人员通过问"为什么"，可以引导对方逐步说出自己的真实想法，然后就可以想办法说服对方，从而达成交易。

4. 优点补偿法

优点补偿法是先承认买主所提的异议是合理的，然后指出某些可以补偿的优点。例如，买鞋的客户可能会说鞋的皮子质量不是最好的，店员可以承认这一点，但同时巧妙地指出，若是最好的皮子价格就会高得多。

优点补偿法的理论基础是："人不可能把什么好处都占全。"十全十美的东西是不存在的，所有的产品都有局限性和缺点。面对买主提出合理的异议，营销人员若一味设法否定和回避的话，效果往往不一定好，此时最明智的办法就是拿出可能补偿的优点去压倒他列举的缺陷。

当客户提出"产品不保修，我不敢买"时，营销人员可以讲："是的，我们这种产品不提供保修服务，原因是降低了售价，从中扣除保修费用，质量又是可靠的。"

当客户提出："我很怀疑这东西质量有问题。"由于是积压品，营销人员可以讲："这是处理商品，质量上都有点问题，所以价钱很便宜。"

当客户提出："交货期太长了。"营销人员可以讲："是有这个问题。如果您希望提前交货，因为生产上要增加成本，售价要提高一些。"

5. *顾左右而言他法*

顾左右而言他法，又叫装聋法。即对某些异议故意忽略，保持沉默、置若罔闻的一种处理方法。一般来讲，营销人员应热情回答各种问题，帮助客户认识自己的需要，了解产品，但这并不意味着必须回答所有问题。在某些特定场合下，这种方法也很有效。

案例12-6

顾左右而言他

顾先生是一家家具店的老板。有一次，一对夫妇到他的店里挑选家具，当他们发现看中的家具价钱相当高时，那位夫人对顾先生说："我们要回家研究一下!"顾先生马上看着那位先生问道："您是打算把这些家具带回去呢？还是我们给您送到家？"先生问夫人："你说呢？"只听这位夫人说："哎呀，让他们送到家需要花钱呀，还是我们自己带回去好。"

(资料来源：张铁成. 你是能说会道的人全集[M]. 北京：新世界出版社，2008)

但是，在以下两种情况下，最好不使用这种方法：第一，不理睬会使客户产生被轻视的感觉，从而引起不满的时候，不要故意忽略；第二，不解释会引起客户疑心的时候，还是耐心解释为妙。

12.5 客户沟通中的十大禁忌

在与客户谈话过程中，要注意哪些说话技巧呢？沟通要有艺术，良好的口才可以助你事业成功，良性的沟通可以改变你的人生。因此，与客户交流时，要注意管好自己的口，用好自己的嘴，要知道什么话应该说，什么话不应该讲，避免踏入沟通雷区。在与客户沟通过程中，应该注意以下十种禁忌。

1. *忌争辩*

在与客户沟通时，要记住，你不是来参加辩论会的，要知道与客户争辩解决不了任何问题，只会招致客户的反感。

你首先要理解客户对你的产品或企业有不同的认识和见解，容许人家讲话，发表不同的意见；如果你刻意地去和客户发生激烈的争论，即使你占了上风，赢得了胜利，把客户驳得哑口无言、体无完肤、面红耳赤、无地自容，你快活了，但你得到的是什么呢？是失去了客户、丢掉了生意。时刻不要忘记你的职责、你的身份。

2. *忌质问*

在与客户沟通时，要理解并尊重客户的思想与观点，要知道人各有志不能强求。他不买你的产品，说明他有原因，切不可采取质问的方式与客户谈话。用质问或者审讯的口气与客户谈话，是不懂礼貌的表现，是不尊重人的反映，是最伤害客户的感情和自尊心的。

如果你想赢得客户的青睐与赞赏，切忌质问。

3. 忌命令

在与客户交谈时，微笑再展露一点，态度要和蔼一点，说话要轻声一点，语气要柔和一点，要采取征询、协商或者请教的口气与客户交流，切不可采取命令和批示的口吻与人交谈。

人贵有自知之明，要清楚明白你在客户心里的地位，你需要永远记住一条，那就是——你不是客户的领导和上级，你无权对客户指手画脚、下命令或下指示。

4. 忌炫耀

与客户沟通谈到自己时，要实事求是地介绍自己，稍加赞美即可，万万不可忘乎所以，得意忘形地自吹自擂，自我炫耀自己的出身、学识、财富、地位，以及业绩和收入等。这样就会人为地造成双方的隔阂和距离。要知道人与人之间，“脑袋与脑袋是最近的；而口袋与口袋却是最远的”，如果你一而再、再而三地炫耀自己的收入，对方就会感到，你向我销售产品是来赚我钱的，而不是来给我送保障的。

记住：你的财富，是属于你个人的；你的地位，是属于你单位的(暂时的)；而你的服务态度和服务质量，却是属于你的客户的(永恒的)。

5. 忌直白

与客户打交道，要掌握与人沟通的艺术，客户成千上万、千差万别，有各个阶层、各个方面的群体，他们在知识和见解上都不尽相同。在与其沟通时，如果发现他在认识上有不妥的地方，也不要直截了当地指出。一般的人最忌讳在众人面前丢脸、难堪。俗语道：“打人不打脸，揭人不揭短”，要忌讳直白。

康德曾经说过：“对男人来讲，最大的侮辱莫过于说他愚蠢；对女人来说，最大的侮辱莫过于说她丑陋。”一定要看交谈的对象，做到言之有物，因人施语，要把握谈话的技巧、沟通的艺术，要委婉忠告。

6. 忌批评

在与客户沟通时，如果发现他身上有些缺点，我们也不要当面批评和教育他，更不要大声地指责他。要知道批评与指责解决不了任何问题，只会招致对方的怨恨与反感。与人交谈要多用感谢词、赞美语；要多言赞美，少说批评，要掌握赞美的尺度和批评的分寸，要巧妙批评，旁敲侧击。

7. 忌独白

与客户谈话，就是与客户沟通思想的过程，这种沟通是双向的。不但我们自己要说，同时也要鼓励对方讲话。通过他的话语，我们可以了解客户个人的基本情况，如工作、收入、投资、投保、配偶、子女、家庭收入等。双向沟通是了解对方的有效工具，切忌营销员一个人唱独角戏，个人独白。

如果自己有强烈的表现欲，一开口就滔滔不绝、喋喋不休、唾沫横飞、口若悬河，只顾自己酣畅淋漓，一吐为快，全然不顾对方的反应，结果只能让对方反感、厌恶。

切记不要独占任何一次讲话。

8. 忌冷淡

与客户谈话，态度一定要热情，语言一定要真诚，言谈举止都要流露出真情实感，要热情奔放、情真意切、话贵情真。

俗语道;“感人心者,莫先乎情”,这种“情”是真情实感,只有你用自己的真情,才能换来对方的感情共鸣。

在谈话中,冷淡必然带来冷场,冷场必定带来业务泡汤,要忌讳冷淡。

9. 忌生硬

在与客户说话时,声音要洪亮,语言要优美,要抑扬顿挫、节奏鲜明,语音有厚有薄;语速有快有慢;语调有高有低;语气有重有轻。要有声有色,有张有弛,声情并茂,生动活泼。我们要切忌说话没有高低、快慢之分,没有节奏与停顿,生硬呆板,没有朝气与活力。

10. 忌瞎问

一般情况下,以下问题不要轻易发问,除非对方愿意主动告诉你。

(1) 不问学历。学历不代表能力。

(2) 不问具体住址。一般而言,工作与家庭无关。

(3) 不问健康状况。健康状况影响工作与晋升。

(4) 不问现状收入。收入不表示地位。

(5) 不问以前是做什么的。英雄不问出处。

(6) 不问婚姻状况。这属于个人隐私。

思 考 题

1. 客户沟通的意义是什么?
2. 客户沟通可以分为哪几种类型?
3. 客户沟通的忌讳有哪些?
4. 如何给客户留下好印象?
5. 客户沟通的原则包括哪些内容?

实 训 项 目

一、案例分析

案例 12–7

林忠再尊重客户获双赢

林忠再是一名律师,2007 年 10 月创办浙江君策律师事务所。2014 年 10 月,杭州一家从事能源开发的科技公司需要回收一大批货物款的尾款。科技公司老总担心林律师工作成效,就提出先收几笔尾款试试看,承诺如果效果好,就把所有工作都委托林律师代理。

林忠再认为,这些业务工作烦琐却收益不大,但自己应该争取每个潜在的客户,就同意建立代理关系。

经过认真细致的调研和分析，竭尽全力帮助客户收回了尾款。科技公司对此非常满意。但是科技公司老总提出由于多种原因，需要把一部分工作分离出来给其他人员办理。林忠再律师认为尊重的客户自己的选择比自己的不悦更加重要，就很客气地终止了双方的代理关系。之后科技公司的老总仍旧多次就其他相关法律问题咨询林忠再律师，律师也依旧遵守执业操守和纪律，认真解答法律问题。

科技公司把其他一部分尾款委托其他人办理之后，由于多种原因造成尾款回收效果不理想，最后科技公司又联系了林忠再律师要求继续建立委托代理关系。林忠再律师考虑到客户的需求重要性且认为客户再次提出建立代理关系是基于对自己的信任，同意了客户的要求。之后客户还多次给林忠再律师介绍其他客户。

林忠再律师认为，应该真诚认真对待每个客户，尊重客户的需求，每个客户都是自己最好的形象代言人。

【思考与讨论】

1. 林忠再律师是以什么方式赢得客户尊重，获得双赢的？
2. 这个案例给我们什么启示？

二、情景模拟

情景模拟：出外拜访客户——会务销售

情景：拜访阿布公司王总，洽谈公司系列会议，且年会在本酒店举行；你是首次拜访王总。

实训目标：通过拜访客户实训基本达成销售沟通能力。会做好准备工作(客户资料收集、对客户的了解、有精气神的形象建设)；会心态调整(深呼吸、握紧拳头、“冥想”等自我激励动作，让自己充满自信、热情)；会合乎礼仪地敲门、招呼、入座等；会开场白(寒暄、同步法则运用、铺垫、转入正题)；会询问；会聆听(微笑、眼光交流、点头、欠身、记录、复述)；会 FAB 介绍；会有效促成；会化解异议；会跟进。重点是熟悉准备工作流程，心态积极，有亲和力，会 FAB 表述，会有效促成，会跟进。

实训内容：训练与考核客户拜访实训中“各种准备工作；敲门前的心理调整与形象建设；敲门、招呼、礼仪动作、寒暄；开场白、询问、聆听、记录；复述、介绍；促成、异议化解”等沟通要素的有效运用。

实训设施：模拟的办公室(简易的办公桌椅、茶杯、名片)。

实训步骤：从准备到敲门直到离开办公室。

项目 13 会议沟通

知识目标

1. 掌握会议沟通的目的和类型；
2. 能够进行有效的会议组织。

能力目标

1. 掌握会议沟通的技巧；
2. 了解会议沟通的注意事项。

案例 13-1

张经理的沟通策略

张经理在实践中深深体会到，只有运用各种现代科学的管理手段，充分与员工沟通，才能调动员工的积极性，才能使企业充满活力，在竞争中立于不败之地。

首先，张经理直接与员工沟通，避免中间环节。他告诉员工自己的电子邮箱，要求员工尤其是外地员工大胆反映实际问题，积极参与企业管理，多提建议和意见。他自己则每天上班时先认真阅读来信，并进行处理。

其次，为了建立与员工的沟通体制，公司又建立了经理公开见面会制度，定期召开，也可因重大事情临时召开，参加会议的员工是员工代表、特邀代表和自愿参加的员工代表。每次会议前，员工代表都广泛征求群众意见，在公开见面会上提交经理解答。2011 年 12 月，调资晋级和分房两项工作刚开始时，员工中议论较多，公司及时召开了会议，厂长就调资和分房的原则、方法和步骤等做了解答，使部分员工的疑虑得以澄清和消除，保证了这两项工作的顺利进行。

【思考与讨论】张经理与员工在沟通方式上所做的选择有何特点？

邮件属于一对一沟通，能更好地了解员工个人的想法，帮助员工解决问题；开会属于一对多沟通，方便传达公司高层的意图，使相关的政策更清晰更透明，消除大家的疑虑。

13.1 会议的目的和类型

会议，是指在遵守一定的国家法律和遵循一定的会议规则的前提下，围绕一定的议题，三个人或以上在一起共同商讨问题、商议议题，以便达到或互通情况，或交流思想，或得出结论，或达成协议，或做出决议、决定等的有目的、有组织、有领导的集会。

会议是有组织有领导地商议事情的集会，是现代社会普遍运用的一种沟通手段和办公方式，也是日常生活和工作中必不可少的一项沟通活动。“会议沟通”是一种成本较高的沟通方式，沟通的时间一般比较长，常用于解决较重大、较复杂的问题。

13.1.1 会议的目的

会议可能因特殊原因而召集。例如，2008 年 5 月 12 日发生在中国四川的大地震，这一场始料不及的天灾造成了难以估算的生命和财产损失，中央政府和各地区领导部门为此就召开了一系列紧急的会议，这些会议原本不在计划之内，但会议目的却相当清晰，那就是要协同各省市、各地区、各部门共同研讨抗震救灾的办法和对策，部署、协调各地区、各部门迅速展开救灾救援的工作。由于会议开得及时、开得富有效率，因此整个抗震救灾工作开展得有条不紊，在国际上也赢得了许多的赞许和帮助。但一般而言，会议的目的可概括为以下 7 个方面。

1. 开展有效沟通

通过会议进行充分交流，集思广益。实现有效沟通是会议的一个主要目的。例如，某市的科研交流会、跨企业的技术交流会等。

2. 传达资讯，资源共享

通过会议通报一些新决定、新决策，使更多的人了解来自上级或其他部门的相关资讯。也可利用开会汇集资源，以期相互帮助、相互促进、共同进步，如学术报告会等。

3. 监督员工，实施管理

许多公司和部门召开的常规会议、工作例会等，其实是实施管理的手段之一。通过这类会议，领导层可以及时了解、跟进工作的进度，可以及时掌握、了解员工的工作状况，可以及时调整、部署下一阶段的工作任务等。

4. 协调矛盾，达成协议

人们经常会借助会议这种“集合”的、“面对面”的形式，来协调上下级的紧张关系或员工之间的矛盾冲突，最终使大家统一思想，达成共识。例如，商务谈判会议、班级组织的班会、部门工作会议等。

5. 集思广益，开发创意

许多新点子、新方案、新产品的诞生，最初往往源于人们在一起的谈论交流。在现今的广告业、IT 行业中，人们习惯通过举行这类专题研讨会或研发会去启迪思维、开阔视野，从而去开发新的产品、开拓新的市场、捕捉新的商机。例如，某些大公司下设的研发部，其部门常常召开的工作会议就是让大家畅所欲言、集思广益，探讨和论证各种灵感与构思的可行性的会议。

6. 激励士气，团结一致

这种会议是为了使公司上下团结一心，朝着一个方向共同努力而召开的。一些单位的年初员工大会或者年底总结会议通常具有这一目的性。例如，××公司关于 2011 年度先进集体及个人表彰大会、××学校关于开展迎评促建工作的动员大会等。

7. 联络感情，塑造形象

一些部门或团体为了和社会各界保持良好的关系和沟通，又或者为了塑造良好的公众形象，赢得社会对企业的信赖和支持，它们会定期召开会议或举办活动，以此向外界传播自己的企业文化，塑造良好的公众形象。例如，××××等五校联谊会、××企业的新闻发布会等。

13.1.2 会议的类型

无论何种性质的会议，目的都是要通过信息交流和研讨，达成共识，解决问题，得出结论。按不同的标准，会议可以被分为不同的种类。以下是6种常见的会议分类的方法。

1. 按会议的规模划分

小型会议：出席的人数少则几人，多则几十人，但是一般不超过100人。例如，各单位内部召开的日常工作会议就属于这种类型。

中型会议：出席人数在100～1 000人。例如，中央委员会全体代表会议、全国人大常务委员会会议等。

大型会议：出席人数在1 000～10 000人。例如，全国人大的全体代表大会、党的全国代表大会等。

特大型会议：出席人数在10 000以上。例如，重大节日庆典、大型表彰庆祝大会等。

当然，以上标准也是相对而言的，如果对一个只有300人的小型社会组织来说，开一个全体员工的会议也可算是大型会议了。

2. 按会议的内容和性质划分

决策性会议：属于组织研究战略发展问题以及经营管理中决策重大事项的会议。这种会议一般在领导集团内部举行。例如，部门经理会议、公司董事会等。

纪念性会议：指为纪念重要历史人物、重大事件或节日而召开的会议。例如，纪念中国人民反法西斯战争胜利62周年大会等。

动员性会议：对群众进行思想动员，号召人们为了某个目标而共同努力的会议。例如，某系统召开的“支援边疆”誓师动员大会、某高校师生开展“三下乡”活动的动员大会等。

研讨性会议：指围绕自然科学和社会科学的理论发展以及社会政治、经济、生活中出现的各种问题进行研究讨论的会议。例如，各种专题的学术报告会、各专业(行业)年会等。

3. 按会议召开的时间划分

定期会议：指按照相关法律或制度规定必须定期召开的会议。例如，各级党代会、人民代表大会和各级政协会议、公司年会、股东大会等。

不定期会议：指根据实际工作需要随时召开的各种会议。例如，紧急电话会议、股东临时大会等。

4. 按会议的举办单位划分

公司类会议：公司类会议的主题通常是管理决策、协调分工和技术(产品)研发等。具体可分为：销售会议、经销商会议、技术(产品)研发会议、各部门管理者会议、董事会会议、股东会议、全体员工大会等。

社团协会类会议：如行业协会、专业和科学协会、教育协会、技术协会等。其中行业协会是会展业最重要的内容之一，因为协会的成员多为业内成功管理人员。社团协会类会议通常伴有展览会。

其他组织会议：这类会议的典型代表是政府机构会议，其中，省市县级的中小规模的政府机构会议数量不计其数，是一个非常可观的会议市场。在西方国家，工会会议则是比较重要的会议市场。

5. 按会议的技术手段划分

传统型会议：指与会者必须在约定时间内聚集到约定地点来举行的传统的开会方式。

现代化会议：指充分利用现代化通信网络和高科技技术召开的电子会议。例如，电话会议、视频会议、卫星会议等。新型的会议形式，突破了空间距离给各与会者带来的奔波和麻烦，使身处异地的人们也能照常举行会议，大大节省了会议花费的时间和场地租用成本。但是，现代化会议的配套设备成本不低，同时还需要与会者有较高的文化素质才能操控会议设备，所以暂时未能得到推广和普及。

6. 按会议的形式划分

正式会议：一般有着非常明确的目的，需要做许多准备，如会议的议事日程和材料的准备、与会者的选定、会议地点、时间设备检查等。正式会议具有很强的严肃性和权威性。但是，正式会议在时间的准备、人力的投入和经济成本与期望的会议效果之间的关系往往很难对称。

非正式会议：与正式会议的不同之处在于无须像正式会议那样有着繁杂的准备工作。非正式会议具有两个明显的特征：即时召开和形式随意。非正式会议对地点的选择也不是很严格，可以是在经理的办公室、户外、饭店或酒吧等地方。一般来讲，非正式会议的规模都比较小，多用于了解情况或征询意见，或就某事先打招呼，听听反应等。目前许多组织都非常重视非正式会议，以便了解到更多的真实信息，也为员工开辟联络情感、倾诉心声、反映情况的平台，如工作午餐会等。

13.2 有效的会议组织

会议已经成为组织管理中非常广泛的活动。一些管理者认为，自己 2/3 的时间都用于开会。那么，这众多的会议有多少是有效的、成功的会议呢？有人对一些会议的效益是这样概述的：会而不议，议而不决，决而不行，行而不果。由此我们可以看到某些会议效率低下，甚至无效。要开好一次成功的会议，无疑要进行有效的会议组织。从会议的过程来看，有效的会议组织应从会议准备、会议召开和会后跟踪 3 个阶段进行。

13.2.1 会议准备

在会议准备阶段可以遵循 5W1H 的原则，即为什么(why)、什么主题(what)、谁参加(who)、在什么地方(where)、在什么时间或时限(when)和如何开会(how)。

1. 确定会议的目的和目标

会议的基本性质是群体性的沟通，召开一次会议不仅涉及众多的人员，而且还要付出相当的经济成本。因此在确定是否开会之前，首先要审视会议的必要性，如果能够采取其他更经济、更节约时间的方法来解决问题，就不必开会。一旦决定开会，就必须明确会议的目的和目标，以及所需要的时间。

2. 确定会议的议题

会议议题是指会议要集中讨论的问题。会议的议题是根据会议的目的和目标来确定的，一般会议的议题不宜太多，3～5 个为宜。而且应尽量使议题之间存在一定的相关性，并根据其相关程度和优先次序安排好会议议题顺序，使议题紧紧相扣、前后连贯、层次分明。

3. 确定与会人员

在确定了会议的目的、目标和会议议题之后，就可以确定哪些人来参加会议。主要考虑与会议议题相关的人员来参加会议，同时要考虑到与会人员的职位和工作性质。与会人员的多少决定了会议的规模，适当控制会议规模也是决定会议效益的重要因素。同时，还要决定会议的主持人、会议记录人员和会议工作人员。

规模较大而且需要讨论、审议有关议案的会议，需要对与会人员进行分组，分组的目的是为了方便会议讨论、审议等活动。常用的分组方法：按与会人员所在的单位分；按与会人员所在的行业或系统分；按与会人员所在的地区分；按提出的不同议题分。

会务组在落实了参会对象后，应及时编印与会人员名单，并尽可能在开会签到时把与会人员名单一并分发到各个与会者手中。

4. 确定会议的地点

会议地点的确定不仅要考虑与会人员的多少，而且要考虑会议的性质和功能。在会议地点的选择上，要综合考虑以下因素。

(1) 既考虑与会人员的便利和舒适，又考虑避免不必要的干扰。

(2) 根据会议规模大小选择适合的会议场所。

(3) 会场既便于会议主持人对会议的控制，又便于与会人员的参与和交流。

(4) 根据会议的议题和功能，布置适当的会场环境，合理安排座位。

(5) 准备和检查会场的设备，保证设备运行良好。

5. 确定会议的时间和时限

确定会议的时间和时限是会议准备的一项重要工作。在确定会议的时间方面，要考虑以下 3 个方面。

(1) 通知开会的时间。一般要提前告知与会人员参加会议的时间，并且让与会人员做好参加会议的准备工作。除非遇到非常紧急的事情，才临时通知开会。

(2) 开会的时间。一般开会的时间选择要考虑到与会人员的工作安排，通常都会以会议通知的形式提前告知，让与会人员安排好工作。

(3) 开会需要的时间，也就是时限。一般会议的时间都安排在 2～3 个小时结束。长时间的会议一般都会在会议内容和形式上穿插安排，以避免与会人员精力不集中，或产生疲劳。

6. 制订会议计划

会议计划主要包括：会议名称、会议议题、会议议程、会议日程、会议程序、会议通知。

(1) 会议名称。会议名称一般由以下4个部分组成：会议主办机构的名称、会议的主题(或内容)、会议的类型、会议的时间或范围。例如，“××有限公司 2010 年新春产品发布会”，其中“××有限公司”是会议的主办机构，“新产品”是会议的内容，“2010年新春”表明会议主题的时间和范围，“发布会”表明会议的性质或类型。

(2) 会议议题。通常，会议议题必须体现出会议目的和会议的主题。一次会议的议题应当安排适宜，确保与会人员能够充分讨论和发表意见，确保能够高效率地利用时间。

会务人员安排会议的议题有以下技巧：一个主要议题和一至两个小议题搭配安排；将同类性质的议题同时提交一次会议讨论；适当准备一些后备议题，以便在会议进展顺利、时间充裕的情况下进一步讨论。

(3) 会议议程。会议议程是会议目的、内容和主题思想的载体，对于提高会议效率起着非常重要的作用。会议议程的主要内容安排和格式因组织或个人风格的不同而有所区别，但是其主要内容应该包括以下内容：会议名称、会议召开的日期及具体时间、会议地点、会议需要的时间、与会人员、会议承办单位或主持人、会议主题内容、会议预期的目的、会议召开的背景信息、讨论确定下次会议议程(会议承办单位、时间、地点等)、会议的附录资料等。

(4) 会议日程。会议日程是指以“天”为单位，对会议议程的各项内容作出具体的时间安排。会议日程一般采用表格格式，故常被称为“会议日程表”。会议日程表的基本内容必须包括具体时间、具体内容和会议地点，以及当次会议(活动)的主持人(或负责人)。

(5) 会议程序。会议程序是指一次会议(或活动)的内容按照先后顺序一次安排下来的操作流程。一般会议的主持人员应持有一份程序表，以便据此来主持操作整个会议或活动的进程。

(6) 会议通知。会议通知是将会议议程的主要内容以通知的文本形式发送给与会人员。

文本写作时要特别注意的是，语言简洁明确、层次清晰、多用精确语言，避免采用含糊语言，以免产生疑义。

13.2.2 会议召开

无论会议前的准备工作如何完美，在会议进行时，如果不能有效地控制会议，也不能取得良好的沟通效果。会议召开一般都是按照事先拟定好的会议议程进行。会议召开过程可以分为3个阶段：会议开始、按照会议议程实施开会和会议结束。

1. 会议开始

会议主持人应准时宣布会议开始，让与会者感到会议组织者的工作效率和领导能力；说明会议的目的，强调会议的主题和会议的重要性；介绍参加会议的主要人员和与会人员，说明会议规定，提醒会议人员需要注意的相关事项。

会议主持人在会议开始时要营造与会议主题相适应的会议气氛，向每位与会者表示欢迎，使与会人员尽快进入会议状态，投入会议之中。

2. 按照会议议程实施开会

会议主持人一方面要控制好每一项议题的时间，另一方面又要能使议题得到圆满完成，要根据会议的性质和目的控制会议的气氛和形式。如果是交流或讨论信息，会议主持人既要调动与会人员积极参与，又要防止冷场或个别人控场；如果是传播信息或贯彻落实事项，会议主持人要控制会场秩序，鼓励与会人员倾听，并做好笔记。无论何种形式，会议必须紧扣会议目标和主题，防止离题，或流于无端的争论，或心不在焉、思想开小差等现象的发生。

会议召开期间，要安排好会议记录和工作人员的服务。在举行一些大型会议或长时间的会议时，需要成立会务组，必要时还要准备一定的应急预案，以防止突发事件的发生，如停电、设备故障、与会人员身体不适等。

会议在进行过程中，会务工作人员应及时收集、掌握会议的最新动态，随时把会议的进展情况、与会者的建议和要求向会议主持人汇报；同时应及时把主持人的安排意见及有关领导人的意图传达贯彻下去，保证上下沟通渠道畅通、信息传达交流及时。

3. 会议结束

会议议程进行完毕后，会议也就结束了。会议结束之前，会议主持人必须就会议做出总结。总结的内容主要包括：对会议进行简要的评估；对会议形成的决议进行确认；同与会者达成共识；对会后需要落实和实施的有关事宜作进一步的明确，并提出检察和监督的要求；感谢与会人员到会合作。

13.2.3 会后跟踪

会后跟踪是会议结束后执行会议决议，完成会议各项事宜的关键，也是提高会议效益的必要措施。会后跟踪一般包括会场善后工作，会后文书工作，会议总结，会议经费结算工作，会后的催办、反馈与落实工作等。

1. 会场善后工作

会场善后工作是把会中的讨论决定布置下去贯彻执行的先决条件。如果是内部会议，则会场的善后工作就简单得多。如果是外借会场，则需与租借方结算会议开支费用，归还会议所借物品并清理会场，将会场中公司自带的东西拿走，包括会标、通知牌和方向标志等物品。

2. 会后文书工作

会后文书主要有以下两种：会务文书及会议案卷。会务文书是围绕会议活动产生和会议活动中使用的书面文字材料的总称；会议案卷是在会后整理的包括会议正式文件、参阅文件、发言稿、讲话记录等材料的案卷。工作人员要做好会后文书清退、收集、立卷、归档等相关工作。

3. 会议总结

会议总结是机关团体、企事业单位对自身某一阶段或某一项工作进行总的回顾，找出内在规律，以指导未来实践而使用的公文。目的是通过对自身工作中的优缺点进行回顾分析，吸取经验教训，并把感性认识上升到理性认识的高度，以便做好今后的工作。

4. 会议经费结算工作

会议召开之前，会务工作机构的人员应制定会议经费支出预算，经领导人审核批准后，到财务部门预支会议费用。会议结束后，会务工作人员与财务人员应按照会议经费预算计划，进行会议开支的财务决算。一切会议都应遵循勤俭节约的原则，在保证会议正常进行的前提下，精打细算，千方百计减少不必要的开支。超过会议经费预算指标，又无正当理由的开支，不予报销。会议经费的决算，经领导人审核后，报单位财务部门结算。

5. 会后的催办、反馈与落实工作

会议决定或决议的事项，如果需要通知有关部门办理或知晓的，工作人员应负责催办，同时应将在实际贯彻执行中所得到的结果、引起的反应以及造成的影响等情况反馈给主管领导者。会后反馈可以用书面或口头催询的方式。会后的催办、反馈与落实工作是会后工作的一项重要内容，也是整个会务工作的一个重要组成部分。

13.3 会议的主持

13.3.1 会议主持人的角色要求

1. 会议主持人的角色

有人说："会议的主持人有如乐队的指挥。"这句话只说对了一半。会议的主持人固然有如乐队的指挥那样具有举足轻重的作用，但是担当会议的主持人却比担当乐队的指挥更加困难，因为前者在主持会议过程中需要扮演多种角色，而后者在主持演奏过程中则始终扮演同一角色。主持人在各种会议中所扮演的角色有以下几方面。

1) 提供信息

在这一类会议中，主持人所扮演的角色是信息的提供者。主持人不但要令与会者了解信息的内容，而且要避免使他们对信息产生误解或曲解。为了达到这个目的，主持人应尽量避免以单向说教的方式垄断整个会议，最好是能留出一些时间(如 10%的时间)解答与会者的疑问。在这种情况下，主持人又扮演了解说者的角色。

2) 培育训练

在这一类会议里，主持人所扮演的角色是传道、授业、解惑的教师。主持人的参与程度要视课程的性质，以及与会者对课程的熟悉程度而定。例如，课程本身颇为深奥，而且与会者对该课程相当陌生，则主持人的参与程度恐怕会高达会议总时间的 75%～90%。但若课程本身很适合采取专案讨论或角色扮演等方式进行，那么即使与会者对该课程不甚了解，主持人的参与程度大概可以降低到会议总体时间的 50%左右。再如与会者对课程相当熟悉，而且课程本身又适合广泛的讨论，则主持人的参与程度甚至可以减至会议总时间的 20%。

3) 宣传政策

在这一类会议中，主持人为使与会者按受新政策。首先，他必须扮演提供者的角色，将他所要宣传的政策作一番叙述。其次，他必须扮演媒介的角色，鼓励与会者对他所提供的政策发生兴趣。再次，他必须扮演解说者的角色，对与会者的任何疑问提供解答。最后，他必须扮演说服者的角色，设法使与会者心悦诚服地接受方针政策。在这一类会议中，主持人的参与程度，以占会议总时间的 50%～70%较为恰当。

4) 解决问题

在这一类会议中，主持人最重要的任务在于领导与会者探索问题最佳解决途径。他通常需要做到下列 5 件事：阐释问题的内涵、问题发生的背景及解决问题的重要性；以解说者角色，鼓动所有与会者参与问题解决；以控制者角色，将会议导入实现目标途径，以避免时间浪费以及无谓的意见冲突；以与会者角色(即脱离主持人身份而成为与会者之一)，提出自己的见解；恢复主持人身份，归结会议的成果及指明未来方向。在这一类会议里，主持人的参与程度，为会议总时间的40%～60%较为理想。

5) 收集信息

在这一类会议中，主持人除了扮演陈述者与媒介两种角色，以阐明会议目标及鼓动与会者提供信息外，最重要的便是扮演聆听者角色，以搜集与会者所提供的信息。因此，主持人的参与程度，应以不超过会议总时间的20%较为理想。

由以上阐述可知，主持人在不同的会议中，需要扮演不同的角色，甚至在同一个会议中，也要扮演多种不同的角色。因此，除非主持人能够恰如其分地扮演各种角色，以及适当地从事角色转换，否则他将难以实现会议目标。任何一种会议极少为单一目标而召开，它通常是为实现多种目标而召开的。在这种情况下，主持人所需扮演的角色将要更多，角色转换自然更加频繁。

2. 会议主持人素质

在任何一场会议中，主持人均要扮演多种角色，以及从事多次的角色转换。由此可知，要成为优秀的会议主持人并不是一件容易的事。主持人应具备以下的素质。

1) 思维清晰敏锐

尽管主持人没有必要成为参加会议的人群中思维最清晰敏锐者，但他若想获得与会者的尊敬，他的思维至少应比大多数的与会者更加清晰敏锐。只要主持人能在会议之前多做准备，则他的思维能力一定可以大大提高。

2) 善于言语表达

主持人对语言应具有高度的掌握能力，以便将自己的思想观念准确、无误地表达出来。他必须能够以语言推动讨论、疏导与会者的思维方向，以及在会议的各个阶段总结所取得的成果。

3) 分析能力良好

主持人必须懂得如何澄清问题，透视问题的每一个层面，指出每一种见解的利弊得失，分辨事情的轻重缓急。

4) 抱着对事不对人的态度

主持人必须使每一位与会者的意见，都能得到其他与会者所关注。即使主持人本人对某些与会者的某些观点有所偏爱或厌恶感，他都不应以他的个人好恶影响其他人对事情的判断。当他想提出个人观点时，他必须告诉与会者他是站在个人立场发言，而并非以主持人的身份说话。

5) 公正

主持人在会议中绝对不应有袒护的行为，这种行为不但会阻碍进一步的讨论，而且将使与会者(甚至包括被袒护者在内)对他失去信心。

6) 耐性

有些与会者在发表意见时往往词不达意，也有些与会者则可能在群众面前因感到胆怯而回避发言。面对这一类的与会者，主持人应主动提供协助与鼓励，要做到这一点，主持人需要具有高度的耐性。

7) 能灵活地应付“挑刺”人物

与会者之中，难免会有少数“挑刺”人物存在，如有高度偏见者、喜爱垄断发言者、脾气暴躁者等。主持人必须能够在不冒犯他们的前提下，有效地对付他们。

8) 沉着并自我约束

为了激励与会者信心，主持人除了应表现热诚与果敢的态度之外，须保持沉着坚定，并自我约束。他应避免在幕前过度地暴露自己。例如，不应放荡不羁地发表自己的意见、垄断发言或理论说教等。

9) 具有幽默感

幽默感对消除紧张气氛以及让会议顺利进行具有很大的作用。主持人在运用时应特别注意避免轻浮或浅薄的话语。

13.3.2 会议主持人的沟通技巧

一个优秀的会议领导者总是经常提出他们简短的意见以指引会议讨论的进程，如“让我们试试”“这是一个好的思路，让我们继续下去”等。事实上，如果我们仔细观察，就会发现优秀的会议主持人最常用的引导方式是提问题，针对目前所讨论的问题引导性地提问，会使与会者的思路迅速集中到一起，提高会议效率。

常用的问题大致可以分为两类：开放式问题和封闭式问题，如图 13-1 所示。

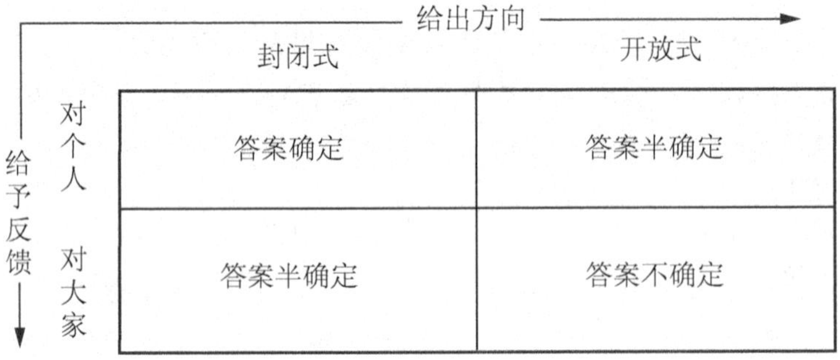

图 13-1　开放式问题与封闭式问题的特点

开放式问题需要我们花费更多的时间和精力来思考回答，而封闭式问题则只需用一两句话就可以回答了。例如，“小王，你对这个问题怎么看？”这就是开放式问题。而“小王，你同意这种观点吗？”这就是封闭式问题。作为一名有经验的会议主持人，应该善于运用各种提问方式。

而表 13-1 中则是 4 种问题的类型及特点，主持人可以根据会议的具体情况有选择地进行提问。

表 13-1　常见问题类型及特点

问题类型	问 题 特 点
棱镜型问题	把别人向你提出的问题反问给所有与会者。例如，与会者：“我们应该怎么做呢？”你可以说：“好吧，大家都来谈谈我们应该怎么做。”
环型问题	向全体与会者提出问题，然后每人轮流回答。例如，“让我们听每个人的工作计划，小王，由你开始。”

续表

问题类型	问 题 特 点
广播型问题	向全体与会者提出一个问题，然后等待一个人回答。例如，“这份财务报表中有3个错误，谁能够纠正一下？”这是一种具有鼓励性而没有压力的提问方式，因为你没有指定人回答，所以大家不会有压力
定向型问题	向全体提出问题，然后指定一人回答。例如，“这份财务报表存在3个错误，谁来纠正一下？小王，你说说看。”这种提问方式可以让被问及的对象有一定的准备时间

如果说成功的会议有什么秘诀，那就是自由而公开的讨论。训斥或指令对现代的员工都是没用的。几乎每个下属人员都希望有机会自由提问和讨论组织内部的重大事件的决策内容，相互交流切磋彼此的思想。

1. 提问有利于打破会议僵局

在会议中，发问的最主要目的是在于启开话匣，以利沟通进行。一旦沟通网络被开启，主持人可借发问来实现下列8种目的。

(1) 收集资料。例如，“你可否概要地谈一谈此次你在东南亚考察市场所见所闻？”

(2) 透视对话者动机意向。例如，“哪些因素促使你决定放弃此次的晋升机会？”

(3) 提供资料。例如，“你是否了解公司对所有编制内的员工均提供子女教育津贴？”

(4) 鼓励意见参与。例如，“你对构想中的作息时间变动持什么样的看法？”

(5) 确定自己对对话者的话语及感受理解程度。例如，“让我总结一下你对这个问题的看法……我这个总结是否与你的看法一致？”

(6) 鼓动对话者对某一问题进行思考。例如，“你认为扩大行销网在当前是不是一种明智的举措？”

(7) 测定意见是否趋于一致。例如，“这次加工资的幅度与你期待中的幅度的有无差距？”

(8) 言归正传。例如，“由于加班费的调整带出了许多有关问题的讨论，不知各位对我先前所提及的加班费调整幅度还有什么意见？”

2. 对领导人的提示

一般都认为领导人的工作就是在会议中组织、激发和引导会议的思考和进程。在某些方面，非正式的圆桌讨论把最大的责任放在会议主持人肩上。由于讨论的质量取决于与会者态度的相互影响，所以会议领导人必须既敏感又灵活。他必须能适应讨论问题多变的要求和各人的性格。虽然没有可以作为模式的实际做法，领导讨论的能力一般可以应用以下原则和技巧得到改进。

(1) 做好准备，会议主持人应对讨论主题的背景有充分的了解。

(2) 事先思考，以便发现常见的可能出现的问题和反对者可能采取的论点。

(3) 通过事先计划来防止干扰。假如打进的电话必须接，就要考虑在另外的地方开会；要检查材料和视听设备，以保证一切顺利。

(4) 评估你的听众，不可低估他们的才智，也不可高估他们知识的丰富程度。

(5) 了解与会者中的每一个人，充分考虑与每个具有特殊个性的与会者的交流方式。

(6) 为了让与会者感觉轻松，你应表现为小组的一员，而不是做有威胁性的局外人。幽默和插话能起作用，但当这种情况达到一定程度时，会议领导人要向小组及时提醒会议的目的。

(7) 和听众一起平等合作，避免操纵人们。

(8) 用通俗的语言讲话，不要总想表现得高人一等。

(9) 明确会议的目的，假如宗旨是解决问题，则用简洁而精确的话陈述问题，以使与会者确切了解会议内容。要正视和处理争论的焦点，避免争论白热化，个个面红耳赤。

(10) 引导会议按规定的议程进行，始终要围绕中心议题展开。

(11) 要遏制操纵会议的任何倾向，实际经验表明，任何人谈话超过会议时间的 20%，就意味着失效。

(12) 避免材料不足，如果缺少的资料对讨论本身确实是必不可少的，在紧急情况下，可以考虑暂时休会。

(13) 不断核对回馈的信息，要问一下：“这些有道理吗？”要确知与会者正以和你相同的目的行动。

(14) 既讲述，又表演，选用直观器材。用黑板记录小组成员的论点，这样可以避免离题，也可以帮助你归纳和做出结论。

(15) 鼓励小组的全体成员参加讨论。

(16) 鼓励在友好协作的基础上进行生气勃勃的讨论。

(17) 扮演公平的调解人来缓和激烈的争论，或引导其他与会者介入讨论，以使争论主角冷静下来，或者宣布一段极短暂的休息，要创造性地利用不同意见。

(18) 在还有其他观点需要聆听时，要限制某一个观点的发表时间。

(19) 随时提防注意力的分散，保持会议活跃。假如与会者开始烦躁不安，要设法让他们参加行动。

(20) 要有节制地使用直接问句，这种问句会产生一种学校教室的气氛，而阻碍自由表达的气氛。但直接问句可用以介绍一个特殊观点，中止离开正题的讨论，使漫不经心或腼腆的人介入讨论，缩短冗长独白，领导人意识到有某些意见与已经发表的观点相反的时候，应设法激发辩论。

(21) 要有耐心，要记住交流意见是需要时间的，当想法新奇或是有许多言外之意有待探索时，尤为如此。

(22) 要预先考虑到对与会者可能提出的意见的抵制。

(23) 在任何会议闭幕以前，要做出总结，归纳会议成果或着手行动。

3. 应该避免的一些问题

当会议不能实现与会者的期望时，指责通常指向会议的领导。常见的情况是领导方式有缺陷——领导人垄断会议或其他原因。领导人如果能学会避免如下的事项，可以更有效地领导。

(1) 避免使与会者为难。你也许想责备某一个人，但是这种行动会使得所有的与会者产生自卫态度。

(2) 避免代替小组思考。有些领导人往往想走在小组的前头，做总结或回答问题，而不是鼓励讨论。

(3) 避免以错误的方式叙述事情。小组的对立很容易由于领导人粗心大意或添加色彩的陈述而造成，平淡地陈述意见容易抑制讨论。

(4) 避免透露领导人认为能接受的答案或解决办法。表面上，职员倾向于按照他们想象的管理部门的希望来做出反应。假如目的是客观地思考和真诚的双向交流，那就要避免偏颇错误的想法。

(5) 避免把讨论从中心目的引发离题议论。要委婉地要求小组成员井井有条地走向会议的目的。当人们从事于细节性讨论时，最好用提问把他们引回到正题。

(6) 避免傲慢地对待关键问题或与会者。不同的人以不同的形式吸收信息，要核查回馈的信息，以确定会议的成效。

(7) 避免尚未得出结论或者尚未开始积极行动就休会。要使结论为大家共同理解，并且将之付诸行动。

13.3.3　会场控制

最好的控制便是避免丧失控制。主持人控制会议的最佳举措，便是预防各种问题的发生。一旦无法避免问题的发生，则主持人应讲求正确的对付办法。

1. 与会者发难

1) 原因

对会议目标或讨论主题不清楚；过度关心某些问题；基于某些迫切的需要而在无意中离题。

2) 预防

澄清会议的目标与讨论的主题。

3) 补救

主持人应具高度的敏感性，以分辨离题的发言；以未能澄清会议目标或讨论主题而当众致歉。举例来说，主持人应宣称：“你的发言有点偏离主题，那一定是因为我没有将会议目标或讨论主题诉说清楚。容许我再把会议目标及目前的讨论主题复诵一次……”

主持人可以有技巧地问发言离题者，他的发言究竟与讨论主题或会议目标有何关系。运用这种技巧的时候，主持人在态度、措辞、语气及面部表情上，均应刻意避免令离题的与会者感到主持人是在讽刺他或挖苦他。也可以技巧地将离题者的言论挡在一边。譬如主持人可这么说：“刚刚你提到的这个问题显然非常重要，但是它跟我们的会议目标及讨论主题似乎并没有太大关系。假如你不介意，我希望将它留待会后再详谈。”

2. 与会者分心

1) 原因

对会议目标及讨论主题不清楚；感到沉闷无聊；会议中所涉及的某些问题或意见触发与会者交谈；外界环境干扰；对会议内容缺乏兴趣。

2) 预防

澄清会议的目标与讨论的主题；令与会者感到会议有益及有趣；慎选会议时间及地点。

3) 补救

尽管主持人能够确定与会者的交谈与讨论中的主题毫无关系，主持人都应先假定他们的交谈与讨论中的主题有关；然后问交谈者愿不愿意说出他们的看法，以便令其他与会者也能分享他们的看法；或者作短暂的停顿，甚至是稍作休息，如多数的与会者都分心，则暂停会议，等造成分心的原因消失了再续会。

如少数的与会者分心，则主持人可不予理会，亦可就本身的发言作短暂的停顿。

3. 与会者争议

1) 原因

对会议目标或讨论主题不清楚；对会议过程中的某些问题，具有不同的看法或感受；凭借会议互相发泄相互间的不满，甚至借会议而相互挑衅。

2) 预防

澄清会议的目标与讨论的主题，以避免离题的争论；事先强调这样的观念：真正重要的是什么是对的，而非谁是对的。这个观念有助于避免题内的争论。

3) 补救

若争论是离题的，则立刻制止，并复述会议的目标与讨论的主题。若争论是题内的，第一，先强调“什么是对的”远比“谁是对的”更加重要，然后将注意力集中在论点本身，不再理会人物本身；第二，征求沉默的与会者的意见；最后，主持人显示自己的个人观点或个人立场。

4. 与会者拒绝参与

1) 原因

怯场；感到气氛不对；不喜欢主持人对待某些与会者的态度，如令某些与会者感到难堪；会议不具实效。

2) 预防

创造和谐的气氛，切莫令参与意见的人感到难堪。

3) 补救

若与会者因感到沉闷而拒绝参与，则主持人应鼓动其兴趣；若与会者因怯场而拒绝参与，则主持人应设法排除该种心理障碍；若与会者人数众多，则采取分组讨论方式进行。

主持人可将与会者分成若干组，每组以不超过 6 人为原则。每组选定一位组长主持议案的讨论，每组另选定一位成员负责讨论结果的记录工作。分组讨论结束之后，由各组指派一位成员，代表该组向全体与会者报告讨论成果。按此种方式进行，与会者拒绝参与讨论的现象将一扫而空。其原因如下。

(1) 分组讨论时人数较少，与会者怯场的程度可大幅降低。

(2) 各组需要轮流向全体报告讨论成果，这含有竞争的成分在内。因此在荣誉感的鼓动下，各组成员将会比较认真地进行议案的讨论。

(3) 代表各组发言的人的心理负担可以大大减轻，因为他所发表的意见无论是好还是坏，成熟还是不成熟，都不是他本人的意见，而是整组人的意见。

5. 与会者情绪变化

1) 原因

会议逾时；与会者有其他事要办；会议不具实效。

2) 预防

设定会议的结束时间，并准时结束；如会议可能无法按预定时间结束，则事先言明；选择符合与会者希望的会议时间；让会议具有实效。

3) 补救

结束会议并安排续会的时间；休息；以小故事、挑战性问题或节奏的改变，重新引起与会者的兴趣。

6. 少数人垄断会议

1) 原因

多数人并不积极参与；少数人思考快速，善于表达且对会议表现热忱；少数人好求表现。

2) 预防

开会之前鼓励所有与会者都积极参与；如已知某人可能垄断会议，则事先与他疏通并请他节制；报名发问；要求轮流发言。

3) 补救

(1) 巧妙地阻止。例如，告诉垄断者："你的宝贵意见我们已经听了很多，而且我们也都能够领会你的意思。让我们也听听其他与会者是否有其他的看法，好不好？"

(2) 指派工作给喜欢垄断会议的人去做。

(3) 故意将视线避开垄断者，以免令他误以为主持人仍想听取他的意见。

思考题

1．会议的基本概念、特征、功能是什么？

2．会议议程一般包括哪些内容？会议议程对会议起着怎样的作用？

3．会议主持人在会议管理中应该承担的主要职责和任务是什么？

4．你如何看待"会而不议，议而不决"的现象？

实训项目

一、挑选对策

请你根据左栏的问题，从右栏挑出相应的对策，将问题和相应的对策用直线连接起来。通过该练习学习如何更好地控制会议。

问　题	对　策
① 你想令讨论热烈。	A．请每个与会者总结其他人的发言。
② 你想打断某项讨论。	B．问小组一个开放式的问题。
③ 几个与会者在开小会。	C．询问小组的反馈意见。
④ 两名与会者就一个观点争执。	D．问小组一个具体的问题。
⑤ 与会者问了你一个难以回答的问题。	E．把问题转回给小组。
⑥ 你想调查对一个观点的支持程度。	F．问与会者一个具体的问题。
⑦ 你想知道自己是否是个成功的会议主持人。	G．请某个与会者总结讨论。

二、准备会议提纲

假如要以"创新创业"为主题，召开一次班级会议，请你为这次会议准备一份筹备提纲，要求包括会前、会中、会后各个环节要注意的事项。

三、拟定议程

GD 公司是浙江一家合资食品公司，它在中国食品市场的份额为 25%。目前只有 3 家外资企业在中国生产和销售各自生产的食品，其中 GD 公司排名第三。

作为 GD 公司的总经理，总公司给你施加了很大的压力，要求你尽快扩大 GD 公司在国内的市场份额。你已经向你的销售及营销部总监下达指令，要求他在一周内向你递交一份关于扩大市场份额的建议。同时，你也考虑就销售及营销部总监的建议召开一次评估会，你希望这次会议的范围能够大一些，由此可以从与会者那里听到更多的意见。

现在，你的任务是决定此次会议的规模和参会人员、会前的准备、会议的类型和方式，以及会议的时间和地点等，并在此基础上拟定一份会议议程。

“一、挑选对策”答案：

①——B ②——G ③——F ④——A ⑤——E ⑥——D ⑦——C

项目 14 电话沟通和网络沟通

知识目标

1. 掌握电话沟通的概念；
2. 掌握网络沟通的概念。

能力目标

1. 掌握电话沟通的基本技能；
2. 掌握网络沟通的基本技能。

案例 14-1

2016 年第一网红：papi 酱

papi 酱本名姜逸磊，是一名中央戏剧学院导演系学生，被网民评价为“2016 年第一网红”。

papi 酱在不到半年的时间迅速蹿红，微博粉丝已经超过 800 万，微信公众号文章的阅读量分分钟超过 10 万。她给自己贴上的标签是“贫穷+平胸”，口头禅是“我是 papi 酱，一个集美貌与才华于一身的女子”。papi 酱通过在网上上传原创短视频，以一个大龄女青年形象出现在公众面前，对日常生活进行种种毒舌的吐槽，幽默的风格赢得不少网友的追捧。

2015 年 10 月开始，她开始利用变音器发布原创短视频内容。在那之后，papi 酱在各大内容平台的人气都一路高涨，短短两个月的时间内迅速积累了几百万粉丝。

在《2016 微信公开课 PRO 版》刷爆朋友圈后，papi 酱也迅速发了一个关于微信的吐槽视频——《微信有时候真让我崩溃》； 2 月 6 日 papi 酱逢时推出了《马上就要过春节了，你准备好了吗？》，吐槽春节期间“讨人嫌”的亲戚们，这条推送累计阅读量超过 10 万人次。

2016 年 3 月，真格基金、罗辑思维、光源资本和星图资本分别投资 500 万元人民币、500 万元人民币、100 万元人民币和 100 万元人民币，占股分别为 5%、5%、1%和 1%，papi 酱团队持股 88%，papi 酱获得共计 1200 万人民币融资，估值 1.2 亿元左右。papi 酱的合伙人杨铭另一个身份为著名影星 Angelababy 的经纪人，papi 酱确实加盟了 Angelababy 的工作室。

(资料来源：网易.“2016 第一网红”papi 酱 不靠颜值靠才华！)

【思考与讨论】

1. papi 酱迅速走红，体现了网络沟通的什么特点？
2. papi 酱走红事件，对于我们有何启发？

14.1 电话沟通

14.1.1 电话沟通技巧

现代社会，各种高科技的手段拉近了人与人之间的距离，即使远隔天涯，也可以通过现代通信技术近若比邻。事实上，我们在日常的沟通活动中，使用的最多的工具之一就是电话。电话是世界上最普遍、最迅捷的信息交流工具之一，是办公桌上的一个资源丰富的宝藏，也是现代社会常用的沟通媒介。

电话虽然人人都能使用，但并非人人能正确有效地使用，而使用不当将会影响沟通效果。电话不仅能反映接打电话者的情绪、文化素养和礼貌礼节，同时也能反映一个组织的员工素质和组织形象。因此，应多动脑筋，千方百计让对方从声音中感受到你的热情友好。要想给对方留下诚实可信的良好印象，学习和掌握基本的电话沟通技巧是很有必要的。

1. 接打电话的基本技巧

电话机旁边应准备记事本和笔，可以及时记录；拨打电话前应先整理电话内容然后再拨电话，这样能防止丢三落四；还要注意态度要友好，微笑通话，让对方在通话中感受友好；要有适当的语速和语调，不能连珠炮似的快速通话，也不能一字一顿慢语慢言；不使用简略语或专用语，让人费解；对于重点内容要重复，以加深印象。

2. 接打电话的程序

电话铃一响，应尽快接，最好不要让铃声响过三遍。拿起电话应先自报家门，“您好，××公司。”避免说：“喂，你好，……”询问时应注意在适当的时候，根据对方的反应委婉询问。一定不能用很生硬的口气说“他不在”“打错了”“没这人”“不知道”等不标准的用语。电话用语应文明、礼貌，态度应热情、谦和、诚恳，语调应平和、音量要适中。特别注意声调、语速和表达的准确度。接电话时，对对方的谈话可作必要的重复，重要的内容应简明扼要地记录下来，如时间、地点、联系事宜、需解决的问题等。电话交谈完毕时，应尽量让对方结束对话，若确需自己来结束，应解释、致歉。通话完毕后，应等对方放下话筒后，再轻轻地放下电话，以示尊重。接听电话的程序，可用图 14.1 表示。

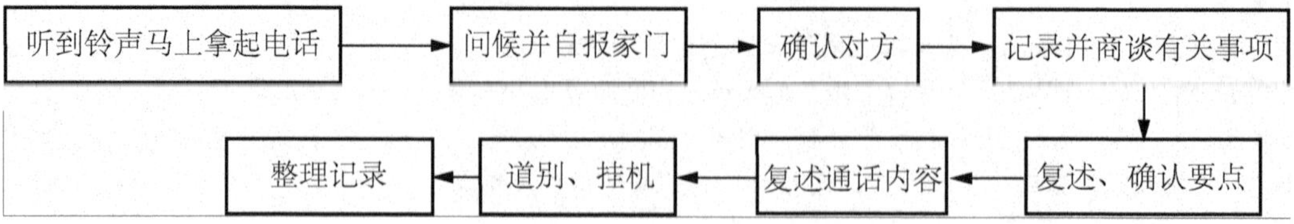

图 14.1 接听电话的程序

拨通电话后首先说明自己的姓名、身份。必要时，应询问对方是否方便，在对方方便的情况下再开始交谈。通话完毕时应道“再见”，等对方放下电话后再轻轻放下电话。拨打电话的程序，可用图 14.2 表示。

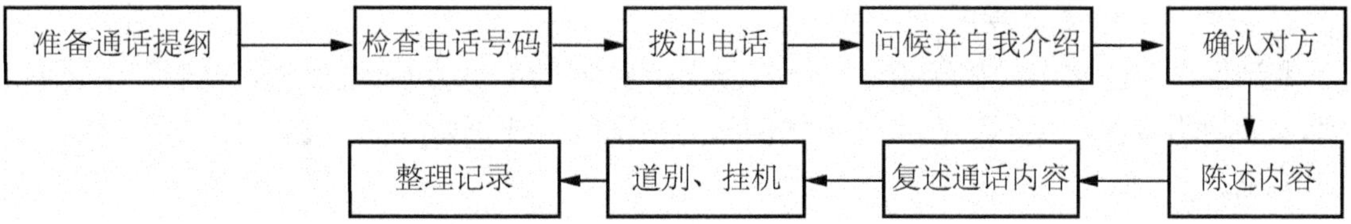

图 14.2 拨打电话的程序

3. 接打电话的注意事项

1) 选择恰当的通话时间

恰当的时间是指不要干扰他人的休息和工作，一般早晨 8 点之前，晚上 9 点之后，中午 12—14 点，不拨打他人的电话。周末休息时间一般不打公事电话，遇有特殊情况应予以说明并致歉。

2) 用语要简洁

正常情况下，采用“通话三分钟”原则，啰嗦容易忽略通话内容的重点，占用他人过多的时间是不礼貌的。可使用简单、直接的语言，如“是的”“好的”“谢谢您”等。字要咬清，如辨清“黄”“王”“董”“总”等发音相近的字。

3) 拨错电话要致歉

拨错电话是难免的，如果拨错电话就一定要注意向对方道歉。特别是手机，许多是接听收费的，拨错电话等于浪费了他人的话费，不道歉是有违礼仪要求的。

4) 代接电话要记录

接到代接代转的电话，要注意尊重对方的隐私，不能打听对方不愿说的事情。注意准确记录来电者的单位、姓名、来电时间、通话要点、电话号码、回电时间等内容，及时告知对方要找之人。常将“请”“谢谢”“对不起”挂在嘴边，常用“您”取代“你”，不说“讲”“说”等带有命令的语言。

4. 正确使用移动电话

移动电话又称手机，其便捷、高效的特点受到人们的普遍青睐。许多手机使用者常常忽视手机使用时应注意的事项，难免会影响自身形象。

1) 要遵守公共秩序

遵守公共秩序，即在公共场所通电话时要顾及他人。不要在开会时间、听课时间使用移动电话，否则会让人觉得工作不专心，或分散他人注意力。在某些特定的公共场所，如剧院、音乐厅、图书馆、会议室、课堂等严肃、安静的场合，应将手机关闭或调整至静音，以免手机突然响起，影响他人，同时也影响自己的形象。

2) 要注意通话方式

有他人在场的情况下，通话时，说话声音要轻，特别是公共场合不能旁若无人地大声说话，更不能高声喊叫。若有条件，可找一个僻静的场所接听，以免干扰他人。

由于无线通信的质量还不稳定，有些场合手机信号不佳，很多人习惯对着手机大声说话，其实这毫无必要，只需要保持打固定电话时的声调即可。

3) 要自觉维护安全秩序

做到不在驾驶汽车时使用手机，否则会造成安全隐患，并违反交通法规；也不要在病房、油库等处使用手机，免得手机信号干扰仪器的精准度，或引发火灾、爆炸等；乘飞机时必须关闭手机。

5. 应对特殊事件的技巧

1) 听不清对方的话语

当对方讲话听不清楚时，进行反问并不失礼，但必须方法得当。如果惊奇地反问："咦 ？"或怀疑地回答："哦？"对方定会觉得无端地招人怀疑、不被信任，从而非常愤怒，连带对你印象不佳。但如果客客气气地反问："对不起，刚才没有听清楚，请再说一遍好吗？"对方定会耐心地重复一遍，丝毫不会责怪。

2) 接到打错了的电话

有一些人接到打错了的电话时，常常冷冰冰地说："打错了。"最好能这样告诉对方："这是××公司，你找哪儿？"如果自己知道对方所找公司的电话号码，不妨告诉他，也许对方正是本公司潜在的顾客。即使不是，你热情友好地处理打错的电话，也可使对方对公司抱有初步好感，说不定就会成为公司的客户，甚至成为公司的忠诚支持者。

3) 遇到自己不知道的事

有时候，对方在电话中一直谈自己不知道的事，而且没完没了。碰到这种情况，我们常常会感到很恐慌，虽然一心企盼着有人能尽快来接电话，将自己救出困境，但往往迷失在对方喋喋不休的陈述中，很长时间都不知对方到底找谁，待电话讲到最后才醒悟过来："关于××事呀！很抱歉，我不清楚，负责人才知道，请稍等，我让他来接电话。"碰到这种情况，应尽快理清头绪，了解对方的真实意图，避免被动。

4) 接到上司亲友的电话

上司对部下的评价常常会受到其亲友印象的影响。打到公司的电话，并不局限于工作关系。上司的亲朋好友，常打来与工作无直接关系的电话。他们对接电话的你的印象，会在很大的程度上左右上司对你的评价。

例如，当接到上司夫人找上司的电话时，由于你忙着赶制文件，时间十分紧迫，根本顾不上寒暄问候，而是直接将电话转给上司就完了。当晚，上司夫人就会对上司说："今天接电话的人，不懂礼貌，真差劲。"简单一句话，便会使上司对你的印象一落千丈。可见，上司的亲朋好友对下属职员的一言一行非常敏感，期望值很高，请切记时刻严格要求自己。

5) 接到投诉电话

接听投诉电话，应保持平和的态度，多听少说，尤其不能推脱责任。要避免向投诉者表露自己的不耐烦情绪，避免与投诉者纠缠以往的不快，避免向投诉者陈述组织内部的运作细节和内部人员之间的矛盾。对于确因本单位、本部门造成的工作失误或产品质量问题，而带给对方不满或不便，无论是否与你有无直接关系，都应该给予对方真诚的道歉，并同时认真做好记录，按程序逐级反映。

6) 能使工作顺利的电话

迟到、请假由自己打电话；外出办事，随时与单位联系并告知去处及电话；延误拜访时间应事先与对方联络；用传真机传送文件后，以电话联络；同事家中电话不要轻易告诉别人。借用别家单位电话应注意：借用别家单位电话，一般不要超过 10 分钟；遇特殊情况，必须长时间接打电话时，应先征求对方的同意和谅解。

14.1.2　电话的基本礼仪

1. 重要的第一声

当我们打电话给某单位，若一接通，就能听到对方亲切、优美的招呼声，心里一定会很愉快，使双方对话能顺利展开，对该单位有了较好的印象。在电话中只要稍微注意一下自己的行为就会给对方留下完全不同的印象。同样说："你好，××公司。"但声音清晰、悦耳、吐字清脆，给对方留下好的印象，对方对其所在单位也会有好印象。因此要记住，接电话时，应有"我代表单位形象"的意识。

2. 要有喜悦的心情

打电话时我们要保持良好的心情，这样即使对方看不见你，但是从欢快的语调中也会被你感染，给对方留下极佳的印象，由于面部表情会影响声音的变化，所以即使在电话中，也要抱着"对方看着我"的心态去应对。

3. 清晰明朗的声音

打电话过程中绝对不能吸烟、喝茶、吃零食，即使是懒散的姿势对方也能够"听"得出来。如果你打电话的时候，弯着腰躺在椅子上，对方听你的声音就是懒散的，无精打采的；若坐姿端正，所发出的声音也会亲切悦耳，充满活力。因此打电话时，即使看不见对方，也要当做对方就在眼前，尽可能注意自己的姿势。

4. 迅速准确地接听

办公桌上往往会有两三部电话，听到电话铃声，应准确迅速地拿起听筒，最好在 3 声之内接听。若时间过长无人接电话，或让对方久等会给他留下不好的印象。即便电话离自己很远，听到电话铃声后，附近没有其他人，我们应该用最快的速度拿起听筒。如果电话铃响了 5 声才拿起话筒，应该先向对方道歉。

5. 认真清楚地记录

随时牢记"5W1H"技巧，在工作中这些资料都是十分重要的，对打电话、接电话具有相同的重要性。电话记录既要简洁又要完备。

6. 了解来电话的目的

每个电话都十分重要，不可敷衍，即使对方要找的人不在，切忌只说"不在"就把电话挂了。接电话时也要尽可能问清事由，避免误事。首先应委婉地探求对方来电目的，如自己无法处理，也应认真记录下来，既可不误事而且能赢得对方的好感。

7. 挂电话前的礼貌

要结束电话交谈时，一般应当由打电话的一方提出，然后彼此客气地道别，说一声"再见"，再挂电话，不可只管自己讲完就挂断电话。

14.2 网络沟通

网络沟通是通过基于信息技术(IT)的计算机网络来实现信息沟通活动。目前国内常见的网络沟通形式有即时通信(QQ、微信、阿里旺旺等)、微博、电子邮件、论坛和博客等。

网络沟通应常记在心的一些原则：①尊重别人，尊重他人的隐私，不要随意公开私人邮件、聊天记录和视频等内容；②尊重他人的知识，人都会有犯错误的时候，不要好为人师，不要自诩高人一筹；③尊重他人的劳动，不要剽窃，随意修改和张贴别人的劳动成果，除非他人主观愿意；④尊重他人的时间，在沟通提问以前，先确定自己无法解决，且对方是正确的人；⑤自信，但是要注意谦虚，做好细节，不要刻意放低自己，但是如果对某个方面不熟悉，不要冒充专家，发送消息前，要仔细检查语法和用词，不要故意挑衅和使用脏话。

14.2.1 即时通信礼仪

即时通信(QQ、微信、阿里旺旺等)，相对比较随意、轻松。但是在职场上使用时，还是要遵循不少礼仪，以便树立良好的职业形象。其礼仪主要包括以下几方面。

(1) 对对方先有正确称呼或招呼，对于客户、上级或其他不是非常熟悉的尊者要先有称呼再用表情，不可以单独用表情取代称呼。但寒暄可以简短些。

(2) 在得到对方允许后再发离线文件。

(3) 不能不经对方允许就发很大的视频或文件。

(4) 不能发一些不太健康的图像以表示娱乐。

(5) 不能不明对方是否在线就乱截图过去。

(6) 一定要回复对方的留言。

(7) 如果你很忙，就不要显示在线。

(8) 不要打扰忙碌的人。

(9) 尽量及时回复别人的信息。

(10) 不要在QQ上设置自动回复。

(11) 发网址的时候附上标题或简介。随意发送链接地址是一种很粗鲁的行为，属于强制推送内容给对方，而且容易让别人的电脑感染上病毒。

(12) 不要刨根究底，必要时使用聊天记录。

(13) 退出那些被你屏蔽已久的QQ群。

(14) 别忘在QQ或微信上备注对方姓名(及单位职务等)。

(15) 因公QQ应避免在非工作时间使用，除非事先有过约定。

(16) 内容发送要注意及时性，在发送内容之前，要“三思而后行”。

(17) 要注意礼貌。

(18) 学会正确使用状态说明。

(19) 不要传播谣言、不可靠或恶俗的东西。

14.2.2 电子邮件沟通礼仪和技巧

1. 礼仪

(1) 主题应当精确，不要发送无主题和无意义主题的电子邮件。

(2) 恰当地称呼收件者，拿捏尺度。邮件的开头要称呼收件人；如果对方有职务，应按职务尊称对方；不熟悉的人请使用恰当的语气、适当的称呼和敬语，不宜直接称呼其名，对级别高于自己的人也不宜称呼其名。

(3) 电子邮件开头结尾最好要有问候语。最简单的开头写个“hi”，中文的写个“你好”；结尾写个 Best Regards，中文的写个“祝你顺利”。

(4) 注意邮件正文拼写和语法的正确，避免使用不规范的语言和表情符号。使用简单易懂的主题行以准确传达你的电子邮件的要点。

(5) 由于邮件容易丢失，因此应当小心查问，而不是无理猜测并暗责对方。在自己做到及时回复邮件的同时，不要对他人回复信件的时效性做过分期许。

(6) 不要随意转发电子邮件，尤其不要随意转发带附件的电子邮件，除非你认为此邮件对于别人的确有价值。在病毒泛滥的今天，除非附件需要，否则应该避免 Word、PPT 附件，多使用 PDF。在正文中应当包含附件的简要介绍。邮件要使用纯文本或易于阅读的字体，不要使用花哨的装饰，最好不用使用带广告的电子邮箱。

(7) 如果不是工作需要，尽量避免群发邮件。特别不要参与发连环信这种活动(如把这条消息发送给 10 个好友之类)，群发邮件容易使得收件人的地址相互泄露，因此最好使用邮件组或者暗送。两个人所商量事情牵涉到第三方时，应该将邮件抄送给第三方。

(8) 在给不认识的人发送邮件时，先介绍一下自己的详细信息，或者在签名中注明自己的身份，没有人愿意和自己不明底细的人讨论问题。

(9) 如果对方公布了自己的工作邮件，那么工作上的联系请不要发送到对方的私人信箱，没有人愿意在和朋友们联系的信箱中看到工作上的问题。

(10) 及时回复电子邮件，进行针对性回复，回复不得少于 10 个字。

2. 写电子邮件的技巧

1) 标题

(1) 标题要提纲挈领，切忌使用含义不清的标题。

(2) 标题要简短，不宜冗长。

(3) 标题要能反映文章的内容和重要性。

(4) 一封信尽可能只针对一个主题，不在一封信当中谈及多件事情。

(5) 可适当使用大写字母或特殊符号来突出主题。

(6) 回复对方邮件时，可根据回复内容需要更改标题。

2) 正文

(1) 电子邮件正文要简明扼要，行文通顺。

(2) 注意电子邮件的论述语气。

(3) 电子邮件正文多用 1、2、3、4 之类的列表。

(4) 每一次邮件都要将信息交代完整。

(5) 尽可能避免拼写错误和错别字，注意使用拼写检查。

(6) 合理提示重要信息。

(7) 合理利用图片，表格等形式来辅助阐述。

(8) 不要轻易使用表情字符。

(9) 如果邮件带有附件，应在正文里提示收件人查看附件。附件文件应按有意义的名字命名。正文中应对附件内容做简要说明，附件数目不宜超过 4 个，数目较多时应打包压缩成一个文件。如果附件是特殊格式文件，因在正文中说明打开方式。如果附件过大，应分割成几个小文件分别发送。

(10) 只在必要的时候才使用英文邮件。

(11) 尊重对方的习惯，不主动发电子邮件。

(12) 对于一些信息量丰富或重要的邮件，建议使用中文。

(13) 选择便于阅读的字号和字体。

14.2.3 微博、博客与网络论坛礼仪和技巧

(1) 表明自己的身份，遵守“面对面”原则。

(2) 不要分享敏感信息，避免争议话题。

(3) 遵守国家法律，遵守社会公德，别指望免责声明。

(4) 进行必要的隐私设置。

(5) 尊重别人的劳动，不要随意转载，或者否定对方的知识层次。不要自诩高人一筹，使用侮辱性质的词句。

(6) 不要做鉴定师和价值判断人，不要断章取义，不要留下一句“鉴定完毕”等鉴定式语言，不要抓住对方一句话发挥，要认真阅读后发言。

(7) 说出理由，但不要说出不文明用语。

案例 14-2

微红牛：五环变四环，“神文案”的正能量

红牛围绕“能量”诉求深入人心，俄罗斯索契冬奥会是一次全球性体育盛会，吸引了全球目光，而在 2014 年 2 月 8 日凌晨开幕式却出现了戏剧性一幕，奥运五环有一个环没有打开，敏感的企业开始抓住机会进行借势营销，红牛也借势推广其“能量”诉求，吸引体育爱好者的目光。

“五环变四环，打开的是能量，未打开的是潜能”，五环变四环是一次失误，是不完美和瑕疵，社交媒体上对此出现了很多的“负能量”话语。翻转网友“负能量”认知，从“能量”“潜能”正能量的角度出发，对这次事件给出正面、积极的看法，并对产品功能进行了很好的传播。

(资料来源：http://www.chczz.com/Article/9784.html)

【思考与讨论】微博是当前网络沟通中一种重要方式，试对该种沟通方式进行评价。

14.2.4 网络沟通的特点

网络改变了人们的生活和思维方式，使人与人之间的关系出现了新的特点，给人际关系带来了新的冲击。它扩大了人们之间的交往范围，使人际交流能够双向互动或多向互动，交流更直接、更快捷，但它同时也产生了负面影响。霍华德・莱因戈德(Howard Rheingold)是较早把网络沟通作为独立的对象进行系统观察和研究的人之一。他提出，网络沟通将从 3 个相互联系的方面对现实生活产生影响。首先，在媒介饱和年代，网络沟通将重新塑造人们的个性和情感。其次，传统的人际关系是建立在一对一的交流基础上，而网络沟通提供的是多对多模式，因而也将对群体观念和人际关系构成挑战。最后，则是对民主社会的影响，网络沟

通挑战了权力集团对传播媒介的垄断。

1. 优点

网络提供了人际交往的特殊空间，正是这种特殊性，决定了网上人际交往不同于现实社会生活的新特点。把握这些新特点，有助于人们正确、健康地扩大交往空间，建立新的人际交往关系。相对于传统社会而言，网络沟通具有以下优点。

1) 开放性与多元性

网络化的交往超越了时空限制，消除了“这里”和“那里”的界限，拓展了人际交往和人际关系，使人际关系更具开放性。随着网络技术的发展，基于网络的沟通方式层出不穷。人们可以通过互发电子邮件代替传统信件；可以通过采用一些即时通信工具代替打电话，如QQ、MSN 等；若你的电脑配有摄像头和小话筒，你甚至可能看着对方的面孔唱情歌，这类似于面对面的交流。

2) 自主性与随意性

网络中的每一个成员可以最大限度地参与信息的制造和传播，这就使网络成员几乎没有外在约束，而更多地具有自主性。同时，网络是基于资源共享、互惠互利的目的建立起来的，网民有权利决定自己干什么、怎么干，但由于缺乏必要的约束机制，网民必须“自己管理自己”。

3) 间接性与广泛性

网络改变人际交往方式，突出的一点，就是它使人与人面对面、互动式的交流变成了人与机器之间的交流，带有明显的间接性。这种间接性也决定了网络交流的广泛性，基于网络的沟通行为比传统的打电话或写信、发电报具有更加广阔的使用范围。鼠标一点，世界任何一个拥有互联网的角落你都可能连接上，世界真正成为了一个村落。而且如果你的语言能力够强，你还可以留下你的评论。而不是像过去不辞辛劳地跋山涉水后，在筋疲力尽之前写下“××到此一游”的话。你大可以“潇洒走一回”，5 分钟后，你已经神游到了地球的另一端。

4) 非现实性与匿名性

网络社会的人际交往和人际关系的定义，已经突破了传统人际交往和人际关系的内涵。在网上，人们可以“匿名进入”，网民之间一般不发生面对面的直接接触，这就使得网络人际交往比较容易突破年龄、性别、相貌、健康状况、社会地位、身份、背景等传统因素的制约。

5) 平等性

由于网络没有中心，没有直接的领导和管理结构，没有等级和特权，每个网民都有可能成为中心，因此，人与人之间的联系和交往趋于平等，个体的平等意识和权利意识也进一步加强。人们可以利用网络所特有的交互功能，互相交流、制造和使用各种信息资源，进行人际沟通。

6) 沟通成本低廉性

现在除了在购置电脑、网络支持等方面一次性投入较大外，网络建成后的每一次信息交流相比其他的传统沟通方式都更为便捷和成本低廉。以要与某人商量一件事为例，进行一次面对面的交谈将包括交通费、路上往返的时间等；打电话包括电话费；要传送某资料还需要打印和传真费。而利用网络你只需登录 QQ，连上视频，就类似于面谈，再附上一封带资料附件的电子邮件，完成整个过程可能用不上你收拾好资料物品出门打出租车的时间，而且对于宽带包月的用户，上网费用几乎可以忽略不计。

2. 缺点

1) 失范性

网络世界的发展，开拓了人际交往的新领域，也形成了相应的规范。除了一些技术性规则(如文件传输协议、互联协议等)，网络行为同其他社会行为一样，也需要道德规范和原则，因此出现了一些基本的“乡规民约”，如电子邮件使用的语言格式、在线交谈应有的礼仪等。

2) 人际情感的疏远

网络的全球性和发达的信息传递手段，使人与人之间的交往没有了空间障碍，同时也使现实社会中人与人之间的情感更加疏远。人们之间面对面交流的机会越来越少，实际使沟通行为趋向单一化，即更多地依赖于网络。沟通方式的单一化损失的不仅仅是情感，还有正义感、良知和公德心。

3) 信任危机

网络虚拟化的人际交往方式，使得许多网民往往抱着游戏的心态参与网上交往，致使网上的信任危机甚于现实社会。与此同时，一些网民在现实生活中遇到挫折时，又会采取“宁信机，不信人”的态度，沉溺于“虚拟时空”，不愿直面现实生活。

针对这些缺点，我们应采取如下措施：建立健全法律制度，树立良好的网络道德观，树立正确的人际交往观，树立正确的价值观。

思 考 题

1. 简述网络沟通的主要形式。
2. 网络沟通时要注意哪些礼仪？
3. 什么是电子邮件？请给你的朋友发一封电子邮件。
4. 你怎么看待网络沟通的利与弊？
5. 简述电话沟通的技巧。
6. 请说出规范接听电话的程序。

实 训 项 目

一、案例分析

案例14-3

姜经理的电话沟通技巧

“陈先生吗？你好！我姓林，是大大公司业务代表。你是成功人士，我想向你介绍……”

陈先生直率地说：“对不起，林先生。你过誉了，我正忙，对此不感兴趣。”说着就挂断了电话。

小林放下电话，接着又打了半个小时，每次和客人刚讲上三两句，客人就挂断了电话。

姜经理问他：“小林，你知道为什么客人不肯和你见面吗？”

小林想，约见客人难，大家都知道，我约不到，有什么出奇。

姜经理见他不吱声，便解释起来。首先，你应该说明来意，是为会面而打电话的。其次，捧场话讲得太夸张不行。你开口便给对方带了个“成功人士”的大高帽，对方会立刻产生一种抗拒感。和陌生人见面，太露骨的奉承令人感到你是刻意推销，也容易给人急功近利的感觉。最后一点也是最重要的，电话是方便我们约见客人。你要“介绍”产品，见面是最佳途径。隔着“电线”，有些事是说不透的。就算客人肯买，难道能电传支票给你吗？

姜经理说完亲自示范给小林看。

“邹先生？你好！我姓姜。我们没见过面，但可以和你谈一分钟吗？”他有意停一停，等待对方理解了说话内容并做出反应。

对方说：“我正在开会！”

姜经理马上说：“那么我半个小时后再给你打电话好吗？”

对方毫不犹豫地答应了。

姜经理对小林说，主动挂断与被动挂断电话的感受不一样。尽可能主动挂断，可以减少失败感。

半个小时后，姜经理再次接通电话，说：“邹先生，你好！我姓姜。你叫我半个小时后来电话……”他营造出一种熟悉的回电话的气氛，以缩短距离感。

“你是做什么生意的？”

“我是大大公司的业务经理，是为客人设计一些财经投资计划……”

邹先生接口说：“教人赌博，专搞欺骗？”两人都笑了。

“当然不是！”姜经理说。“我们见见面，当然不会立刻做成生意。但看过资料印象深些，今后你们有什么需要服务的，一定会想到我啊！”

邹先生笑了笑，没说什么。

“这两天我在你附近工作。不知你明天还是后天有时间？”姜经理问。

“那就明天吧。”

“谢谢。邹先生，上午还是下午？”

“下午吧！4 点。”邹先生回答。

“好！明天下午 4 点钟见！”姜先生说。

姜经理放下电话，小林禁不住拍手欢呼。

【思考与讨论】

1．姜经理与小林两人各自打电话的方式存在什么不同？

2．姜经理用了哪些电话沟通技巧？

案例 14—4

一个业务电话

某晚，有个推销员在睡梦中突然醒来，因为他想到还有一个业务电话未打，于是他马上起身穿好衬衣，打好领带才抓起电话去打。他老婆觉得甚是奇怪，就问他：“老公，你打个电话还穿得那么整齐干嘛，你要出去啊？”她老公回答：“我穿好衣服打电话，表示我对顾客的尊重，虽然顾客看不到，但我想顾客能感觉到我对他的尊重。所以，我一定要穿衣服打这个电话。”

【思考与讨论】从这个案例中你得到了什么启示？

二、应对突发事件

电话沟通活动中你曾遇到过什么样的突发事件？你是如何应对的？有何改进的心得？请填写在下表中。

突 发 事 件	以前如何应	改 进 计 划
① 听不清对方的话语		
② 接到打错了的电话		
③ 遇到自己不知道的事		
④ 接到领导亲友的电话		
⑤ 接到顾客的索赔电话		
补充：		

参 考 文 献

[1] [美]戴尔·卡耐基．卡耐基：做一个会说话会办事的聪明人[M]．唐汶，编译．北京：化学工业出版社，2015.

[2] [美]戴尔·卡耐基．卡耐基：沟通的艺术与处世的智慧[M]．王红星，编译．北京：中国华侨出版社，2012.

[3] [美]罗莎莉·马吉欧．说话的艺术[M]．正林，王权，译．长沙：湖南人民出版社，2014.

[4] 明理．北大口才课[M]．北京联合出版公司，2015.

[5] 李波．职场十诫[M]．北京：中国纺织出版社，2006.

[6] 金正昆．金正昆教你学礼仪[M]．西安：陕西师范大学出版社，2006.

[7] 李屹之．实用口才全书[M]．北京：新世界出版社，2007.

[8] 宋学军．有效提高表达与沟通技巧[M]．北京：地震出版社，2007.

[9] 李宁，郑海燕．如何管好电话销售团队[M]．北京：中国社会科学出版社，2007.

[10] 郭碧莲．会说话是本事[M]．呼和浩特：内蒙古文化出版社，2008.

[11] 赵国忻．管理学基础[M]．北京：科学出版社，2008.

[12] 王林．成功心理学：成功探索十二讲[M]．北京：机械工业出版社，2008.

[13] 明卫红．沟通技能训练[M]．北京：机械工业出版社，2008.

[14] 张铁成．你是能说会道的人全集[M]．北京：新世界出版社，2008.

[15] 王小平．本领恐慌[M]．北京：中国青年出版社，2008.

[16] [英]韦尔丁．情商[M]．尧俊芳，译．天津：天津教育出版社，2009.

[17] 沈杰．沟通无处不在[M]．北京：新世界出版社，2009.

[18] 范文琼，丰晓流．人际沟通技巧[M]．武汉：华中科技大学出版社，2009.

[19] 崔佳颖．360 度高效沟通技巧[M]．北京：机械工业出版社，2010.

[20] 鸿蒙．每天学点关系学[M]．北京：金城出版社，2010.

[21] 张德俊．职场关系与沟通技巧[M]．北京：航空工业出版社，2010.

[22] 严家明．今天，你微笑了吗[M]．北京：机械工业出版社，2010.

[23] [美]马丁·塞利格曼．活出最乐观的自己[M]．洪兰，译．沈阳：万卷出版公司，2010.

[24] 刘玉良，阮小芳．哈佛模式·职业经理人[M]．北京：线装书局出版社/人民日报出版社，2001.

[25] 叶舟．一切从赞美开始[M]．北京：北京理工大学出版社，2011.

[26] 胡巍．管理沟通案例 101[M]．济南：山东人民出版社，2005.

[27] 张健鹏．小故事大智慧[M]．北京：当代世界出版社，2005.

北京大学出版社第六事业部高职高专财经类系列规划教材

适用方向	书　名	书　号	版　次	主　编	定　价
工商管理	ERP 沙盘模拟实训教程	978-7-301-22697-1	1-1	钮立新	25.00
工商管理	连锁经营与管理	978-7-5655-0019-0	1-4	宋之苓	37.00
工商管理	连锁门店管理实务	978-7-301-23347-4	1-1	姜义平，庞德义	36.00
工商管理	连锁门店开发与设计	978-7-301-23770-0	1-1	马凤棋	34.00
工商管理	秘书与人力资源管理	978-7-301-21298-1	1-2	肖云林，周君明	25.00
工商管理	企业管理实务	978-7-301-20657-7	1-1	关善勇	28.00
工商管理	企业经营 ERP 沙盘实训教程	978-7-301-21723-8	1-1	葛颖波，张海燕	29.00
工商管理	企业经营管理模拟训练（含记录手册）	978-7-301-21033-8	1-1	叶萍，宫恩田	29.00
工商管理	企业行政工作实训	978-7-301-23105-0	1-1	楼淑君	32.00
工商管理	企业行政管理	978-7-301-23056-5	1-2	张秋埜	25.00
工商管理	商务沟通实务	978-7-301-18312-0	1-4	郑兰先	31.00
工商管理	商务礼仪	978-7-5655-0176-0	1-2	金丽娟	29.00
工商管理	推销与洽谈	978-7-301-21278-3	1-1	岳贤平	25.00
工商管理	现代企业管理（第 2 版）	978-7-301-24054-0	2-2	刘磊	35.00
工商管理	职场沟通实务（第 2 版）	978-7-301-27307-4	2-1	吕宏程	32.00
工商管理	中小企业管理（第 3 版）	978-7-301-25016-7	3-1	吕宏程，董仕华	38.00
市场营销	电子商务实用教程	978-7-301-18513-1	1-2	卢忠敏，胡继承	33.00
市场营销	电子商务项目式教程	978-7-301-20976-9	1-1	胡雷	25.00
市场营销	电子商务英语（第 2 版）	978-7-301-24585-9	2-1	陈晓鸣，叶海鹏	27.00
市场营销	广告实务	978-7-301-21207-3	1-2	夏美英	29.00
市场营销	广告原理与实务	978-7-5038-4847-6	1-2	郑小兰，谢璐	32.00
市场营销	商品学概论	978-7-5038-4855-1	1-3	方凤玲，杨丽	20.00
市场营销	市场调查与统计	978-7-301-22890-6	1-1	陈惠源	26.00
市场营销	市场调查与预测	978-7-5655-0252-1	1-1	徐林，王自豪	27.00
市场营销	市场调查与预测	978-7-301-23505-8	1-1	王水清	34.00
市场营销	市场调查与预测	978-7-301-19904-6	1-2	熊衍红	31.00
市场营销	市场调查与预测情景教程	978-7-301-21510-4	1-1	王生云	36.00
市场营销	市场调研案例教程	978-7-81117-570-7	1-2	周宏敏	25.00
市场营销	市场营销策划	978-7-301-22384-0	1-1	冯志强	36.00
市场营销	市场营销理论与实训	978-7-5655-0316-0	1-1	路娟	27.00
市场营销	市场营销项目驱动教程	978-7-301-20750-5	1-1	肖飞	34.00
市场营销	市场营销学	978-7-301-22046-7	1-2	饶国霞，等	33.00
市场营销	网络营销理论与实务	978-7-5655-0039-8	1-2	范军环，等	32.00
市场营销	现代推销技术	978-7-301-20088-9	1-1	尤凤翔，屠立峰	32.00
市场营销	消费心理与行为分析	978-7-301-19887-2	1-3	王水清，杨扬	30.00
市场营销	营销策划	978-7-301-20608-9	1-2	许建民	37.00
市场营销	营销策划技术	978-7-81117-541-7	1-2	方志坚	26.00
市场营销	营销渠道开发与管理	978-7-301-21214-1	1-3	王水清	34.00

如您需要更多教学资源如电子课件、电子样章、习题答案等，请登录北京大学出版社第六事业部官网 www.pup6.cn 搜索下载。

如您需要浏览更多专业教材，请扫下面的二维码，关注北京大学出版社第六事业部官方微信（微信号：pup6book），随时查询专业教材、浏览教材目录、内容简介等信息，并可在线申请纸质样书用于教学。

感谢您使用我们的教材，欢迎您随时与我们联系，我们将及时做好全方位的服务。联系方式：010-62750667，sywat716@126.com，pup_6@163.com，lihu80@163.com，欢迎来电来信。客户服务 QQ 号：1292552107，欢迎随时咨询。